EL LIBRO
AVENTURADO
PARA LAS CHICAS

Andrea J. Buchanan

El Libro

AVENTURADO

para

las

Chicas

Miriam Peskowitz

Ilustrado por Alexis Seabrook

Traducido del inglés por Magdalena Holguín

rayo

Una rama de HarperCollinsPublishers

Para la chica más aventurada que conozco:
Mi abuela, Margaret Mullinix—A.B.

Para mis hijas, Samira y Amelia Jane—M.P.

EL LIBRO AVENTURADO PARA LAS CHICAS

NOTA PARA LOS PADRES: Este libro contiene una serie de actividades que pueden
ser peligrosas si no se realizan exactamente como se indica, o que no son apropia-
das para chicas pequeñas. Todas las actividades deben realizarse únicamente bajo la
supervisión de un adulto. Los autores y editores explícitamente rechazan cualquier
responsabilidad por concepto de heridas o daños que resulten de entablar las actividades que se encuentran en este libro.

Ilustrado por Alexis Seabrook

Diseño del libro por Richard J. Berenson, Berenson Design & Books, LLC
y The Stonesong Press, LLC

Este libro fue publicado originalmente en inglés en el año 2007 por Collins,
una rama de HarperCollins Publishers.

PRIMERA EDICIÓN RAYO, 2007

Library of Congress ha catalogado la edición en inglés.

ISBN: 978-0-06-156290-7
ISBN-10: 0-06-156290-4

07   08   09   10   11   DIX/RRD   10   9   8   7   6   5   4   3   2   1

El editor y los autores reconocen haberse inspirado en
El Libro Peligroso para los Chicos para el concepto y diseño de este libro,
y agradecen a Conn y Hal Iggulden su amable autorización.

CONTENIDO

INTRODUCCIÓN

FUIMOS CHICAS EN LA ÉPOCA anterior al Internet, los teléfonos móviles o incluso los mensajes telefónicos grabados. Los teléfonos tenían cables y era necesario discar los números. Escuchábamos discos y casetes—ya éramos casi adultas antes de que llegaran los CDs—y, con frecuencia, hacíamos cosas aventuradas como caminar solas hasta la escuela. Ir en nuestras bicicletas hasta la tienda más cercana. Cuidar niños cuando aún éramos tan jóvenes que otros deberían más bien haber cuidado de nosotras. Pasar horas solas, jugando rayuela o pelota, construyendo una fortaleza en nuestra habitación o convirtiendo nuestro vecindario de los suburbios en el escenario perfecto para operaciones encubiertas, juegos de pelota improvisados y reinos medievales imaginarios.

Hoy en día, las chicas son del siglo veintiuno, con cuentas de correo electrónico, televisión digital, iPods y juegos de video complejos. Su infancia es, en muchos sentidos, más sofisticada que la nuestra—¡qué no habríamos dado por un control remoto, un muro para escalar o por hablar por video! En otros sentidos, sin embargo, la infancia se ha convertido ahora en una etapa llena de presiones y altamente competitiva, y las chicas son forzadas a la adultez mucho más pronto, haciéndose adolescentes y mujeres adultas antes de tiempo.

Frente a toda esta presión, presentamos una amplia selección de relatos y proyectos, tomados de la vastedad de la historia, la riqueza del conocimiento de las chicas, la amplitud de los deportes y la maravillosa vida al aire libre. Consideren *El libro Aventurado para las Chicas* como un libro de posibilidades e ideas para llenar un día de aventura, imaginación y diversión. El mundo es más grande de lo que podemos imaginar, y es tuyo para explorarlo—si te atreves.

Buen viaje.

Andrea J. Buchanan
Miriam Peskowitz

EQUIPO ESENCIAL

1. Navaja Suiza

Un elemento esencial para sobrevivir, explorar y acampar, es un cuchillo, un destornillador y una sierra con muchísimos elementos adicionales, como lupa, lima de uñas, descorchador, tijeras y pinzas. Lo mejor de todo es que cabe en el bolsillo. Límpiala con agua enjabonada y agrega una diminuta gota de aceite para lubricar instrumentos cada tres lunas nuevas.

2. Pañuelo

Puede usarse para mantener la cabeza fresca, proteger tu tesoro, envolver un obsequio. Atado a un palo, puede transportar tus posesiones más preciadas durante tus aventuras.

3. Soga y Cordel

Un pedazo de soga y saber hacer nudos pueden llevarte a muchos lugares—y también ayudarte a salir de ellos.

4. Libreta y Lápiz, con una Pluma de Repuesto

La vida está hecha de recuerdos: un esbozo rápido de un pájaro o una planta, una lista de deseos, la anotación del pensamiento más importante del mundo. Una libreta y un lápiz son perfectos también para espiar o para escribir la gran novela americana.

5. Una Goma para el Cabello

Para cuando el cabello estorba. En un aprieto, puedes usar también tu pañuelo o un lápiz.

6. Una Correa Elástica

Para sujetar las cosas cuando estás en marcha.

7. Linterna

Herramienta básica para dormir al aire libre y para leer debajo de la cobija en la noche. Un pequeño trozo de papel celofán rojo sobre el lente hace más aterradoras las historias de fantasmas. Con el tiempo puedes comprar una lámpara para la cabeza o el libro, para liberar las manos.

8. Brújula

Necesitas saber dónde estás, y una brújula puede ayudarte. Cuélgala alrededor de tu cuello junto con un silbato.

9. Alfiler Imperdible

Porque es bueno tenerlos a la mano cuando se necesita unir de nuevo las cosas, o cuando quieres expresar amistad eterna a una nueva compañera decorándola con algunas cuentas como obsequio.

10. Cinta Adhesiva para Sellar

De dos pulgadas de ancho y muy fuerte. Puede arreglar prácticamente cualquier cosa. Es buena para la construcción de casas para clubes.

11. Baraja de Naipes y un Buen Libro

Viejos recursos.

12. Paciencia

Es una cualidad y no una cosa, pero es esencial, así que la incluiremos aquí. Olvídate de hacer las cosas perfectamente la primera vez que lo intentas. Ante la frustración, tu mejor herramienta es respirar profundamente y recordar que puedes hacer todo lo que quieras cuando lo hayas practicado doscientas veces. En serio.

Guarda de Tiros

Guarda de Punto

Segunda
Delantera

Delantera

Centro

Reglas del Juego: Baloncesto

EL BALONCESTO SE JUGÓ por primera vez con un balón de fútbol y una cesta de meloco-tones de madera suspendida cuando fue inventado por el Dr. James Naismith en un hogar para jóvenes católicos en Springfield, Massachusetts. Las chicas originalmente lanzaban el balón llevando enaguas victorianas, delantales blancos de muselina y zapatillas de seda. El atuendo apro-piado afortunadamente ha cambiado, y el baloncesto es, hoy en día, uno de los pocos deportes de equipo que una chica no solo puede aprender en la escuela primaria, sino también soñar con jugar profesionalmente.

El baloncesto se abrió para las chicas—con uniformes y todo—en los años setenta. Estados Unidos aprobó una ley conocida popularmente como "Título IX" (su nombre completo es Título IX de la Enmienda sobre Educación de 1972), según la cual nadie, chicos o chicas, puede ser excluido de participar en actividades escolares si la escuela a la que asiste recibe financiación federal. Algunas escuelas se resistieron a esta ley, pero muchas más optaron por abrir los equipos de deportes a las chicas. Como resultado del Título IX, las chicas pueden ahora practicar los deportes en todos los niveles escolares, y el baloncesto femenino universitario en particular se ha convertido en un deporte popular para ver y jugar.

El baloncesto femenino hizo su debut en los Juegos Olímpicos de 1996, y el equipo estado-unidense obtuvo la medalla de oro. En 1997, la Asociación Femenina Nacional de Baloncesto se lanzó con un elenco de jugadoras estrellas que incluyó a Cerril Swopes, Rebecca Lobo, Lisa Leslie y Cynthia Cooper.

QUIÉN FORMA PARTE DEL EQUIPO

Guarda de punto: Es la jugadora más pequeña, más rápida y quien mejor domina el balón. No lanza muchos tiros, pero es la líder del equipo en la cancha y dirige las jugadas.

Guarda de tiros: Se especializa en encestar y anotar puntos. Tiene habilidades para acertar cestas de tres puntos desde fuera de la línea. También puede correr hacia la cesta para rematar. Domina el balón, puede lanzar, driblar y acertar incluso dormida.

Centro: Es la más fuerte, más alta y la que salta más alto del equipo. En los equipos universitarios y profesionales, todos los ojos están puestos en la jugadora de centro. El centro domina el pasillo de los tiros libres, y lanza desde debajo de la cesta. Se lanza a la congestión, crea el espacio para lanzar y anotar, y es también una jugadora importante para la defensa y el remate.

Delantera: Toma el balón que rebota de la anotación del otro equipo, lo hace avanzar con rapidez en la cancha, dribla con fuerza y lo pasa al Centro. Es también buena lanzadora. En realidad, todas las jugadoras deben lanzar bien.

Segunda Delantera: La delantera lo hace todo. Lanza, corre, pasa el balón y anota, anota, anota. Es la mejor jugadora y puede sustituir a cualquier otra.

Desde luego, nada de esto importa si estás jugando por diversión o lanzando el balón a la cesta al frente de la casa.

PISTAS PARA EL BALONCESTO

Driblar: Pon tu mano en forma de copa, para no hacer rebotar el balón con la palma de la mano, sino con las puntas de los dedos. Piensa en un movimiento de empujar y halar mientras mueves el brazo. Practica hacer rebotar el balón—no demasiado alto ni demasiado bajo—hasta cuando puedas hacerlo sin mirar. Durante un juego, no tendrás tiempo de mirar tu mano sobre el balón. Estarás demasiado ocupada impidiendo que otras jugadoras lo tomen, y manteniéndolas a raya con el otro brazo extendido.

Pases: Lanza el balón a la jugadora que está preparada para lanzar o que puede protegerlo del otro equipo.

Lanzar: Extiende los brazos al frente, con los hombros doblados. Tu brazo más fuerte sostiene el balón, el más débil lo apoya. Tus manos están cerca la una de la otra, con los dedos extendidos. Mueve la muñeca hacia atrás y empuja el balón en el aire hacia la red. Empújalo con fuerza. Para mayor diversión, intenta lanzar saltando. Colócate en la posición clásica de preparación: los dos pies apoyados en el suelo, las piernas ligeramente dobladas y separadas a la distancia de los hombros, un pie ligeramente adelantado y los hombros cuadrados con la cesta. Sostén el balón con tus brazos y manos levantados y mueve las muñecas hacia atrás. Apunta al tablero. Cuando lances, permanece relajada, mira el aro, flexiona las muñecas— y empuja el balón en el aire mientras saltas y retrocede levemente. La fuerza de tus piernas se transmite a tus brazos y lanza el balón arriba por los aires hacia la red. Podrás anotar muchos más puntos sobre las manos extendidas de las defensas si consigues perfeccionar este lanzamiento de salto.

Anotar: Si lanzas desde dentro del semicírculo, son dos puntos. Si lanzas desde fuera, son tres. Si alguien te hace una falta y estás parada en la línea de tiro libre lista para lanzar, es un punto.

Puedes pensar que jugar bien al baloncesto depende de la fuerza de tus brazos. Sí, pero no completamente. La verdadera fuerza está en tus piernas. En cuanto más fuertes sean tus piernas, más fuerza le imprimirás al balón y más fácil será lanzar saltando. ¿Cómo puedes fortalecer tus piernas? ¡Salta! Salta por todas partes: cinco veces a lo largo de la cancha y de regreso, saltos largos, saltos cortos, hacia arriba y hacia abajo, en la vereda delante de tu casa o en los pasillos. Estás entrenando: salta, salta, salta.

TRUCOS

Después de que hayas aprendido a driblar (y recuerda la regla de las doscientas veces: puedes hacer cualquier cosa cuando la hayas practicado doscientas veces), estás preparada para los trucos. El baloncesto está lleno de jugadas fanfarronas: haz rebotar el balón debajo de tus piernas, entre ellas, incrusta el balón en la red, o aléjate haciendo piruetas después de lanzarlo. Si practicas el giro de la muñeca puedes incluso hacer girar el balón sobre el dedo índice. Aquí presentamos dos jugadas para hacer detrás de la espalda.

Haz rebotar el balón detrás de la espalda: Primero, debes dominar la dribla cruzada. En lugar de la dribla habitual con una mano, haz rebotar el balón de tu mano derecha hacia la izquierda, y luego dribla con la izquierda. Haz rebotar el balón con la mano izquierda y tómalo con la derecha. Sigue driblando hacia delante y hacia atrás. Esto se llama dribla cruzada. Practica hasta que consigas hacerlo. Ahora, intenta cruzar el balón detrás de tu espalda. Dribla con la mano derecha, mueve el balón hacia tu costado derecho y hazlo rebotar detrás de ti, tomándolo luego con la mano izquierda.

Pase detrás de la espalda: Dribla el balón. Cuando estés preparada para atrapar el rebote

ALREDEDOR DEL MUNDO

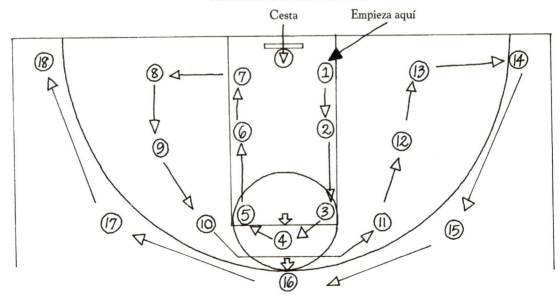

siguiente, alcanza el balón desde el lado, utilizando toda la palma de tu mano para lanzarlo detrás de ti hacia tu mano izquierda. Cuando hayas conseguido hacerlo bien, el balón pasará por la parte de atrás de tu cuerpo y rebotará al otro lado, donde puedes continuar driblando con la otra mano.

ALREDEDOR DEL MUNDO

Este es un juego que puedes jugar sola o con cualquier cantidad de amigos, y es una buena manera de practicar el lanzamiento del balón desde distintos lugares de la cancha.

Con tiza o cinta adhesiva, sigue la ilustración para marcar el circuito. Para jugar, sigue los números y lanza hacia la cesta desde cada uno de los lugares de la línea de tiro libre, el área entre ésta y la línea de tres puntos y, finalmente, lanza desde la línea de tres puntos.

Cuando encestes, avanza hacia el siguiente lugar demarcado y lanza de nuevo. El balón es tuyo hasta que falles. Si fallas, permanece donde estás, y pasa el balón al siguiente jugador, quien lanza y avanza o bien falla y permanece en el mismo lugar. Cuando llegue de nuevo tu turno, lanza de nuevo hasta encestar y avanza. El último tiro debe hacerse dos veces consecutivas o debes regresar al comienzo. El ganador es la primera persona que complete el circuito.

VARIACIONES
◆ Marca la cancha con diez estaciones en lugar de dieciocho.
◆ Si fallas el tiro desde un lugar y luego también la segunda vez, regresa al comienzo del circuito.
◆ Cada jugador tiene su propio balón y avanza por el circuito a su propio ritmo.

Reglas del Juego: Netball

JAMES NAISMITH, EL INSTRUCTOR canadiense del hogar para jóvenes católicos que inventó el baloncesto, inventó también un juego llamado netball en los Estados Unidos en 1891. El netball nunca capturó la imaginación de los estadounidenses, pero cuando algunos profesores lo llevaron a Inglaterra, despertó gran interés y se difundió como pólvora en toda la comunidad británica. Es por esta razón que el netball ahora tiene una larga historia en Australia, Nueva Zelanda, Jamaica, Barbados, Trinidad y Tobago e India.

Adaptado como "baloncesto femenino", el netball se juega con un pequeño balón de fútbol. El uniforme del equipo es con faldas, aun cuando en países musulmanes como Pakistán, donde el netball es cada vez más popular, las chicas llevan pantalones e incluso juegan con pañuelos en la cabeza. En 1995, el netball fue reconocido como un deporte olímpico, pero aún no ha sido agregado a la lista de competencias.

COSAS QUE DEBES SABER

1. El netball es un juego de pases. A diferencia del baloncesto, no se dribla. No se hace rebotar el balón ni se corre en la cancha. La cancha de netball está dividida en tres zonas. Las jugadoras están

POSICIONES DE NETBALL

Abreviación	Posición	Defiende contra:	Área de juego
G	Goleador	P: Portero	A, círculo de gol
A	Atacante	D: Defensa	A y C, círculo de gol
L	Lateral	DL: Defensa lateral	A y C, fuera del círculo de gol
C	Centro	C: Centro	Todos los tercios, fuera del círculo de gol
DL	Defensa Lateral	L: Lateral	C y D, fuera del círculo de gol
D	Defensa	A: Atacante	C y D, círculo de gol
P	Portero	G: Goleador	D, círculo de gol

restringidas a tercios específicos de ella, y pasan el balón rápidamente, de una zona a otra. Cuando una jugadora tiene el balón, debe pasarlo a otra en tres segundos. Puede pasarlo dentro de una zona o a otra jugadora, pero no puede saltar a otra zona ni tampoco lanzar el balón por la cancha.

2. Un equipo de netball tiene siete posiciones activas. Cada jugadora tiene una posición determinada, una jugadora contra la cual defiende, y una zona específica de la cancha donde juega.

3. Una jugadora que tenga el balón no puede correr. En lugar de hacerlo, las jugadoras de netball perfeccionan el pivote y mueven sus cuerpos mientras mantienen un pie firme en la cancha. Las faltas cometidas contra estas reglas, infringir la regla de los 3 segundos o cuando el balón sale de la cancha le da un pase libre al equipo contrario.

4. La cesta está suspendida de un poste de diez pies de alto. No hay tablero. Para hacer un gol, la jugadora se para dentro del círculo de gol, apunta a la parte delantera o trasera del aro y lanza el balón alto, con algo de efecto. Y no hay lanzamientos con salto; al menos uno de los pies debe permanecer en el suelo. Cada gol vale un punto, aun cuando un gol lanzado desde fuera del círculo de gol vale dos puntos.

5. Las defensas pueden interceptar los pases de la forma que quieran, pero no pueden atacar, intimidar o acercarse más de 90 centímetros a la jugadora que tiene el balón. Acercarse demasiado se llama obstrucción y esta falta es castigada con un pase libre.

6. El juego tiene cuatro tiempos de 15 minutos, con 3 minutos entre los dos primeros y los dos últimos, y un extenso receso de 5 minutos en el medio tiempo.

7. El netball es un deporte de no contacto, lo cual significa que las jugadoras no pueden empujar, hacer tropezar, golpear, codear, asir o atacar a las otras. Aun cuando una jugadora deba tratar de interceptar el balón cuando se hace un pase, asir el balón cuando otra jugadora lo tiene se considera una falta. Infringir las reglas de contacto es castigado con un pase para el equipo contrario, y con un tiro penal si cualquiera de estas infracciones—o cualquier intento de mover el poste—ocurre dentro del círculo de gol.

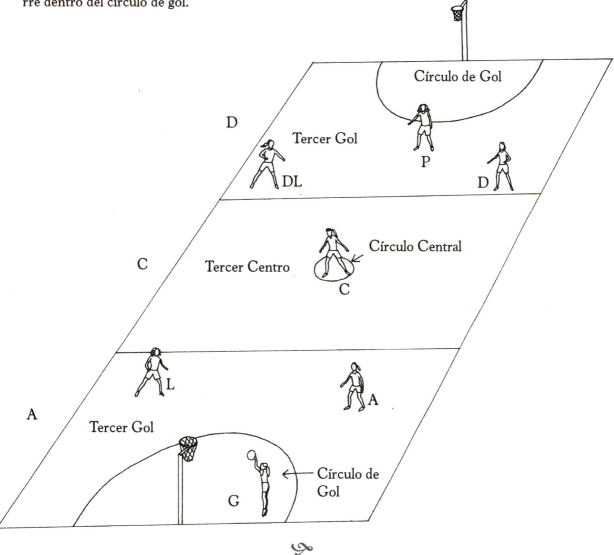

Korfball es otro juego similar al baloncesto. *Korf* es el término alemán para cesta y, al igual que en el netball, la cesta del Korfball está suspendida de un poste de diez pies, sin tablero. Es un juego popular en Bélgica y Holanda. También hay jugadoras de Korfball en Asia, donde es uno de los pocos deportes en los que juegan juntos hombres y mujeres; cada equipo está compuesto por cuatro mujeres y cuatro hombres.

Lectura de las Manos

ANALIZAR LA FORMA DE las manos y las líneas que aparecen en su palma es una tradición milenaria. Alguna vez exclusiva de los gitanos y de misteriosos magos versados en astrología e incluso quizás en la llamada "magia negra," la *quiromancia* (del griego *cheir*, "mano" y *manteia*, "adivinación") es ahora más bien un entretenimiento divertido que puede realizarse por cualquiera que esté dispuesto a suspender su incredulidad y considerar, por un momento, la idea de que la mano de una persona es un indicador preciso de su personalidad.

Los adivinos que se dedican a la quiromancia por lo general "leen" la mano dominante de la persona, mirando su forma y el patrón de las líneas de la palma. A menudo, se usa una técnica llamada "lectura fría" que utiliza una astuta observación y un poco de psicología para sacar conclusiones sobre la vida y el carácter de la persona. Los buenos practicantes de la "lectura fría" toman nota del lenguaje corporal y la actitud de la persona, y utilizan sus intuiciones para formular preguntas o para adivinar inteligentemente lo que la persona desea saber. De esta manera, el adivino parece tener un conocimiento que la persona a quien se le lee la mano no posee, y muchos incluso parecen tener poderes psíquicos.

LA IMPORTANCIA DE LA MANO

Al igual que tantas otras cosas que conocemos actualmente, la quiromancia tiene sus raíces en la mitología griega. Cada parte de la palma e incluso los dedos, estaba relacionada con un dios o una diosa específico, y los rasgos de esta área le daban al adivino pistas sobre la personalidad, la naturaleza y el futuro de la persona que lo consultaba. El índice estaba asociado con Jú-piter; pistas acerca del liderazgo, confianza, orgullo y ambición de la persona estaban ocultas en él. El dedo del medio se asociaba con Saturno, originalmente el dios de la agricultura, y su apariencia transmite información sobre responsabilidad y autoestima. El anular se asociaba con el dios Apolo, y sus características arrojaban luz sobre las habilidades de la persona para las artes. El meñique se asociaba con

Mercurio, el mensajero, y habla acerca de las fortalezas y debilidades de la persona para la comunicación, la negociación y la intimidad.

Otro método de leer la mano es observar su forma. Según una de las tradiciones, las formas de las manos se clasifican según los elementos: tierra, aire, agua y fuego. Se dice que las manos de tierra tienen una apariencia ancha y cuadrada, con piel rugosa, rojiza y la palma de la misma longitud de los dedos. Las manos de aire tienen palmas cuadradas de dedos largos, en ocasiones con nudillos prominentes y piel seca; la longitud de la palma es menor que la de los dedos. Las manos de agua tienen la palma ovalada y dedos largos y cónicos, y la longitud de la palma es igual a la de los dedos, pero habitualmente menos ancha. Las manos de fuego tienen palmas cuadradas de dedos cortos y piel rosada.

Otras tradiciones clasifican las manos por su apariencia—puntiagudas, cuadradas, en forma de cono, de pala, manos mixtas—y asignan rasgos de personalidad a estas diferentes formas. Por ejemplo, las personas de manos puntiagudas aprecian el arte y la belleza; una mano cuadrada denota una persona arraigada, práctica, terrenal; la mano en forma de cono sugiere una personalidad inventiva, creativa; la persona con manos en forma de pala es autónoma y ambiciosa; y una mano mixta indica a una persona con intereses generales que puede combinar la creatividad con una naturaleza práctica.

LEER ENTRE LÍNEAS

Las cuatro líneas que se encuentran en casi todas las manos son la línea del corazón, la línea de la cabeza, la línea de la vida y la línea del destino.

La línea del corazón se encuentra hacia la parte superior de la palma, debajo de los dedos; comienza en el extremo externo de la palma y se extiende hacia el pulgar y los dedos. Se dice que esta línea indica tanto asuntos metafóricos como literales del corazón, revelando pistas sobre la vida romántica y la salud cardiaca. En cuanto más profunda sea la línea, más fuertes son las emociones de la persona.

La línea de la cabeza comienza en el extremo interior de la palma, debajo del índice, y se extiende hacia el extremo exterior de la palma. A la línea de la cabeza a menudo se une la línea de la vida, y se entreteje con ella en el comienzo, y se piensa que indica las capacidades intelectuales y la creatividad de la persona, así como su enfoque general sobre la vida.

La línea de la vida comienza en el extremo de la palma sobre el pulgar, donde a menudo se une con la línea de la cabeza, y se extiende en un arco hacia la muñeca. Se dice que esta línea revela la vitalidad de la persona, su salud y su bienestar general. Se dice que refleja también los principales cambios de la vida, incluyendo las enfermedades y los accidentes—lo único que no indica, contrariamente a la creencia popular, es la longitud de la vida.

Una cuarta línea que se encuentra en la mayor parte de las manos es la línea del destino. Comienza en la mitad de la palma, cerca de la muñeca, y se extiende hacia el dedo del medio. En cuanto más profunda sea, más determinada está la vida de esta persona por el destino. Una línea con rupturas, cambios de dirección o cadenas, indica una personalidad propensa al cambio debido a circunstancias que están más allá del control de la persona.

Línea del corazón
Línea de la cabeza
Línea de la vida
Línea del destino

La Historia de la Escritura y Escribir en Cursiva

EL PRIMER INSTRUMENTO PARA escribir se asemejaba al primer instrumento para cazar: una piedra afilada. Estas piedras se utilizaban para grabar pinturas en los muros de las cavernas, que describían registros visuales de la vida cotidiana. Con el transcurso del tiempo, los dibujos se convirtieron en símbolos que finalmente llegaron a representar palabras y frases, y el medio mismo pasó de los muros de las cavernas a las tabletas de barro. Sin embargo, fue sólo mucho tiempo después que surgió el alfabeto para reemplazar a los pictogramas y a los símbolos. Otro hito en la historia de la escritura fue la invención del papel en la antigua China. El académico griego Cadmo, fundador de la ciudad de Tebas y creador del alfabeto fenicio, fue también el presunto inventor del mensaje de texto original—letras, escritas a mano, sobre el papel, enviadas por una persona a otra.

Algunas culturas perduraron muchos años sin un lenguaje escrito. De hecho, el vietnamita sólo comenzó a escribirse en el siglo diecisiete. Dos misioneros jesuitas portugueses, Gaspar d'Amiral y Antonio Barboza romanizaron el lenguaje al desarrollar un sistema de escritura y ortografía utilizando el alfabeto romano y varios signos para representar los acentos fonéticos del habla vietnamita. Este sistema fue ulteriormente codificado en el primer diccionario vietnamita (que contenía más de 8,000 palabras), por el francés Alexandre de Rhodes en 1651. Es por esta razón que su lenguaje escrito utiliza el alfabeto romano en lugar de pictogramas como lo hacen los países asiáticos que rodean a Vietnam.

En un comienzo, todos los sistemas de escritura basados en letras utilizaban únicamente letras mayúsculas. Una vez que se refinaron los instrumentos para escribir, se hizo posible utilizar las letras minúsculas. Y, a medida que mejoraron estos instrumentos, y el alfabeto se hizo más sofisticado, la escritura misma fue objeto de atención. Actualmente disponemos de una increíble variedad de cosas para escribir—todo tipo de plumas, lápices, marcadores, crayolas—pero el instrumento para escribir más usado en la historia reciente fue la pluma, fabricada con la pluma de un ave. (Más adelante incluimos instrucciones para que puedas fabricar tu propia pluma.)

Antes de que podamos discutir el arte de escribir con una pluma, debemos hablar sobre la caligrafía. Incluso en la época de los computadores, un estilo de caligrafía claro es una habilidad útil y necesaria, y dibujar una fila de Aes o Pes altas y elegantes, o de Ques retorcidas, veinte en cada fila, y hacer que todas luzcan perfectas, puede ser en realidad una actividad placentera. Actualmente, cuando es más probable que digitemos las letras y no que las escribamos con una pluma, la letra cursiva puede parecer anticuada. Pero en el momento de su invención, la idea de una escritura estandarizada era una idea revolucionaria.

El primer uso de la escritura cursiva, o "mano corrida" italiana, lo hizo Aldus Manutius, un impresor veneciano del siglo XV, cuyo nombre se ha preservado en el tipo "Aldus." Cursiva significa sencillamente "unida" (la raíz de esta palabra es el verbo latino *currere*, correr), y uno de los principales beneficios de la "mano corrida" era que permitía al escritor escribir rápidamente y tomaba menos espacio. Sin embargo, la apariencia uniforme de la escritura resultó ser igualmente útil: en siglos posteriores, incluso antes de que se inventara la máquina de escribir, toda la correspondencia profesional era escrita en cursiva, y los empleados—los hombres—eran entrenados para escribir "con buena mano," para que toda la correspondencia apareciera con el mismo tipo de letra. (A las mujeres se les enseñaba a escribir en un tipo de letra doméstico, ampuloso.)

Con la invención de los computadores y las fuentes estandarizadas, los documentos escritos a mano en cursiva ya no son considerados como parte de la etiqueta profesional de los negocios—aun cuando en las invitaciones, certificados y tarjetas de saludo, la escritura a mano sigue prevaleciendo como la más elegante.

Actualmente, hay varias teorías acerca de cómo debe lucir una escritura cursiva, y escribir "con buena letra" ya no está exclusivamente reservado a los hombres, como lo estuvo alguna vez. Hoy en día los niños aprenden en la escuela una serie de cursivas diferentes, incluyendo D'Nealian, Getty-Dubay, Zaner-Bloser, Cursiva Moderna, Palmer y Escritura

Letra Cursiva

Sin Lágrimas. Todos estos estilos se basan en preceptos similares sobre el ancho y la altura de la letra, y todos tienen como propósito introducir alguna uniformidad y legibilidad en la palabra escrita. (El equipo Getty-Dubay incluso programa una serie de seminarios especialmente diseñados para quienes tienen la peor caligrafía—los médicos.)

La itálica cursiva es una manera muy elegante de escribir, que puede embellecer incluso la correspondencia más mundana. Al igual que la cursiva ordinaria, las letras están conecta-

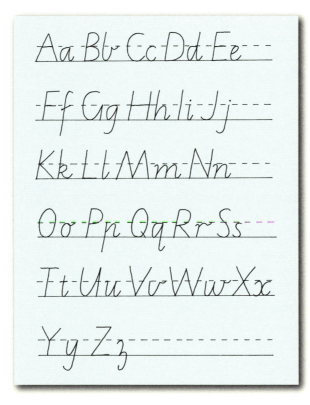

Cursiva
Moderna
Victoria

La aventura vale la pena por sí sola.

das, pero tiene un sesgo más marcado, y las letras minúsculas redondeadas tienen una forma más triangular. Esta forma se presta también para escrituras decorativas, y es por ello que se la ve con frecuencia en invitaciones de bodas, en los menús de restaurantes elegantes y cosas semejantes.

La letra cursiva se escribe con un sesgo de cerca de 10 grados respecto a la vertical, sosteniendo la pluma aproximadamente en un ángulo de 45 grados respecto a la línea de base.

En Victoria, Australia, se desarrolló un nuevo estilo de escritura a mediados de la década de 1980 para las escuelas primarias. Ahora la Cursiva Moderna Victoria se utiliza en todo el país y es apreciada por su legibilidad y por su fácil elaboración—con unas pocas florituras, la letra se transformó de algo práctico en algo elegante.

Para practicar, a algunos escritores les agrada escribir su poema favorito mientras intentan perfeccionar su forma. A continuación presentamos un famoso haiku del siglo XVIII, escrito por el poeta japonés Issa, que nos recuerda tanto la evolución gradual de la escritura humana como el ritmo en ocasiones meticuloso que requiere la buena caligrafía.

Pequeño caracol
Paso a paso, sube
¡Al Monte Fuji!

Catorce Juegos de Mancha

UN JUEGO DE MANCHA puede ser tan básico o tan complicado como queramos: podemos deleitarnos en el juego directo en que una persona persigue a otra, o animar las cosas agregando reglas y estrategias. De cualquier manera, este juego no requiere equipo, cancha, uniforme— sólo alguien dispuesto a ser la mancha, y otras personas dispuestas a correr tan rápido como puedan para evitar que lo toquen y así transformarse en mancha. Aquí hay catorce formas de jugarlo.

1. Mancha en Cadena/Dragón Chino

En esta forma de jugar (conocida también como "amiba" y "cacería de hombres"), una persona es la mancha. Pero en lugar de tocar a otra persona y dejar de ser la mancha, cuando la atrapa, debe tomarse del brazo con ella y ahora ambas son la mancha. A medida que atrapan más jugadores, la cadena crece, asemejándose a una mancha de gente, o a un dragón chino (de donde viene su nombre.) Si la mancha se separa, no vale atrapar a alguien. El juego termina cuando finalmente se atrapa al último jugador.

2. Mancha Congelada

Cuando se toca a un jugador, esta persona debe *quedar congelada* inmediatamente en el sitio. En ocasiones, se usa la regla de que otros jugadores pueden *descongelar* a aquellos que están congelados. Puede jugarse también de manera que quien es la mancha sólo gana cuando todos los demás jugadores están congelados.

3. Mancha Tornado

También llamado mancha huracán, esta variación requiere que la persona que es la mancha gire como un tornado, con los brazos extendidos. Si toca a alguien mientras no está girando, no vale.

4. Mancha TV

En esta versión, el conocimiento generalmente inútil que tenemos de la televisión sirve para salvarnos de ser la mancha. Cuando un jugador está a punto de ser tocado, puede quedar a salvo tocando el suelo y gritando el nombre de un programa de televisión. Si un jugador no consigue pensar en el título de un programa antes de ser tocado, o dice un título repetido, se transforma en la mancha. (Otra variación es usar títulos de películas o de libros).

5. Mancha con Sombras

Este juego es perfecto hacia el final de un día soleado, cuando las sombras son largas, pues la regla principal es que se puede tocar a un jugador pisando su sombra.

6. Mancha con Camára Lenta

Este se juega como el juego normal, excepto que, en cualquier momento durante el juego, cualquier jugador (incluyendo el que es la mancha) puede gritar "¡Cámara lenta!" y todos los demás jugadores deben moverse en cámara lenta. Cuando se grita de nuevo "¡Cámara lenta!" los jugadores regresan a la velocidad normal.

7. Mancha Líneal

Para este juego lo más apropiado es un patio u otra superficie con líneas o zonas pintadas, pues los jugadores sólo pueden caminar o correr sobre las líneas. Pueden ser las líneas de una rayuela, de una cancha de baloncesto o incluso las de la vereda—si es una línea, puedes pisarla. De lo contrario, sales del juego. Si a un jugador lo tocan, debe permanecer sentado y el único jugador que puede pasar más allá de él es el que es la mancha.

8. Mancha Zombi

La persona que es la mancha debe perseguir a los demás al estilo "zombi," avanzando con los brazos extendidos al frente y gimiendo como los desenterrados. Cuando el zombi toca a otro jugador, éste también se convierte en un zombi. El juego termina cuando todos los jugadores han sido transformados en zombis que gimen.

9. Mancha Eléctrica

Cuando se toca a un jugador (la mancha debe exclamar sonidos eléctricos como "bzzzz"), éste debe sentarse en el suelo y electrificarse; esto significa que, aun cuando no pueda levantarse o moverse del sitio, tiene el poder de la mancha. Los otros jugadores deben evitar ser tocados por la mancha y deben evitar acercarse demasiado a los jugadores electrificados, pues éstos pueden extenderse y tocar a cualquier jugador que pase a su lado. Si se es tocado por la mancha o por un jugador electrificado, es preciso sentarse en el suelo y electrificarse. El juego continúa hasta cuando sólo queda un jugador sin atrapar y sin electrificar.

10. Mancha Batalla

En este juego, dos jugadores son las manchas: el Congelador y el Calentador. Todos los demás son corredores. El Congelador y el Calentador luchan por controlar a los corredores—el Congelador quiere que todos estén congelados, mientras el Calentador quiere descongelarlos a todos. El Congelador los congela como en la Mancha Congelada, y el Calentador los descongela de nuevo. El Calentador no puede ser congelado por el Congelador, y éste no puede ser derretido por el Calentador. El Congelador gana cuando todos los jugadores estén congelados antes de que el Calentador pueda llegar hasta ellos; gana el Calentador si todos los jugadores están descongelados antes de que el Congelador pueda congelarlos de

nuevo; el juego termina cuando todos están demasiado cansados para seguir corriendo.

11. Mancha Invertida

En este juego, todo está al revés. Sólo hay un jugador que no es la mancha, y el objetivo del juego es perseguirlo. Quien consigue permanecer más tiempo sin que lo toquen gana el juego.

12. Mancha Infectada

En este juego, la mancha infecta a todos los que toca, haciendo que ellos sean mancha también. El último jugador al que atrapan se convierte en el primero en ser la mancha en la próxima ronda de infección.

13. Mancha de Monstruo de Lava Caliente

Esta versión es similar al juego de "lava caliente," donde algunas partes del suelo se consideran lava caliente y, por lo tanto, no pueden tocarse. El lugar más apropiado para jugarlo es un patio de juegos, donde todo el patio es lava caliente, y el "monstruo de lava caliente" (la mancha) es la única persona que puede pararse en él. Todos los demás deben moverse a su alrededor en los juegos, prestando atención a no tocar el suelo. Cualquier jugador que toca el suelo o es tocado por el monstruo de lava se convierte en el nuevo monstruo de lava.

14. Mancha al Escondite

El mejor lugar para jugarlo es en un bosque, donde hay muchos lugares para esconderse. Todos los jugadores que no son la mancha corren mientras el buscador cierra los ojos y cuenta hasta cien al lado de un árbol. El buscador grita, "Preparados o no, aquí voy" y comienza a buscar a los demás. El objetivo de quienes están escondidos es regresar a tocar el árbol antes de que los toquen a ellos. Los que son tocados antes de llegar al árbol se transforman en mancha y se unen al buscador. El último que toque el árbol o sea tocado es el buscador en el juego siguiente.

Términos de Cariño, Modismos y Otras Frases de Interés

TÉRMINOS DE CARIÑO	TRABALENGUAS	REFRANES

TÉRMINOS DE CARIÑO

Mi vida

Dulzura

Cielo

Bombón

Cariño

Muñeca

TRABALENGUAS

Tres tristes tigres tragaban trigo en un trigal. Tragaban trigo en un trigal, tres tristes tigres.

Si Sansón no sazona su salsa con sal le sale sosa.

Cómo quieres que te quiera, si el que quiero que me quiera, no me quiere como quiero que me quiera. Si el que quiero que me quiera no me quiere como quiero que me quiera, cómo quieres que te quiera.

Mi mamá me mima mucho.

El dicho que a ti te han dicho que dicen que he dicho yo, está mal dicho pues si lo hubiera dicho yo, estaría mejor dicho que el dicho que a ti te han dicho que dicen que he dicho yo.

REFRANES

A caballo regalado no se le mira el colmillo.

Al mal tiempo, buena cara.

A palabras necias, oídos sordos.

¿A quién le amarga un dulce?

Barriga llena, corazón contento.

Camarón que se duerme se lo lleva la corriente.

De tal palo, tal astilla.

Del dicho al hecho hay un gran trecho.

Dime con quién andas y te diré quién eres.

El que calla otorga.

Lo que dejes para después, para después se queda.

Los mejores bienes, en ti mismo los tienes.

No hay mal que por bien no venga.

Para nadar hay que tirarse al agua.

Perro que ladra no muerde.

Comida Española

Gazpacho

Sopa de pan fría sin cocinar, habitualmente preparada con pan viejo, ajo, aceite de oliva, vinagre, tomates y pimentón.

Paella

Plato de arroz preparado con azafrán y aceite de oliva y habitualmente acompañado de vegetales, carne o mariscos.

Churros

Pasteles de harina fritos, que en ocasiones se conocen como donas españolas o donas mexicanas, originarios de España. El largo palo frito, que en ocasiones se moja en azúcar o canela, toma su nombre de su semejanza con los cuernos de la raza de ovejas Churro, que vive en las planicies españolas.

Famosos Libros Españoles y Latinoamericanos

Don Quijote de Miguel de Cervantes
Cien años de soledad de Gabriel García Márquez
Como agua para chocolate de Laura Esquivel
Isabel: Joya de Castilla, España, 1466 de Carolyn Meyer

Chicas Españolas Atrevidas

ARANTXA SÁNCHEZ-VICARIO

Nacida en Barcelona, España, en 1971, Arantxa Sánchez-Vicario comenzó a jugar tenis a los cuatro años, siguiendo los pasos de sus hermanos mayores. Cuando tenía 17 años ganó el Abierto Francés, derrotando a la jugadora clasificada como número uno en el mundo, Steffi Graf, y se convirtió en la mujer más joven que haya ganado el título individual. (Su record fue roto al año siguiente, cuando ganó Mónica Seles, de 16 años.) Arantxa obtuvo el apodo de "Avispa barcelonesa" debido a su tenacidad y a su reticencia a ceder puntos sin luchar por ellos, incluso si esto significaba volar por toda la cancha. Se convirtió en la jugadora individual mejor clasificada del mundo en 1995, compitió tres veces en los Juegos Olímpicos y, en el transcurso de su carrera, ganó cuatro títulos individuales en el Grand Slam y seis títulos en dobles. Fue también la primera mujer, desde Martina Navrátilová en 1987, en tener simultáneamente la primera clasificación en individual y en dobles. En 2007, Arantxa ingresó al Salón Internacional de la Fama en el Tenis—el tercer miembro español (y la primera mujer española) que haya logrado esa distinción.

CRISTINA SÁNCHEZ DE PABLOS

La torera Cristina Sánchez de Pablos nació en Madrid en 1972 y debutó como torera en esa misma ciudad exactamente una semana antes de cumplir veintiún años. Disfrutó de un enorme éxito internacional como una de las primeras mujeres matadoras, despeñándose en medio de grandes ovaciones en México y Ecuador así como en España. Durante su carrera, ganó un total de 316 cortes. Se retiró en 1999.

ELENA GÓMEZ SERVERA

Elena Gómez Servera, nacida el 14 de noviembre de 1985 en la isla de Mallorca, España, fue la primera gimnasta española en obtener un título mundial, y la primera gimnasta que completó un giro cuádruple en una competencia. Ganó el Campeonato Mundial en 2002 y en 2003 ganó la Copa del Mundo en París en los ejercicios en el suelo, y la medalla de bronce en el Campeonato Mundial de Anaheim. En los Juegos Olímpicos de 2004 en Atenas, Elena llegó a la final en dos competencias, y terminó en el octavo lugar en la General, ayudando al equipo español a obtener el decimoquinto lugar. En 2006, Elena se retiró de las competencias después de sufrir una lesión en la espalda.

Prensar Flores

PRENSAR FLORES ES UNA buena habilidad cuando deseas preservar algunas de las flores predilectas de tu jardín. Por otra parte, las flores prensadas son bonitos obsequios cuando se pegan a una tarjeta o a un marcador de libros hecho en casa. Nos agrada este proyecto porque combina delicadeza con herramientas poderosas.

Para hacer la prensa, necesitarás:

- ✿ 2 pedazos de madera cortados en cuadrados de 6 pulgadas. La madera debe tener de ½ a 1 pulgada de grosor.
- ✿ Cuatro tornillos, de 2½ a 3 pulgadas de largo.
- ✿ Cuatro tuercas mariposa, llamadas también tuercas de alas, que se ajusten a los tornillos.
- ✿ Cartón, cortado en cuadrados de 6 pulgadas. Estos pueden usarse de nuevo.
- ✿ Papel. Ya que has sacado las tijeras, corta una buena provisión de papel, del mismo tamaño que el cartón (puedes usar también papel secante especial).
- ✿ Taladro.

Coloca un pedazo de madera sobre el otro, con el papel y el cartón en el medio. Taladra un hueco a ¾ de pulgada desde cada esquina, lo suficientemente grande como para introducir los tornillos. Taladrar la madera, el cartón y el papel al mismo tiempo conserva los huecos alineados y es un buen consejo para futuros proyectos.

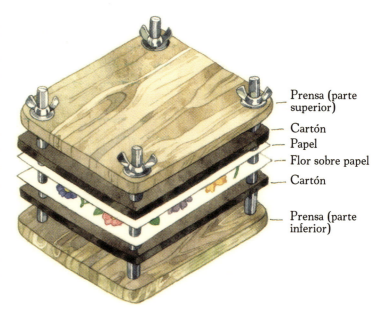

Prensa (parte superior)

Cartón

Papel

Flor sobre papel

Cartón

Prensa (parte inferior)

Para prensar las flores, pon las capas en el siguiente orden: parte inferior de la prensa, cartón, papel, flor, cartón, papel, flor, y así sucesivamente. Cuando hayas terminado, coloca la parte superior de la prensa. Luego aprieta los tornillos y guarda la prensa. En tres o cuatro semanas, las flores estarán secas y rígidas al tacto.

Pecaríamos de negligencia si no mencionáramos otras alternativas. Una es el método ensayado y certero de poner las flores debajo de una pila de libros. Otra, relacionada con éste, es poner la flor en un libro elegido al azar en la repisa, y buscarla un año más tarde.

Una técnica más moderna, para quienes necesitan flores secas rápidamente (mas no prensadas), es poner la flor en el horno microondas, con un calor muy bajo, durante tres minutos.

Cuadrado de Cuatro

PARA JUGAR SE NECESITAN al menos cuatro personas y una pelota de goma de 8 a 12 pulgadas que rebote bien. Busca una cancha en un jardín local o dibuja una con tiza en la vereda, numerando cada uno de los cuatro cuadros de uno a cuatro. El objetivo del juego es avanzar desde el cuadro número cuatro hasta el número uno eliminando a las jugadoras que están en los cuadros superiores.

Cada jugadora se para en uno de los cuadrados (si hay más de cuatro personas que desean jugar, deben formar una fila detrás del cuadrado número uno). La jugadora que se encuentra en el número uno sirve la pelota haciéndola rebotar y luego golpeándola desde abajo con ambas manos para lanzarla a otra jugadora de otro cuadrado. La jugadora que la recibe mantiene la pelota en juego golpeándola hacia otro cuadrado. El juego continúa hasta que sale una de las jugadoras por cometer una falta.

La jugadora que sale deja el juego y los jugadores restantes avanzan hacia el cuadrado número uno. El nuevo jugador entra al juego en el cuadrado número cuatro. No se requiere que los jugadores permanezcan dentro de sus cuadrados (mientras no interfieran con otros jugadores o entren en el cuadrado de otro jugador) a menos de que estén sirviendo, en cuyo caso deben tener al menos un pie dentro de su cuadrado.

Cualquiera de los siguientes constituye una falta:

- Golpear la pelota con cualquier parte del cuerpo excepto las manos.
- Golpear la pelota con una sola mano, con los dedos hacia arriba o con el puño.
- Golpear la pelota más de una vez antes de que pase a otro cuadrado.
- Golpear una línea.
- No golpear una pelota que rebote en tu cuadrado.
- Sostener / atrapar / detener la pelota.
- Servir sin tener al menos un pie en tu cuadrado.
- Entrar al cuadrado de otro jugador.

Una variación del juego se llama "Esquina del Rey." En este caso, en lugar de los cuadrados numerados, los cuadrados son "Rey," "Reina," "Príncipe" y "Princesa," y el objetivo es llegar a ser el Rey.

REGLAS ESPECIALES

Si las jugadoras lo acuerdan de antemano, el juego puede tener "reglas de servicio," lo cual

significa que quien sirve puede establecer reglas especiales al comienzo de cada ronda. Algunas de estas reglas incluyen:

7 Arriba

Todo jugador que golpee la pelota debe gritar un número, comenzando por el número uno, hasta que se llegue al número 7. El número 7 o cualquier número terminado en siete debe saltarse, y quien no lo haga sale del juego.

Alrededor del Mundo

Cualquier persona que tenga la pelota puede gritar "alrededor del mundo" en cualquier momento durante el juego. Una vez que lo hace, la pelota debe ser golpeada de un cuadrado al otro en orden numérico hasta que llega de nuevo al jugador que inició esta jugada. Después el juego regresa a la normalidad.

Tablero (llamado también Copa de los Árboles)

Se lanza la pelota hacia lo alto (en lugar de hacerla rebotar en el suelo) antes de golpearla hacia el cuadrado de otro jugador.

Repetición

Es una oportunidad de repetir una jugada sin que el jugador sea castigado con la salida.

Amigos

Cuando se exclama "Amigos," los jugadores pueden permanecer en el juego aun cuando cometan una falta.

Princesas de Hoy

CUANDO LA MAYOR PARTE de nosotros pensamos en princesas, evocamos cuentos de hadas y películas de Disney, a las adorables Cenicienta y Bella en sus trajes azul pálido de tafetán y en sus trajes amarillos de baile—o en las mercancías de princesas color ultra rosa que se imponen actualmente a todas las chicas.

Quizás resulte sorprendente encontrar debajo del brillo que se trata de personas reales que son princesas y que llevan vidas muy diferentes de las que vemos en estas azucaradas películas—princesas que se sienten cómodas usando sencillos trajes de lana y ropa deportiva más que vestidos elegantes y joyas resplandecientes.

Treinta y nueve países del mundo aún tienen monarquías—monarquías constitucionales, lo cual significa que la familia real es importante, pero que el verdadero poder político reside en el Parlamento y en el Primer Ministro. Muchas de estas monarquías incluyen princesas, de todas las edades—algunas nacidas dentro de la familia real, como las princesas Kako y Aiko del Japón, otras que entran a la familia real a través del matrimonio, como la Princesa Mette-Marit de Noruega.

Sin importar cómo se convirtieron en princesas, estas chicas y mujeres de carne y hueso son tan diferentes entre sí como pueden serlo otras chicas. Muchas viven, en efecto, entre grandes riquezas y privilegios, pero sus vidas pueden ser bastante convencionales. Asisten a la escuela, inician negocios (como la Princesa Naa Asie Ocansey de Ghana, quien tiene un programa de televisión de compras para el hogar) y realizan trabajos de caridad. Algunas están contentas con sus vidas, otras luchan contra su papel en la realeza, como lo hicieron la difunta Diana, Princesa de Gales, y la difunta Princesa Leila de Irán.

Las verdaderas princesas tienen diversas personalidades, talentos y aficiones. La Princesa Maha Chakri Sirindhorn de Tailandia escribe poesía y cuentos cortos, toca instrumentos clásicos de su país y también trota, nada, monta en bicicleta y hace caminatas.

Una mirada más detallada a sólo seis princesas del mundo moderno nos da una idea de las muchas formas como se puede vivir dentro de la realeza en la actualidad—y ninguna de estas princesas se asemeja a la Bella Durmiente.

Una Princesa Ecuestre

Su Alteza Real Haya bint Al Hussein—conocida también como Princesa Haya—nació en 1974 y creció en la familia real de Jordania. Su padre es el difunto Rey Hussein y su madre la Reina Alia Al Hussein. Asistió a St. Hilda's College en Oxford, Inglaterra, donde estudió política, filosofía y economía. Es una ávida deportista, que compite en deportes ecuestres (las competencias ecuestres son un pasatiempo popular de la realeza), incluyendo las Olimpiadas de Verano de Sydney de 2000.

En 2004, a los treinta años, la Princesa Haya contrajo matrimonio con Su Alteza el Sheik Muhammed, Primer Ministro y gobernante de Dubai, y se trasladó a esa vibrante cuidad en los Emiratos Árabes Unidos para estar con él. En su papel de princesa, Haya dirige muchos esfuerzos humanitarios. Defiende el derecho de los niños al juego y a la salud, y se desempeña como la primera mujer embajadora ante el programa de las Naciones Unidas para el alivio del hambre.

Una Princesa Campeona de Lucha

Su Alteza Real Sheikha Maitha bint Muhammed al-Maktum no ha seguido la ruta habitual de la princesa y los caballos. Nacida en 1980 e hija del Sheik Muhammed bin Rashid Al Maktum de Dubai y de los Emiratos Árabes Unidos, Maitha ha seguido su pasión por las artes marciales y es campeona de kárate.

La Princesa Maitha ha obtenido medallas de oro en dos campeonatos de Tae Kwon Do, compite en campeonatos internacionales de kárate, y fue designada como la mejor atleta mujer del mundo árabe.

Una Princesa Como Todas

Mary Elizabeth Donaldson se adapta a la imagen de la chica corriente que se convierte en princesa real. Nacida en Australia en 1972, creció en la isla de Tasmania, donde su padre era profesor de matemáticas. Jugaba hockey y nadaba y, después de graduarse de la universidad, trabajó en una agencia de publicidad y en relaciones públicas.

Conoció a su futuro esposo, el Príncipe Heredero Federico de Dinamarca, en un bar en Sydney; él asistía allí a los Juegos Olímpicos de 2000. En 2004 celebraron una grandiosa boda—800 invitados en la Catedral de Copenhague—y Mary Elizabeth se convirtió en la nueva princesa de Dinamarca. Desde entonces han tenido dos hijos: el Príncipe Christian, nacido en 2005, y la Princesa Isabella, nacida en abril de 2007.

Una Princesa Sencilla

La mayor parte de la gente sabe que el Príncipe Carlos es el hijo mayor de la Reina Isabel de Inglaterra y conoce a la famosa difunta esposa de Carlos, Diana. Sin embargo, no tantos hablan de la única hermana de Carlos, Ana—y eso es lo que ella desea. Ana nació en 1950 y su título completo es Su Alteza Real la Princesa Ana Isabel, Princesa Real, lo cual denota que es la hija mayor de la Reina.

Aun cuando no ha abdicado a su condición real, ha llevado una vida muy sencilla alejada de las miradas públicas. Cuando se casó, su primer esposo renunció a tener un título real, aun cuando se consideraba habitual hacerlo. Optó por no transmitir títulos reales a sus hijos, Peter y Zara, para protegerlos de la publicidad que afecta a los niños de la familia real inglesa.

Una Joven Dama Princesa

La más joven del linaje real inglés ha eludido también el título de princesa. Nacida en 2003 en el hogar del Príncipe Eduardo (el hermano menor de Carlos) y su esposa Sophie, conocidos también como los Condes de Wessex, la pequeña Louise recibió más bien el título de Dama.

El título de princesa aún es legalmente suyo cuando llegue a la mayoría de edad puede adoptarlo si así lo desea.

Una Princesa Descubierta de Nuevo

Y aquí está la última historia de princesas, la de Sarah Culberson, nacida en 1976. Sus padres se conocieron en la universidad en West Virginia, se enamoraron

Sarah Culberson

y tuvieron a Sarah, pero la dieron en adopción sólo dos días después de nacida. Cuando tenía veintidós años y vivía en San Francisco, Sarah contrató a un investigador para que encontrara a sus padres biológicos. Descubrió que su madre, oriunda de West Virginia, había muerto de cáncer muchos años atrás, pero que su padre era miembro de la familia real de la Tribu Mende de Bumpe, Sierra Leona. Era del linaje del Jefe Principal y, como hija suya perdida desde hacía largo tiempo, Sarah era oficialmente una princesa.

Ahora que ha reclamado su título, la vida de Sarah como princesa no está dedicada a los caballos ni a las fiestas de gala. Sierra Leona pasó por una guerra civil devastadora y buena parte de la aldea de su familia, incluyendo la escuela, está en ruinas. Sarah ha centrado sus esfuerzos en conseguir fondos en los Estados Unidos para enviarlos a su tribu para que puedan reconstruir su aldea y su escuela.

OTRAS PRINCESAS DEL MUNDO

Desde diminutas bebés hasta ancianas, en representación de naciones adineradas y en dificultades, pertenecientes a culturas y familias enormemente diferentes, las princesas que aparecen en esta tabla nos muestran que el estereotipo de la princesa rosa es sólo eso.

PAÍS	NOMBRE	AÑO DE NACIMIENTO
BULGARIA	Princesa Kalina *Es vegetariana y defiende los derechos de los animales*	1972
DINAMARCA	Princesa Isabella *Su nombre completo es Su Alteza Real la Princesa* *Isabella Henrietta Ingrid Margrethe*	2007
INGLATERRA	Lady Louise *Nacida prematuramente con sólo 4 libras, 9 onzas*	2003

País	Nombre	Año de nacimiento
INGLATERRA	Princesa Eugenie Victoria Helena Windsor *Tuvo el primer bautismo público de la familia real*	1990
INGLATERRA	Princesa Beatrice Elizabeth Mary Windsor *Trabaja en varias obras de caridad, incluyendo* *visitas a niños infectados de SIDA en Rusia*	1988
INGLATERRA	Princesa Alexandra *Rechazó los títulos de la realeza para sus hijos*	1936
JAPÓN	Princesa Aiko, conocida también como Princesa Tosí *Ávida aficionada al sumo; comenzó el kindergart* *en en 2006; hija de la Princesa Masako*	2001
JAPÓN	Princesa Kako Akishino *Monta una monocicla e interpreta el lenguaje de signos*	1994
JAPÓN	Princesa Mako Akishino *Hizo una estadía en Austria a los catorce años*	1991
JAPÓN	Princesa Kiko *Domina el inglés y el alemán*	1966
LESOTHO	Princesa 'M'aSeeiso *La República de Sudáfrica rodea su país*	2004
LESOTHO	Princesa Senate Mohato Seeiso *La expectativa de vida en su país disminuye debido* *a las enfermedades*	2001
LUXEMBURGO	Princesa Alexandra *Emparentada con todos los monarcas europeos* *que reinan en 2007*	1991
MÓNACO	Princesa Estefanía *Intentó ser una estrella de rock*	1965
MÓNACO	Princesa Carolina *Luchó ante los tribunales para proteger su* *privacidad de los medios; puede convertirse en* *soberana reinante de Mónaco*	1957
MARRUECOS	Princesa Lalla Khadija *Su padre perdonó prisioneros con motivo de su nacimiento*	2007
MARRUECOS	Princesa Lalla Salma *Tiene un título en informática*	1978

PAÍS	NOMBRE	AÑO DE NACIMIENTO
MARRUECOS	Princesa Lalla Hasna *Es una ambientalista apasionada*	1967
MARRUECOS	Princesa Lalla Asma *Promueve la protección de animales*	1965
MARRUECOS	Princesa Lalla Meryem *Se divorció en 1999*	1962
NEPAL	Princesa Kritika *Su país limita con Tibet, China e India*	2003
NEPAL	Princesa Purnika *Asiste a la Escuela Internacional Roopy en Katmandú*	2000
NEPAL	Princesa Himani Rajya Laxmi Devi Shah *Tiene el título "Gran Maestra de todas las órdenes del Reino de Nepal"*	1976
NORUEGA	Princesa Ingrid Alexandra *Segunda en la línea del trono*	2004
NORUEGA	Princesa Mette-Marit *Rebelde que conoció a su príncipe en un concierto de rock*	1973
NORUEGA	Princesa Märtha Louise *Abrió una escuela de clarividencia*	1971
NORUEGA	Princesa Astrid *Creció con dislexia y ahora ayuda a otros niños con ese problema*	1932
NORUEGA	Princesa Ragnhild *Ha vivido en Brasil desde los años cincuenta*	1930
ESPAÑA	Leticia, Princesa de Asturias *Enfrentó un divorcio y la muerte de su hermana*	1972
SUECIA	Princesa Magdalena *Se trasladó a Nueva York para trabajar en UNICEF*	1982
SUECIA	Princesa Heredera Victoria *Se recuperó de la anorexia a fines de los años noventa*	1977
TAILANDIA	Princesa Maha Chakri Sirindhorn *Tiene un doctorado y nunca se casó*	1955
TONGA	Princesa Pilolevu *Su país de origen es un remoto archipiélago*	1952

Cómo Silbar con Dos Dedos

HAZ UN TRIÁNGULO CON tus meñiques, uniéndolos por las yemas, con las palmas y los dedos hacia ti. Saca la lengua y pon las puntas de los meñiques exactamente en el centro, empujando la lengua con fuerza contra los dedos donde éstos se unen. Empuja de nuevo la lengua dentro de la boca con los dedos, hasta que tengas los primeros nudillos de los meñiques dentro de la boca. Inclina las puntas de los meñiques un poco hacia abajo, justo detrás de tus dientes inferiores, y sigue presionando los dedos con la lengua. Frunce la boca y sopla. Es posible que debas ajustar el ángulo de tus dedos para que suene bien, pero practica y, cuando menos lo pienses, ¡estarás deteniendo taxis con tu penetrante silbido!

El Elástico

EL ELÁSTICO—QUE SE CONOCE en otros países como "Lazo chino," "Lazo americano," "Lazo japonés," "Lazo noruego" y "Lazo alemán"—no es un salto de lazo tradicional, donde se gira el lazo para que otra persona salte. El lazo es estático, un elástico envuelto alrededor de las piernas de dos jugadoras, mientras que una tercera salta a su alrededor y sobre él en una serie de movimientos.

Para jugar, necesitas dos personas que controlen el elástico y una que salte. (Si estás sola y tienes un par de sillas fuertes, esas pueden servirte en un aprieto.) Quienes sostienen el lazo deben pararse varios pies aparte la una de la otra, con el elástico extendido alrededor de sus tobillos para formar un marco rectangular. La que salta comienza parada al lado izquierdo del marco, y luego salta *adentro, afuera, por arriba y sobre el elástico.*

- *Adentro,* la jugadora salta con ambos pies dentro del marco del elástico.

- *Afuera,* la jugadora salta hacia arriba y se cae a caballo sobre el elástico, con cada pie afuera.

- *Por arriba,* la jugadora salta con ambos pies hacia el lado izquierdo afuera del elástico, y luego con ambos pies hacia el lado derecho afuera del elástico.

- *Sobre,* la jugadora cae sobre el elástico con su pie izquierdo en el lado izquierdo y el derecho en el lado derecho.

Cuando la jugadora ha completado satisfactoriamente esta secuencia, las que sostienen el elástico lo suben hasta las rodillas. Allí se repiten los movimientos y, si la jugadora los completa, el elástico se sube hasta la cintura. Si la jugadora realiza la secuencia con éxito en ese nivel, el elástico se sube hasta las axilas.

Algunas variaciones:

Lavar y Secar
Comienza parada a la izquierda del marco del elástico, que está al nivel de los tobillos. Con el pie derecho, levanta el lado izquierdo del elástico (el que está más cerca de ti) y, con el elástico todavía contra tu tobillo derecho, da un paso hacia el otro lado del elástico. Luego pon tu pie izquierdo dentro del elástico para formar un diamante alrededor de tus pies y salta con el pie izquierdo delante del derecho, con los pies uno al lado del otro, con el pie derecho delante del izquierdo, luego con los pies juntos. Las jugadoras que lo sostienen levantan el elástico como en la primera secuencia.

Diamantes
Comienza como en lavar y secar, parada fuera hacia el lado izquierdo del elástico con los pies juntos y, levantando el elástico con tu pie derecho, pásalo al otro lado y pon tu pie izquierdo dentro para formar un diamante. Salta hacia arriba, liberando tus pies del elástico en forma de diamante, y cae en medio de los elásticos. Salta hacia la derecha (el lado contrario al que comenzaste) y repite los pasos en ese lado. Cuando hayas completado ambos lados, se levanta el elástico.

Mississippi
Este juego usa la primera secuencia mientras se canta M-I-S-S-I-S-S-I-P-P-I. "M" significa saltar dentro del elástico; "I" significa saltar fuera de los elásticos (hacia cualquier lado); "S" significa estar a caballo sobre un lado del elástico (la jugadora alterna los lados en cada "S"); "P" significa saltar sobre los lazos. Para cada letra que cantan quienes sostienen el elástico, la jugadora debe realizar el salto correcto. Si completa con éxito la secuencia, se levanta el elástico.

Salto Holandés de Lazo Doble

ESTE ES UN TIPO de salto de lazo en el que se utilizan dos lazos. Hay dos personas que baten el lazo y una que salta (aun cuando, para hacerlo más difícil, puede haber dos que saltan.) Cada una de las personas que baten el lazo sostiene el extremo de uno de los lazos en cada mano. Los lazos deben ser de la misma longitud, pero no tienen que ser del mismo color—de hecho, tener lazos de diferentes colores puede ayudar a la que salta a saber hacia que lado se dirigen los lazos. El lazo de la mano izquierda gira en la dirección de las manecillas del reloj, y el de la mano derecha en sentido contrario, con un movimiento semejante al de una batidora. La que salta debe saltar ambos lazos cuando golpean el suelo, tan rápido que parece que corre en el mismo sitio.

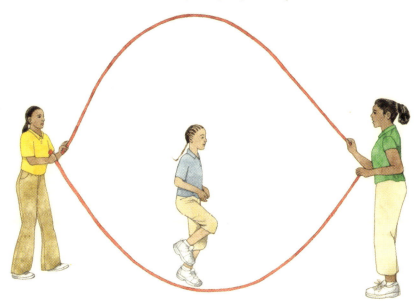

¿Qué tiene que ver este juego de lazo con los holandeses? Según la tradición del lazo, se cree que este juego puede haber evolucionado de los movimientos realizados por los fabricantes holandeses de sogas cuando las enrollaban con cáñamo. Con el cáñamo atado alrededor de la cintura y dos hilos atados a una rueda, los fabricantes de soga caminaban hacia atrás, haciendo girar el cáñamo en toda su longitud hasta formar la soga. Los corredores que suministraban el cáñamo a quienes giraban tenían que saltar con rapidez sobre los lazos que giraban continuamente mientras los fabricantes ejercían su oficio, haciendo girar el cáñamo hilo a hilo. Es fácil imaginar cómo este trabajo pudo haberse convertido en un pasatiempo para los fabricantes de sogas y sus familias. Cuando los inmigrantes holandeses llegaron a Nuevo Ámsterdam (la actual ciudad de Nueva York), trajeron consigo el juego del doble lazo, lo cual le ganó el apodo de "lazo holandés." El juego se hizo cada vez más popular, especialmente en las zonas urbanas, pero poco después de los años cincuenta cayó en desuso. Luego, en 1973, un detective de la ciudad de Nueva York y su compañero revivieron el juego de saltar lazo al convertirlo en un deporte competitivo para los niños urbanos entre el quinto y el octavo grado. Ahora el salto holandés de lazo doble no es sólo un juego de calle, sino un deporte competitivo que se practica en todas partes del mundo.

Cómo Atar un Sari

(Y un *Chiton*)

NO SABEMOS CUÁNDO SE fabricó el primer sari, pero los relatos y representaciones artísticas de los saris se remontan a cerca de 5,000 años. Los saris aún se llevan en la India y en todo el mundo, y el diseño, la tela, los estampados y los estilos de anudarlo varían según la región y la condición de quien lo lleva.

El sari contemporáneo es, en realidad, un traje de tres piezas: el sari mismo (una tela sin coser de 42 a 49 pulgadas de ancha y de 5½ a 9 yardas de larga, usualmente con bordes ornamentados y una pieza final llamada *pallu*, aquella que se pone sobre el hombro; una enagua o falda; el *choli*, un corpiño ajustado, conocido también como blusa o chaqueta del sari.

La falda es un desarrollo relativamente reciente en el uso del sari. No es absolutamente necesaria, aun cuando tiene aplicaciones prácticas: además de ser como una enagua debajo de telas transparentes, la falda ofrece también un cinturón dentro del cual se pueden poner las puntas y pliegues de la tela. Algunas de las mujeres modernas que usan saris usan pantalones estilo capri en lugar de faldas. La mayoría de los saris vienen con una pieza de tela compañera para el *choli*, pero puede usarse también una blusa o camiseta en su lugar.

El estilo moderno más popular de atar un sari es *nivi*, creado básicamente atando el sari alrededor de la cintura, metiendo un extremo de él en la falda, y luego atando el *pallu* diagonalmente sobre el pecho y encima del hombro. A continuación presentamos algunas instrucciones para atar un sari al estilo *nivi*.

❶ ❷ ❸ ❹

Elige tu tela de 9 yardas de largo para el sari, y ponte el *choli* (una ombliguera o camiseta corta) y una falda (una enagua hasta el suelo, o pantalones capri).

❶ Introduce la punta interna superior del sari dentro de la falda, justo a la izquierda del ombligo. Ata el sari de izquierda a derecha, para que te envuelva completamente una vez, asegurándote que la punta inferior del sari cuelgue uniformemente y toque el suelo. Introduce esta primera envoltura en el mismo lugar a la izquierda del ombligo donde introdujiste la primera.

❷ Sostén con fuerza la parte introducida de la tela en la cintura y comienza a hacer pliegues. Usarás cerca de una yarda de tela para hacer de siete a diez pliegues de cuatro a cinco pulgadas.

❸ El primer pliegue debe quedar en el centro de tu cuerpo y, mientras continúas doblando, ten cuidado de que los pliegues sean derechos y uniformes.

❹ Sostén los pliegues unidos y asegúrate que estén alineados. Introduce los pliegues en la cintura a la izquierda del ombligo, haciendo que los pliegues estén vueltos hacia la izquierda. Puedes usar un alfiler para asegurar más los pliegues.

❺ Envuelve la tela sobrante alrededor de la cintura otra vez, de derecha a izquierda.

❻ Hala el sari diagonalmente con tu mano derecha para que se ajuste exactamente debajo de tu axila derecha; luego deja caer la tela sobre tu hombro izquierdo para que cuelgue sobre la espalda. Puedes plisar la tela y asegurarla con un alfiler si lo deseas desde dentro del *choli* a lo largo de la costura del hombro. O puedes envolver el *pallu* sobre tu hombro izquierdo, llevándolo detrás de la espalda y sobre tu hombro derecho para que descanse adelante.

Ahora tienes un bello sari estilo *nivi*. Puede que te tome algún tiempo acostumbrarte a caminar en él. Pero si no quieres incomodarte con dominar el arte de llevar el sari como un traje, ¿sabías que puedes anudarlo como pantalones?

❺

❻

Estilo Kachha

P ARA ESTE sari se necesitan 6 yardas de tela. Comenzando con la cadera izquierda, envuelve el sari hacia la derecha para que rodee la cintura. Ata un nudo justo debajo del ombligo utilizando la punta del sari (sostenida con tu mano derecha) y la tela apretada (del lado en que la envolviste, sostenida con tu mano izquierda.) Una vez que hayas apretado el nudo, haz una serie de siete a diez pliegues a la derecha del nudo. Envuelve el *pallu* a tu alrededor, de manera que el extremo final esté centrado en tu espalda. Introdúcelo a todo lo largo de tu espalda para mantenerlo en su sitio. Plisa el resto de la tela entre los primeros pliegues y la parte del sari introducida en tu cadera izquierda. Introduce los pliegues en la cintura, toma la parte de debajo de la tela y pásala entre las piernas. Introdúcela en la espalda, asegurándola con un nudo si lo deseas, y ya está—¡pantalones de sari!

El *Chiton*

EL SARI puede recordarte otro estilo de traje antiguo que requiere, esencialmente, una larga sábana—la toga. Las togas eran en realidad piezas circulares de tela de algodón o de lana que medían cerca de 15 pies de diámetro y se llevaban envueltas alrededor del cuerpo y drapeadas sobre el hombro. Pero las togas nunca fueron usadas por las mujeres—ellas llevaban más bien una tela drapeada similar pero más favorecedora, llamada *chiton*.

El *chiton* dórico era un atuendo sencillo pero elegante, cuya tela dependía de la estación y de la sensibilidad de quien lo llevaba. Podía ser usado como traje o como ropa interior, y se construía extendiendo una tela de forma rectangular alrededor del cuerpo, sujetándola en los hombros y atándola en la cintura. El tono más popular de tela para el *chiton* era el blanco, por ser el que mejor permitía lucir los sofisticados bordados o los dibujos tejidos de brillantes colores que se utilizaban a menudo para decorar los bordes. El amarillo era también uno de los colores predilectos, tan común que se apodaba a las túnicas "azafranes."

El *chiton* no es complicado en términos de diseño—no es necesario coser ni cortar—pero puede resultar un poco difícil ponértelo sola. Así, para hacer tu propio *chiton*, necesitas una pieza de tela, un lazo o faja como cinturón, dos ganchos de nodriza y una amiga que te ayude.

La pieza de tela utilizada para el *chiton* dórico debe ser aproximadamente treinta centímetros más larga que la altura de la persona que la ha de usar, y tan ancha como la distancia que haya entre sus manos extendidas. Una sábana sencilla servirá, o una bella cortina de gasa.

Pon la tela en el suelo y dobla la parte de arriba sobre aproximadamente dos tercios del resto de la tela. Levanta la tela, de manera que la parte doblada esté delante de ti, y dobla la tela por la mitad a lo largo, manteniendo aquel primer doblez en la parte exterior. Pon la tela de nuevo en el suelo, de manera que la parte cerrada del doblez esté a la derecha, y la parte abierta de la tela a la izquierda. Usa un alfiler imperdible para unir las partes de atrás y de adelante por la parte superior de la tela, aproximadamente tres cuartos hacia adentro. Utiliza el segundo alfiler para unir la parte de adelante y la de atrás aproximadamente dos tercios hacia adentro. Así se forman dos tiras para los hombros.

Este es el momento en el que necesitarás la ayuda de tu amiga. Haz que ella levante la tela y te ayude a introducir tu mano derecha por la parte superior, debajo de los ganchos de nodriza, y sacándola por el lado opuesto. Tu brazo derecho debe estar en el hueco entre el borde de la tela doblada y el primer gancho. Luego introduce tu cabeza por el hueco creado entre los dos ganchos. Los ganchos de nodriza deben quedar ahora sobre tus hombros. Si tienes una buena cantidad de tela que cuelga abierta a tu lado izquierdo, puedes envolver la parte de atrás contra el lado izquierdo de tu cuerpo y colocar la parte de adelante sobre ella. Luego usa tu lazo, cordón o cinturón para atarlo alrededor de la cintura y obtener la apariencia ceñida del *chiton*.

Rayuela, Balón Atado, Lazo de Saltar

Rayuela

AUNQUE NO LO CREAS, la rayuela no comenzó como un juego escolar, sino como un ejercicio militar. En los primeros tiempos del Imperio Romano, en la antigua Inglaterra, los soldados romanos corrían en pistas rectangulares de 100 pies de largo con su armadura completa para mejorar su paso. Los niños romanos dibujaron sus propias versiones de estas pistas, acortando su longitud y agregando un sistema de puntos, y así nació la rayuela.

La palabra inglesa para rayuela, *hopscotch*, viene del verbo *hop*, saltar y *escocher*, una palabra del francés antiguo que significa "cortar." El juego, tal como lo conocemos, se remonta al menos a 1801, y actualmente se juega en todo el mundo. En Francia se lo llama *Marelles*. Los alemanes le dicen *Templehupfen*, y los holandeses *Hinkelbaan*. En Malasia lo llaman *Ting-ting* o *Keteng-teng*, y en la India *Ekaria Dukaria*. En Vietnam se lo conoce como *Pico*, en Chile es *Luche* y en Argentina y muchos otros países de habla hispana se llama *Rayuela*.

CANCHAS

Haz tu propia cancha utilizando tiza sobre la vereda o entrada, o bien utilizando cinta de enmascarar sobre el suelo o la alfombra dentro de la casa.

La rayuela estadounidense tradicional luce así:

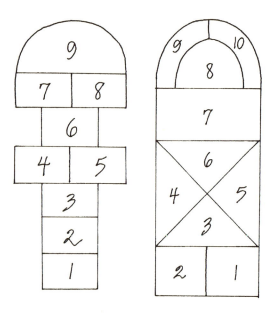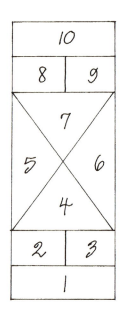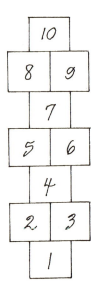

Las canchas muy anticuadas tenían 6 cuadros seguidos numerados de 1 a 6, o 3 conjuntos de dos cuadros:

Versiones más sofisticadas incluyen Monte Carlo y la Italiana:

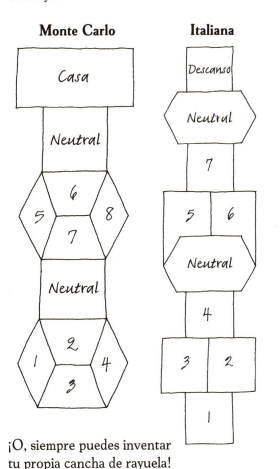

¡O, siempre puedes inventar tu propia cancha de rayuela!

REGLAS

Casi toda chica conoce las reglas básicas de la rayuela, pero existen algunas variaciones para que el juego sea más divertido.

En su forma más básica, el primer jugador se coloca detrás de la línea de inicio para lanzar un marcador (una piedra, una moneda, una bolsa de cuentas, un botón) al primer cuadro. El marcador debe caer en el cuadro correcto, sin rebotar o tocar ninguna línea. La jugadora debe saltar por encima del primer cuadro en un pie, y luego continuar saltando hasta el final de la cancha. En los cuadros adyacentes se puede poner ambos pies, pero los otros deben saltarse en un pie. El jugador debe saltar por sobre el cuadro que tenga el marcador, y los cuadros neutrales o seguros pueden saltarse como lo desee el jugador.

Cuando un jugador llega al final de la cancha, gira y comienza a saltar de nuevo en dirección contraria hasta llegar al comienzo, deteniéndose para tomar su marcador al regreso. Si llega hasta el final sin saltar sobre una línea ni apoyar ambos pies en un cuadro, puede continuar con su turno lanzando el marcador al número 2 y repitiendo la secuencia. Cuando el jugador pisa una línea, se salta un cuadro, se cae o pone ambos pies en el suelo, termina su turno. Cuando es su turno de nuevo, comienza donde había terminado la última vez. El ganador es el primer jugador que completa este recorrido para todos los cuadros numerados.

VARIACIONES

Una versión francesa de la rayuela se juega en una cancha en espiral y se la llama, por su forma, *Escargot* (caracol) o *La Marelle Ronde* (la rayuela redonda). La cancha se dibuja como un gran caracol o una espiral en forma de concha, y luego se divide en cuadrados, cuyo número sólo está limitado por el tamaño mismo de la espiral. En esta versión, cada jugador

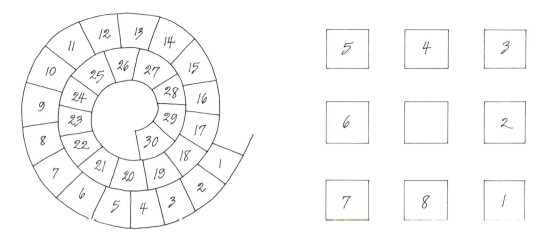

Escargot (caracol) o *La Marelle Ronde*
(rayuela redonda)

Rayuela de Lanzar y Tomar

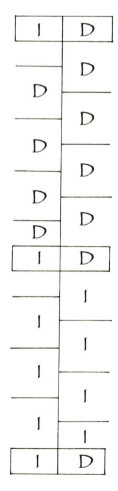

salta en un pie hasta el centro de la espiral y luego regresa. Cuando un jugador completa todo el circuito, puede marcar uno de los cuadros con sus iniciales, y desde ese momento puede poner ambos pies en él. Los otros jugadores deben saltar por encima de él. El juego termina cuando todos los cuadros están marcados (o si nadie puede llegar al centro), y gana la chica que tenga sus iniciales en más cuadros.

Esta variación, que le permite al jugador poner sus iniciales en un cuadro, puede adaptarse también a la versión tradicional del juego. Después de que un jugador haya completado con éxito una secuencia de rayuela, puede lanzar su marcador sobre la cancha y poner sus iniciales en el lugar en que caiga. Entonces este cuadro es suyo, y puede poner allí sus dos pies cuando salta, mientras que los otros jugadores deben saltar por encima de él. En esta versión, a los jugadores sólo les está permitido poner sus iniciales en un cuadro en cada juego.

En una variación inglesa, que puede usarse tanto en las canchas tradicionales como en las canchas en espiral, la jugadora sostiene el marcador entre sus pies y salta de un cuadro a otro sin perderlo ni pisar las líneas.

En la rayuela Lanzar y Tomar, un jugador lanza su marcador al cuadro del centro y luego salta a cada cuadro en orden. Desde cada cuadro, debe estirarse para tomar el marcador sin perder el equilibrio ni pisar las líneas.

En la Rayuela de Agilidad, el jugador debe saltar hacia delante y hacia atrás sobre la línea del centro sin tocar ninguna línea ni perder el equilibrio. Debe saltar con el pie izquierdo en los cuadros marcados con una I, y con el pie derecho en los marcados con una D. Puede poner ambos pies en el suelo en aquellos lugares en los que la I y la D están marcados en lados opuestos.

Rayuela de Agilidad

Balón Atado

E L BALÓN ATADO REQUIERE una mente rápida y manos igualmente rápidas para lanzar el balón girando alrededor del poste para ganar. Este era nuestro juego predilecto cuando éramos pequeños, y nos agradaría que hubiera más canchas de balón atado—y quizás, verlo un día convertido en uno de los juegos olímpicos.

En su forma más básica, se necesita un balón—similar al del balón bolea, pero más suave—atado en el extremo superior de un poste de 10 pies por una cuerda. Dos jugadores intentan golpear el balón en una dirección, para que la cuerda se enrolle completamente en el poste. (También es divertido jugarlo solo—en el patio de atrás, cuando no hay nadie. Puedes practicar y también inventar juegos. Por ejemplo, inclinarte antes de que el balón te golpee en la cabeza). Las canchas de balón atado tienen un círculo trazado en el suelo alrededor del poste y están divididas por el medio. No es necesario dibujar un círculo, pero sí se necesita un espacio de 8 a 10 pies alrededor del poste, y cada jugador debe permanecer en su lado del círculo.

REGLAS

Las reglas son engañosamente sencillas: dos personas se colocan una al frente de la otra; una de ellas sirve, golpeando el balón en una dirección alrededor del poste, y la otra intenta golpearlo en la dirección contraria. El primer jugador que consiga enrollar la cuerda completamente alrededor del poste es el ganador.

Puesto que quien sirve tiene una gran ventaja (pues golpea primero el balón), los jugadores pueden decidir jugar una competencia en lugar de juegos individuales. El número total de juegos que compone una competencia lo deciden los jugadores, pero el ganador debe ganar al menos dos juegos. Otra manera de disminuir la ventaja del servicio es que el jugador a quien no le corresponde servir elija el lado del círculo que prefiere y la dirección del golpe.

FALTAS E INFRACCIONES

Qué tan seriamente se castigan las faltas es algo que debe decidirse antes de comenzar el juego. Las faltas incluyen:

- ♦ Pasar la línea del centro.
- ♦ Que quien sirve golpee dos veces el balón al comienzo antes de que su oponente lo golpee una vez.
- ♦ Golpear dos veces el balón cuando todavía está de tu lado del círculo.
- ♦ Golpear el balón con cualquier parte del cuerpo diferente de la mano o el antebrazo.
- ♦ Dar la vuelta al poste y golpear el balón.
- ♦ Tomar o sostener el balón.
- ♦ Lanzar el balón.
- ♦ Tocar el poste con cualquier parte del cuerpo.
- ♦ Golpear la cuerda con cualquier parte del cuerpo.

Si sólo hay unos pocos jugadores, puedes tratar estas faltas como meras infracciones y seguir con el juego, deteniendo el balón y poniéndolo de nuevo donde estaba antes de que ocurriera la infracción. El oponente sirve y cualquiera de los jugadores puede golpear el balón. Si un jugador acumula tres infracciones, su oponente gana automáticamente.

Si los dos jugadores cometen una infracción a la vez, deben comenzar el juego de nuevo. Para saber quién comienza, ambos jugadores sostienen el balón con una mano, levantándolo a cerca de tres pies del poste, directamente sobre la línea que divide las dos mitades del círculo, y luego lo sueltan al mismo tiempo. El balón debe golpear el poste, y luego cualquiera de los jugadores puede golpearlo para continuar el juego.

De cualquier manera que decidas jugar, lo único que termina definitivamente el juego es asir el poste. Cualquier jugador que lo haga pierde de inmediato.

EQUIPO

El Balón
El balón es lo único que se debe comprar específicamente para el juego, y es similar a un balón de voleibol pero más suave. Tendrá un asa que sale de la superficie o una hendidura para atar la cuerda.

El Poste
El mejor poste para este juego es un tubo de metal de 10 a 12 pies de largo y de 2 pulgadas de diámetro hundido en el suelo, con un gancho que lo atraviese a cerca de 4 pulgadas desde el extremo superior para atar la cuerda. Este puede ser un buen momento para hacer un viaje a la ferretería local. Pero, si tienes buen ojo, es posible que encuentres un buen poste cerca de tu casa que sirva para el juego. Sólo recuerda que debes desatar el balón y llevarlo contigo cuando termines de jugar.

CÓMO HACER UNA CANCHA DE BALÓN ATADO EN EL JARDÍN

Aquí está la lista de cosas que necesitas:
- Tubo de metal de 10 a 12 pies de largo y 2 pulgadas de ancho
- Tubo de metal de 2 pies de largo, y de diámetro ligeramente mayor a 2 pulgadas
- Gancho (para atar la cuerda al extremo del poste)
- Taladro para metal
- Mezcla de concreto
- Balón
- Cuerda (si no viene incluida con el balón)

Hacer la cancha
Taladra un hueco por el tubo aproximadamente a 4 pulgadas del extremo superior para sujetar el gancho y coloca el gancho.

Cava un hueco en el jardín, entrada de gravilla o patio trasero de cerca de 2½ pies de profundidad, con un diámetro de 2 pies.

Vierte 6 pulgadas de concreto y deja que se endurezca.

Coloca el tubo de 2 pies en el hueco y agrega concreto a su alrededor para llenar el hueco (es buena idea tener algo que sostenga el tubo en su lugar mientras se endurece el concreto a su alrededor; también, el tubo debe estar al nivel del suelo y sobresalir justo por encima de él, mas no tanto que obstaculice la podadora).

Cuando se haya secado el concreto, desliza el tubo dentro de la base de concreto y del tubo (la base debe ser sólida y el poste ajustarse bien, pero el tubo largo es removible).

Ata la cuerda y el balón.

Lazo de Saltar

ES SORPRENDENTE PARA NOSOTROS ahora, puesto que el lazo de saltar se considera a menudo un juego de chicas, pero saltar lazo en realidad se inició como una actividad exclusivamente reservada para los hombres, prohibida para las mujeres. Actualmente, sin embargo, saltar lazo es para todos. Incluso es un deporte competitivo.

Saltar lazo ha sido uno de los juegos predilectos a lo largo de la historia. Hay pinturas europeas de la Edad Media que representan niños empujando aros y saltando lazo en calles de adoquines. En el Egipto de 1600, los niños utilizaban enredaderas para saltar el lazo. En Inglaterra, era un juego especialmente popular en la época de Pascua, cuando se saltaba en Cambridge y en varias de las aldeas de Sussex. Incluso hoy en día, el Viernes Santo en la aldea de Alciston, al oriente de Sussex, los niños se reúnen a saltar lazo.

Reinas del Mundo Antiguo I

La Sabia Artemisia

LA APARIENCIA DE LA Reina Artemisia, quien vivió durante el siglo V antes de Cristo, es un misterio, pues no ha sobrevivido ninguna representación de esta reina. Pero los relatos que conocemos del primer historiador del mundo, Herodoto, describe a Artemisia como una reina inteligente y astuta, que decía valerosamente lo que pensaba, incluso cuando nadie más estaba de acuerdo con ella. Sabemos también que era una hábil y valiente marinera, que protegió a la flota persa durante las guerras entre Grecia y Persia.

En el siglo V antes de Cristo, Artemisia gobernó Halicarnaso (actualmente Bodrum), una ciudad anidada a lo largo de una caleta en la costa sur oriental del Mar Egeo en Turquía. El padre de Artemisia y su esposo habían gobernado la ciudad antes de ella. Cuando murió su esposo fue designada reina, pues su hijo era demasiado joven para gobernar.

Por aquella época, en el 480 antes de Cristo, el Imperio Persa estaba en todo su esplendor. Reinaba Jerjes, el cuarto de los grandes reyes persas. Había conquistado ya buena parte de Asia y había vuelto su mirada hacia las ciudades, provincias e islas griegas.

Jerjes ganó por poco la batalla de las Termópilas, al cerrar el paso a la Grecia peninsular, y luego arrasó a su capital, Atenas. Luego se dirigió al sur para apoderarse de la isla de Salamis, trasladando la batalla al mar y dependiendo fuertemente de los barcos de su armada. Pidió a los aliados que tenía alrededor del Mar Egeo que enviaran refuerzos. Leal a Persia, Artemisia prestó cinco barcos al esfuerzo bélico de Jerjes, grandes trirremes, cada uno con una gran vela, que avanzaban gracias a los largos remos de hombres prove-nientes de Halicarnaso. Ella misma asumió el mando.

Sin embargo, Artemisia era diferente de muchas de las antiguas reinas (y reyes), de quienes nos dicen que sólo deseaban guerrear. Cuando Jerjes le pidió a su General Mardonio que reuniera a los comandantes para un consejo antes de tomar por asalto a Salamis, todos lo animaron a que prosiguiera con la batalla naval y le aseguraron la victoria. Con excepción de Artemisia, quien advirtió a Jerjes que los barcos griegos eran más fuertes que los suyos. Le recordó que ya poseía la península griega y la ciudad de Atenas, y que había perdido buena parte de su ejército en las Termópilas. Contradijo a todos los otros comandantes, aconsejándole que debía retirarse cuando aún llevaba la delantera.

Jerjes admiraba a Artemisia, pero decidió, fatídicamente, seguir la opinión de la mayoría. La batalla salió mal—terriblemente mal—tal como lo había predicho Artemisia. Al final de la batalla, los persas contemplaban desde la orilla cómo ardían sus barcos. No obstante, Artemisia mantuvo su palabra y comandó su barco. Fue perseguida por un barco ateniense, y enfrentó la terrible decisión de ser capturada o chocar contra los barcos persas que estaban delante de ella.

Artemisia tomó la decisión de salvar a su tripulación, chocando contra uno de los barcos aliados y hundiéndolo en el esfuerzo por escapar del barco griego. Algunos dicen que guardaba desde hacía largo tiempo un profundo rencor contra su comandante, el rey Damasitimos de Calindia. El comandante del barco griego que la perseguía se alejó, suponiendo quizás que era un barco griego hermano, incluso un desertor de la armada persa. Los persas perdieron la batalla de Salamis, todos los

hombres del barco Calindio murieron, pero Artemisia y sus hombres escaparon ilesos.

Después de la batalla, narra Herodoto, el rey Jerjes consultó de nuevo a sus comandantes. De nuevo, todos deseaban permanecer allí y luchar por las islas griegas, con excepción de Artemisia. Disintiendo del grupo una vez más, la ecuánime reina le aconsejó a Jerjes que considerara otra opción: dejar trescientos mil soldados para que mantuvieran el dominio de la península y regresar a Persia con el resto de su armada.

Artemisia le recordó a Jerjes por segunda vez que ya había incendiado a Atenas y tomado las ciudades y provincias griegas. Era suficiente. El rey tomó el consejo de Artemisia con más seriedad esta vez, al saber que antes había estado en lo cierto. Esta vez, escuchó a la sabia mujer por sobre la mayoría, optando por dejar un contingente de tropas en Grecia y regresar a su país en lugar de luchar.

Y ¿qué sucedió después? Herodoto menciona brevemente como sacó Artemisia al hijo de Jerjes de Grecia a un lugar seguro en la ciudad de Éfeso, en Turquía. Después no sabemos nada más de la vida de Artemisia. Herodoto procede a describir las siguientes batallas, y dado que Artemisia se niega a luchar, desaparece de las páginas de su historia.

Una pequeña ánfora nos ofrece la última evidencia de Artemisia: Una ánfora blanca, hecha de calcita, que se encuentra actualmente en el Museo Británico. Jerjes se la dio a Artemisia, como un obsequio por su lealtad y sus servicios, y la inscribió con su firma real. Artemisia debió legar esta ánfora a su hijo, pues permaneció en el tesoro de su familia durante muchas generaciones. Cien años más tarde, otro miembro del linaje real, también llamada Artemisia, construyó un monumento funerario para su esposo—el Mausoleo de Halicarnaso, una de las siete maravillas del mundo antiguo. Allí, en la década de 1850, el arqueólogo inglés Charles Newton excavó el obsequio de Jerjes a la primera Artemisia y descubrió la huella final de esta sabia reina.

Nudos y Puntadas

U N BUEN NUDO TE asegura que el bote estará en su lugar cuando regreses, que el columpio hecho con un neumático se sostendrá, que tu perro no correrá hacia el tráfico. A continuación presentamos unos nudos muy útiles que tienen usos cotidianos, y algunas palabras sobre puntadas que vendrán bien para hacer pequeños remiendos.

1. Tapones

Un nudo tapón impide que la cuerda se deslice por un hueco; es el bulto al final de la cuerda. El estilo más corriente se llama el nudo sobre la mano o medio nudo. Es el que se usa para mantener el hilo en su lugar cuando comenzamos a coser.

Los medios nudos no son muy fuertes, pero son perfectos para hacer la parte que se balancea de la cuerda de un columpio. Ata cuatro o cinco medios nudos flojos en el extremo de la cuerda. Acércalos y aprieta. Formarán un bulto más grande que es perfecto para sentarse mientras te columpias. Si lo deseas, ata un nudo cada cierto número de pies en la cuerda, para trepar por él o para hacer un arabesco (envolviendo la cuerda levemente alrededor de un tobillo, mientras levantas graciosamente la otra pierna detrás de ti, como lo hacen en el circo).

Nota de seguridad: para los columpios de cuerda, conviene atar el columpio a la rama de un árbol mediante un ballestrinque más fuerte o un nudo tenso. Asegúrate de atar la cuerda a una rama que se extienda lo suficientemente lejos del tronco para poder columpiarte con seguridad.

Una alternativa al medio nudo es el nudo flamenco, que puedes usar también cada vez que necesites un nudo al final de una cuerda. Es fuerte y bello a la vez.

❶ Haz una lazada en la parte superior. ❷ Cruza la punta hacia atrás y sobre el lado izquierdo. ❸ Envuelve la punta y pásala por el ojo de la primera lazada. Debes ver un ocho. ❹ Hala la punta hacia el ojo o centro de esta lazada. ❺ Aprieta con fuerza.

2. Lazadas

Una vez que hayas dominado el ocho flamenco, puedes hacer una lazada de la misma manera. Dobla la cuerda o el cordel. Para halar, ata la lazada alrededor del objeto que quieres halar y levántalo o arrástralo con la cuerda.

3. Bandas

Las bandas unen dos cuerdas. Cuando necesites reparar una cuerda rota, agregar otro pedazo de cuerda o, por cualquier razón, atar dos cuerdas, lo que necesitas es el nudo cuadrado. Llamado también el nudo Hércules, fue usado por los griegos y los romanos como hechizo para sanar. En su *Historia Natural,* el escritor romano Plinio El Viejo aconsejaba a la gente que atara sus vendas con este nudo, pues esto haría que la herida sanara con mayor rapidez. Sencillo y confiable, este nudo funciona mejor con cáñamo o una soga más delgada, y con cuerdas del mismo tamaño.

La fórmula clásica del nudo cuadrado es: izquierda sobre derecha, derecha sobre izquierda. No te preocupes; en nuestra experiencia este es el tipo de instrucción que sólo tiene sentido cuando ya has aprendido a hacer el nudo. Entonces, ensaya lo siguiente: Lazada A sobre Lazada B. Envuelve las cuerdas de B sobre los bordes de la Lazada A y dentro de ella. Hala.

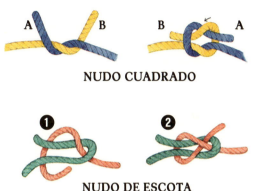

NUDO CUADRADO

NUDO DE ESCOTA

Si estás atando las puntas de una única cuerda, quizás para anudar la pulsera de una amiga, ensaya lo siguiente: Haz la lazada A. Con la lazada B, ensarta el punto dentro de la lazada A, desde atrás. Luego sácala por la parte de abajo y debajo y a través de la parte superior de la lazada. Luego pasa la cuerda A sobre la parte superior y a través de la lazada, de manera que quede al lado opuesto de la cuerda B.

Si necesitas algo más fuerte, o las cuerdas son de diferentes tamaños, usa esta variación, el nudo de escota. La verde es la cuerda más fuerte.

4. Enganches

Los enganches atan un objeto o animal a un poste, bien sea a tu perro en casa de tu amiga, a tu caballo a un árbol en la sombra, o tu kayak a un poste en el embarcadero mientras nadas.

El enganche tenso es increíblemente útil en las excursiones y en los viajes en bote. Se hace así:

Comienza desde la parte de atrás y pasa la punta alrededor del poste hacia la parte de adelante ❶, luego por encima y detrás de la cuerda ❷ y hacia el centro u ojo, y sácala por el frente ❸. Hala la punta por encima y por detrás y dentro del centro otra vez ❹, y hala por la parte de adelante ❺❻. Toma la punta después de las dos primeras lazadas ❼ enróllala y pásala por atrás y dentro del centro ❽❾, hala con fuerza❿.

ENGANCHE TIRANTE

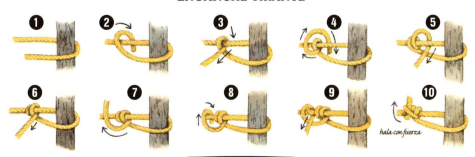

El enganche alrededor del poste se mueve a su alrededor. Es perfecto cuando no queremos que un perro se enrede y termine con una cuerda de dos pulgadas.

Haz una lazada alrededor del poste, de adelante hacia atrás, y saca la punta debajo y en frente de la cuerda. Cambia de dirección y llévala hacia la parte superior.

Envuelve la punta de nuevo alrededor del poste, esta vez de atrás hacia delante, y luego lleva la punta debajo de la lazada y dentro de ella.

Finalmente, el enganche de madera te ayuda a halar un objeto pesado, como un leño por un campo. Este nudo es sencillo y también fácil de deshacer, algo importante en lo que se refiere a los nudos. Se aprieta en la dirección en que halas, así que asegúrate que esto sea una ventaja para ti.

ENGANCHE ALREDEDOR DEL POSTE

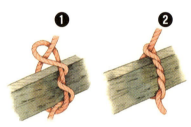

ENGANCHE DE MADERA

Envuélvelo una vez, de arriba hacia abajo, de atrás hacia delante. En la parte superior, haz una lazada con la punta alrededor del lazo (esta lazada es importante; la punta debe estar envuelta alrededor del lazo del que salió). Introduce la punta por encima, por detrás y alrededor del árbol tres o cuatro veces, y hala con fuerza. Las jaretas deben estar pegadas contra el objeto para que este nudo permanezca apretado, pues lo que lo sostiene es la presión de la cuerda contra el objeto a medida que halas.

5. Puntadas

Sin duda, llegará el momento en que necesites remendar tus guantes, coser un botón que se ha caído, o coser el roto que has hecho en tus pantalones al escalar rocas.

Corta el hilo, enhebra la aguja, dobla el hilo para que sea más fuerte, y haz un nudo—un maravilloso nudo flamenco—en la punta. Estás preparada. Las puntadas que aparecen a continuación pueden ayudarte a remendar rápidamente cualquier prenda que se haya rasgado y que ocurrirá inevitablemente en una vida atrevida.

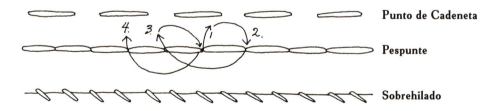

Reglas del Juego: Softball

EL SOFTBALL FUE INVENTADO el día de Acción de Gracias de 1887, en Chicago. Según los relatos, el primer juego de softball fue jugado dentro de una casa durante el invierno, y se utilizó un guante de boxeo y un palo. George Hancock, el entusiasta reportero de la Cámara de Comercio de Chicago, ¿dibujó realmente unas líneas blancas sobre el suelo del gimnasio y gritó, "¡Lancemos la pelota!," inaugurando así el softball? Nunca lo sabremos con seguridad, pero sí se sintió intrigado por aquel nuevo juego de bate con la pelota grande, y le agradaba jugar dentro de casa mientras caía la nieve y el helado viento invernal de Chicago soplaba por los campos. Para comienzos del siglo veinte, el softball había pasado al aire libre y al verano.

Todos juegan softball, pero todavía es considerado como un deporte para chicas. Hay una interesante historia al respecto. Para fines de los años veinte, las mujeres habían comenzado a jugar béisbol, especialmente en las universidades para mujeres. Varios de los arrolladores equipos semiprofesionales de "chicas en bombachos" viajaban de una ciudad a otra y eran increíblemente populares. En 1943, Phil Wrigley, el dueño de los Chicago Cubs, creó la Liga Profesional de Béisbol de Jóvenes Americanas. Tantos estadounidenses estaban luchando en la Segunda Guerra Mundial, incluidos los jugadores de béisbol, que las listas de los equipos masculinos de béisbol estaban vacías. Al igual que la Rosie del movimiento Riveter que envió a muchas mujeres a trabajar a las fábricas y les proporcionó nuevas experiencias, la Liga Profesional de Béisbol de Jóvenes Americanas abrió el béisbol profesional a las mujeres, todo en nombre del esfuerzo por la guerra, y ofreció diversión a quienes permanecieron en casa.

Algunas personas nunca se acostumbraron a la idea de que las mujeres jugaran béisbol. Luchaban contra la presencia de las mujeres en su deporte, queriendo mantenerlo como algo reservado exclusivamente para hombres y muchachos. Tuvieron éxito: la Liga Profesional de Béisbol de Jóvenes Americanas se cerró durante la década de 1950, y a las mujeres se las envió más bien a jugar softball.

En la actualidad, el softball es uno de los dos únicos deportes que la Asociación Nacional Colegiada de Atletismo (NCAA) tiene exclusivamente para mujeres, siendo el otro el jockey de campo. Durante cuatro años, de 1976 a 1980, las mujeres tuvieron una liga propia de softball, la Liga Femenina de Softball Profesional, pero ésta no pudo competir con la popularidad del béisbol. El softball femenino fue jugado por primera vez en los Juegos Olímpicos de 1996. El equipo femenino de los Estados Unidos ganó la medalla de oro, y repitió esta victoria en 2000. Es una lástima que, en 2012, el softball será eliminado de las competencias olímpicas, junto con el béisbol.

PARA JUGAR

La primera regla del softball es nunca disculparse. Esta parece ser una forma extraña de introducir un deporte, pero muchas, muchas chicas, y mujeres también, advierten que dicen "Lo siento" si la bola que lanzan queda corta, se desvía, sale de la cancha o, de alguna manera, no cae exactamente dónde lo deseaban. Intenta resistirte a este impulso. A menos que tu lanzamiento realmente cause un daño corporal, nunca te disculpes por un lanzamiento o una atrapada errática. Ahora estás preparada para jugar.

El softball puede jugarse como un deporte organizado o como un juego informal con tus

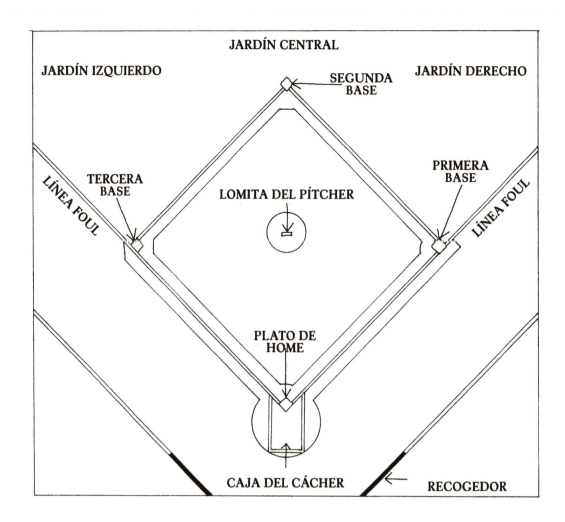

JARDÍN CENTRAL

JARDÍN IZQUIERDO

JARDÍN DERECHO

SEGUNDA
BASE

PRIMERA
BASE

TERCERA
BASE

LÍNEA FOUL

LOMITA DEL PÍTCHER

LÍNEA FOUL

PLATO DE
HOME

CAJA DEL CÁCHER

RECOGEDOR

amigos. Es bueno tener un diamante de béisbol, pero cualquier campo con hierba sirve, así como el jardín de tu casa (cuidado con las ventanas) o la calle al frente de la casa, cuando no haya autos. De hecho, los sardineles de las aceras son fantásticas primera y tercera base. Coloca conos naranja al final de la calle para alertar a los conductores de que se está jugando.

EL CAMPO

El campo de softball es como un campo normal de béisbol, pero con unas distancias ligeramente más cortas entre la base del bateador y el montículo del lanzador, y entre las bases.

LA PELOTA

Las pelotas de softball vienen en diferentes tamaños, pero la pelota promedio es de 2 a 3 pulgadas más grande que la de béisbol. También puedes comprar una pelota de softball que sea lo suficientemente suave para usar sin un guante, si lo deseas.

EL GUANTE

Un guante de cuero se moldea en tu mano y es agradable tenerlo. Compra un buen guante, no guantes rígidos de plástico. Un buen guante es un tesoro, algo que se lleva en el maletín de deporte para los juegos y las prácticas, y durante el resto de tu vida, para llevar en una bolsa de picnic para cualquier ocasión en la que un juego de softball pueda, con un poco de suerte, materializarse.

Una manopla es un guante con relleno adicional. El catcher preferirá con frecuencia una manopla, pues deberá atrapar la pelota a una mayor velocidad y sus manos ameritan mayor protección. Análogamente, algunas de las mujeres de primera base usan manoplas, pues ellas también están especialmente propensas a atrapar pelotas veloces. Si juegas al softball seriamente y tienes una posición predilecta, hay también guantes especiales para los jugadores que se encuentran más allá de las bases y un guante especial para el lanzador. Estos no son necesarios para los juegos habituales e informales de softball.

LANZAR LA PELOTA

Enderézate. Mira hacia delante. Si eres diestra, lanzarás con la mano derecha y llevarás el guante en la izquierda (y al contrario si eres zurda.) Daremos indicaciones para los diestros, aun cuando las zurdas ocupan un lugar especial en el softball.

Comienza con la pelota en tu mano derecha, extendiendo el brazo completamente detrás de ti. Con los pies separados, uno adelante y el otro ligeramente atrás, apunta tu pie delantero—o el pie del lado de la mano con el guante—en la dirección en que irá la pelota. Mira el lugar a dónde quieres lanzar la bola, y apunta con la mano del guante exactamente a ese lugar. Tu peso debe estar en la pierna de atrás y, mientras lanzas, desplaza tu peso hacia la pierna delantera. Deja que tus ojos y tus manos hagan su coordinación natural, y lanza la pelota hacia arriba. Luego trata de lanzar la pelota exactamente desde tu oreja.

ATRAPAR LA PELOTA

Para atrapar la pelota, mírala. No apartes la mirada. El truco es calcular dónde estará en el aire en el momento en que llegue a ti. Piensa en tu mano enguantada como la manecilla de un reloj y sigue estas instrucciones:

Pelotas elevadas y globos: Si la pelota viene hacia ti desde arriba, tu guante debe estar en las doce, con la parte de abajo hacia arriba. Mira la pelota en el aire, colócate intuitivamente donde va a caer, atrápala, cierra el guante y aférrate a ella con todas tus fuerzas, porque es fácil soltarla. La pelota debe quedar atrapada en los dedos del guante, no en la palma, para asegurarse que no se caiga.

Pelota normal: Si la pelota viene hacia ti al nivel del pecho, atrápala con el guante delante de ti, con tu pecho como el centro del reloj. Mírala, mantén la vista en la pelota, con el guante hacia el frente, atrápala y, como lo hiciste antes, aprieta ese guante fuertemente cuando la pelota lo golpee.

Roletazo: Para atrapar un roletazo, debes colocar todo tu cuerpo enfrente de la pelota. Corre hacia ella o deslízate hacia un costado para llegar allí. Mantén tu guante a la seis en el suelo o cerca de él, dependiendo si la pelota sencillamente está rodando hacia ti o está rebotando mientras rueda. Atrapa la pelota con el guante y aprieta.

LANZAR LA PELOTA

Lanza la pelota sin levantar el brazo por encima del hombro. Como en el lanzamiento, confía que tus ojos, mano y brazo colaborarán para que suceda. Colócate en el montículo del lanzador o en cualquier pedazo de hierba. Visualiza la zona de bateo: la zona encima de la base, entre los hombros y las rodillas del bateador. La manopla del catcher sirve como blanco; inhala profundamente y apunta allí. Un entrenador puede ayudarte con diferentes estilos de lanzamiento, pero el primer paso es practicar el movimiento de lanzar y calcular cómo lanzar la bola a la zona de bateo.

SOSTENER EL BATE Y GOLPEAR LA PELOTA

Sostén tus manos alrededor de la parte inferior del bate, poniendo la mano de lanzar arriba y la de atrapar justo debajo de ella. Párate perpendicularmente al lanzador. Esta es la posición: párate con las piernas separadas a la distancia de los hombros, las rodillas dobladas, el trasero hacia fuera, con el bate listo—no descansando sobre el hombro, sino sostenido por encima de él. Gira como si estuvieses tirando todos los puestos y la comida de la mesa del comedor. Mira la pelota, confía en tus instintos y practica hasta que lo consigas. Es esencial mirar la pelota todo el tiempo, desde que deja la mano del lanzador hasta cuando golpea el bate. Si puedes dominar esta habilidad, estás en camino a convertirte en una superestrella del softball.

BOLAS Y STRIKES

La zona de strike es el rectángulo imaginario que se extiende de la base del bateador, desde tu pecho hasta tus rodillas. Una bola es un lanzamiento que no pasa por la zona de strike sobre la base. Después de cuatro bolas, el bateador puede caminar hasta la primera base, sin necesidad de golpear la pelota. Sin embargo, no confíes en caminar para llegar a la base. Doscientos ensayos y mucha paciencia, y podrás batear esa pelota hasta el campo exterior con facilidad.

Un strike es un lanzamiento que pasa por la zona de strike, pero el bateador no golpea la pelota. Después de tres strikes sales, excepto cuando estás jugando con amigos e inventan otras reglas.

CORRER LAS BASES

Una vez que llegas a la primera base, tu objetivo es llegar a la segunda, a la tercera, y a la base, sin que te toquen con la pelota. Corre cada vez que alguien golpee la pelota, aun cuando si es un globo y un jugador del equipo contrario la atrapa antes de que toque el suelo, debes regresar corriendo a tu base. Puedes robar bases; esto significa que corres aun cuando no hayan golpeado la pelota, mientras el lanzador parezca lo suficientemente distraído para no lanzar la pelota a la próxima base y sacarte de inmediato.

EL JUEGO

Uno de los equipos tiene el bate. Todos los miembros del equipo obtienen un número para el orden de batear. El otro equipo está en el campo. El lanzador lanza la pelota y el resto del equipo cubre las bases y el campo exterior, esperando impedir al equipo que batea que anote un punto. Después de tres outs, los equipos cambian. Cada equipo trata de llegar a la base, correr hacia la última base, anotar más puntos que el otro equipo. Cada carrera es un punto. Los juegos de softball tienen de siete a nueve turnos, o puedes jugar hasta que todos se cansen.

Después de un número de turnos acordado o un tiempo establecido, el equipo que tenga más puntos gana. Alternativamente, cada equipo y cada jugador sólo trata de divertirse, y nadie lleva el puntaje. Esta también es una buena tradición.

KICKBALL

Sería imperdonable terminar una presentación del softball sin mencionar su primo de la pelota roja, el kickball. Este juego usa el mismo diamante, las mismas posiciones y las mismas reglas generales, excepto que se puede también lanzar la pelota para sacar a un jugador, y no hay guantes ni bates. Sólo lanza y patea la pelota. Los aficionados al kickball dicen que la mejor estrategia para llegar a la base es patear la pelota en el suelo para evitar rebotes fáciles de atrapar.

El Cuidado de Tu Guante de Softball

U N GUANTE NUEVO ES algo bello, pero la secreta verdad es que es mucho más fácil jugar con un guante que ha sido usado porque el cuero se ha suavizado.

Si tienes un guante nuevo y necesitas ablandarlo, no te preocupes; puedes hacerlo, sólo toma tiempo. Comienza por ponértelo en la mano y, con la otra mano, lanza una pelota de softball contra él, una y otra vez. Usa tu guante todos los días. Juega a atrapar con uno de tus padres o con un amigo. Juega a lanzar y atrapar contra un muro sólido de ladrillo o un tablero. Camina calle arriba y calle abajo lanzando la pelota contra tu guante. Tu objetivo es suavizar el cuero y crear un bolsillo para la pelota. Tu guante está adecuadamente ablandado cuando cierras la manopla y el pulgar y el dedo meñique se unen y se tocan.

Algunas personas enloquecen con el ablandamiento de los guantes: una sugerencia tradicional es poner el guante en la calle y pasar el auto por encima. Es posible golpearlo con un mazo de goma (aun cuando debes asegurarte de no tenerlo puesto cuando lo hagas.) Algunos jugadores de softball guardan el guante con la pelota dentro del bolsillo, sostenida con un elástico. Los fanáticos del softball ponen la pelota dentro del guante, la atan fuertemente con un cordel, asegurándose que el lado del meñique esté metido debajo del lado del pulgar; y ponen todo esto debajo del colchón de sus padres durante una o dos semanas.

Cuando los días se hacen más fríos y la temporada de softball ha terminado hace ya algún tiempo, llega el momento de frotar el guante con una muy pequeña cantidad de acondicionador. Puedes usar el aceite acondicionador de guantes oficial o remedios caseros como Vaselina o crema de afeitar. Sólo un poco, realmente—menos es más en lo que se refiere a aceite para guantes. Comienza en la parte de abajo del bolsillo y masajea el aceite hacia la parte superior. Encuentra un lugar acogedor en la última repisa de tu alacena para guardar tu guante hasta la próxima temporada de softball. Disfruta el invierno.

Juegos de Cartas: Corazones y Gin

Una Historia Breve

S E CREE QUE LOS primeros naipes se originaron en China, donde se inventó el papel, como una forma de dominós de papel. Las primeras referencias a los juegos de cartas en Europa, con barajas de cuatro palos, se remontan a 1377. Los naipes eran, por aquella época, muy costosos, pues eran pintados a mano y tenían una apariencia muy diferente de la del diseño contemporáneo de las barajas.

Las primeras cartas chinas tenían diseños reconocibles para los jugadores del Mah Jong: monedas o círculos, y bambúes o palos. En su camino de China a Europa, los naipes pasaron por el imperio islámico, donde adquirieron copas, espadas y cartas de la corte. Una vez llegados a Europa, las cartas genéricas de la corte evolucionaron hacia la representación de reyes, caballeros y otros personajes de la realeza—de ahí su nombre de "cartas de figuras." Las cartas italianas, españolas, alemanas y suizas no incluían una reina—de hecho, incluso hoy en día, no la incluyen.

El diseño básico conocido de las cartas—corazones, diamantes, picas y tréboles, y las cartas de la corte con Jotas, Reinas y Reyes—proviene de Francia. Con la invención de las planchas de madera en el siglo XIV, se hizo posible su producción en masa, haciendo que las barajas francesas se popularizaran en toda Europa. Los naipes se popularizaron también en América y los estadounidenses comenzaron a refinar el diseño de los naipes alrededor de 1800.

Fue un invento estadounidense crear cartas de corte de dos cabezas, de manera que los reyes, reinas y jotas nunca tuviesen que colocarse al derecho; indexar las cartas colocando el número y el palo en la esquina para facilitar su referencia; lacar la superficie de las cartas para barajarlas con facilidad y para su mayor durabilidad; y redondear las puntas, que siempre se doblaban. Fue también en Estados Unidos que nació el Comodín o Joker, como parte de un juego de cartas llamado "Eucher" o en ocasiones "Juker." El Comodín se convirtió en ocasión de sátira—representando figuras políticas populares como bufones o payasos—y de propaganda, que los astutos comerciantes habían colocado ya en la parte de atrás de las cartas.

Hay cientos de juegos que se pueden jugar con el naipe. A continuación presentamos dos juegos populares y divertidos para cuatro o dos personas: Corazones y Gin.

CORAZONES

Corazones es un juego para cuatro personas en el cual el objetivo del juego es evitar ganar bazas (un conjunto de cartas) que contengan corazones o la Reina de Picas. Corazones se inició en

España alrededor de 1750 como un juego llamado Reversa, cuyo objetivo era perder bazas, no ganarlas. Cerca de cien años más tarde, Reversa se transformó completamente en el juego que actualmente conocemos como Corazones.

"Bazas" son rondas de juego en las cuales cada jugador pone una carta descubierta sobre la mesa, y el jugador que tenga la carta más alta gana todas las cartas—lamadas también "baza." El verdadero truco en este juego, sin embargo, es que los jugadores quieren evitar tomar las bazas porque el puntaje más bajo gana.

En Corazones se utiliza una baraja normal de 52 cartas. Los ases son las cartas más altas y no hay un palo que sea el triunfo. Para comenzar, se reparten las cartas en el sentido del reloj de manera que cada jugador tenga 13 cartas. Cada jugador procede entonces a elegir tres cartas para desechar: en la primera mano, las cartas se pasan a la izquierda; en la mano siguiente, se pasan a la derecha; en la tercera mano se pasan al frente y en la cuarta mano no se desecha ninguna carta. Las cartas se pasan boca abajo y los jugadores deben elegir y pasar sus cartas al jugador indicado antes de poder mirar las cartas que recibieron.

El jugador que tenga el 2 de trébol comienza y debe "empezar," o poner esta carta. El juego se desarrolla en el sentido del reloj, y todos los jugadores siguen el palo (ponen una carta de este mismo palo), si es posible. Esto significa que cada jugador debe poner una carta de tréboles—si un jugador no tiene ningún trébol en su primera mano, puede poner cualquier otra carta excepto un corazón o la Reina de Picas. El jugador con la carta más alta toma la baza (poniendo las cartas boca abajo a su lado) y comienza la siguiente ronda. Después de la primera ronda, puede ponerse un corazón o la Reina de Picas si el jugador no tiene el palo que se juega. Los corazones sólo se pueden poner después de que haya "salido" un corazón—esto es, se haya puesto en una baza cuando uno de los jugadores no tenía ese palo.

El juego continúa hasta poner todas las cartas. Luego se suman los puntos de cada jugador. Cada Corazón tiene 1 punto de castigo, y la Reina de Picas 13 puntos de castigo. El juego termina cuando uno de los jugadores tiene 100 puntos o más, y el ganador es aquel que tenga menos puntos.

Hay, sin embargo, un último "truco" en este juego: cualquier jugador puede hacer lo que se llama "Disparo a la luna," y consiste en que un jugador toma todas las cartas de puntos (todos los corazones y la Reina de Picas). Quien lo haga reduce su puntaje a cero y todos los demás jugadores obtienen automáticamente 26 puntos adicionales en sus puntajes.

GIN RUMMY

Se dice que este juego para dos personas fue inventado por Elwood T. Baker, inspirado en un juego del siglo XVIII llamado Whiskey Poker. Gin rummy se popularizó en Estados Unidos durante la década de 1930, cuando las estrellas de Hollywood comenzaron a jugarlo de manera semejante a como se juega actualmente el póquer de celebridades.

Para jugar se necesita una baraja normal de 52 cartas, un lápiz y un papel para llevar el puntaje. Se necesita también conocer un poco el lenguaje de las cartas para comprender el juego.

VOCABULARIO DEL GIN

Combinación
Dos cartas del mismo valor, como 2-2; o consecutivas en el mismo palo, como 2-3 de trébol.

Conteo
El valor de puntos de una mano después de deducir el total de cartas bajadas.

Peso muerto
Cartas que no hacen parte de ninguna bajada.

Gin
Diez cartas bajadas.

Llamar
Finalizar la ronda.

Desechar
Deshacerse de peso muerto incorporándolo dentro de las bajadas de otros jugadores, para que no se cuente.

Bajada
Escalera o conjunto.

Escaleras
Grupo de tres o más cartas del mismo palo en orden consecutivo, tales como 3-4-5 de picas, o 8-9-10-J de corazones.

Conjuntos
Grupo de tres o cuatro cartas del mismo valor, tales como 3-3-3 o J-J-J.

JUEGO

Se decide quién reparte las cartas. Esta persona reparte entonces 10 cartas a cada uno de los dos jugadores y pone las cartas restantes en un montón entre los dos jugadores. Otra carta se coloca boca arriba al lado del montón, para formar un montón de cartas desechadas.

El objetivo del gin es tratar de colocar las 10 cartas que se reciben en escaleras o conjuntos—secuencias de cartas (tres o más cartas del mismo palo en orden) o conjuntos de cartas (tres o cuatro cartas del mismo valor.) Antes de poder tomar un turno, verifique si tiene alguna bajada, o cualquier grupo de cartas que podrían convertirse en bajadas.

En cada turno se toma una carta y se descarta otra. El jugador que empieza toma una carta del montón. Ahora debe descartar una, eligiendo de las que tiene en la mano aquella que es menos probable que haga parte de una bajada. Las cartas de alto valor, como las figuras, es bueno descartarlas si se puede, pues aumentan su peso muerto (las cartas que no forman parte de ninguna bajada.) En este juego, los ases tienen un puntaje bajo: las figuras valen 10 puntos cada una, los ases 1 punto, y las otras cartas tienen su valor numérico (el 2 de cualquier palo vale dos puntos, el 3 vale 3 puntos, etc.).

Cuando un jugador descarta, la carta debe ponerse boca arriba en el montón de cartas descartadas. El otro jugador puede tomar la nueva carta de cualquiera de los dos montones. Continúan jugando por turnos hasta que un jugador "llama" o hasta que quedan únicamente 2 cartas en el montón (en cuyo caso el juego termina en empate).

"Llamar" es cuando un jugador termina la ronda y para indicarlo da un golpe en la mesa. Un jugador sólo puede "llamar" si tiene 10 puntos o menos de peso muerto. Si el jugador tiene 0 puntos de peso muerto, llamado "going gin," debe llamar. De lo contrario, no es necesario a menos que desee hacerlo—incluso si se tienen 10 puntos o menos de peso muerto, puede continuar jugando para tratar de llegar a gin o para tener menos puntos en contra.

Cuando un jugador decide "llamar," da un golpe en la mesa, pone sus cartas boca arriba, y cuenta su peso muerto. El otro jugador pone también sus cartas sobre la mesa y separa su peso muerto de sus bajadas. Si tiene cartas que pueden ser incorporadas en las del primer jugador, puede "descartarlas"—esto es, agregarlas a ellas para que no cuenten en su contra. Después se suma el total de su peso muerto. Se resta el peso muerto del otro jugador y el resultado es el puntaje de esa mano.

Si un jugador tiene 0 puntos de peso muerto, debe "llamar" y declarar "gin." Se obtiene un bono de 25 puntos por gin, además de los puntos del peso muerto del otro jugador (del que no pueda deshacerse).

Si se llama y resulta que el otro jugador tenía menos peso muerto que quien llamó, no se obtienen puntos, pero el otro jugador no sólo recibe el total de su peso muerto menos el suyo, sino 25 puntos de bono también. Esto se llama rebajar.

Después de contar las cartas y sumar los puntos, se baraja y se reparte la mano siguiente.

Se sigue jugando hasta que uno de los jugadores llega a 100 puntos. Cada jugador recibe 25 puntos por mano ganada, y el jugador que llega primero a los 100 puntos obtiene un bono de 100 puntos adicionales. El ganador es el jugador con el mayor número de puntos después de sumar todos los bonos.

❧

Islas de Oceanía

L AS ISLAS DE OCEANÍA son ricas en historia, leyendas y una fantástica belleza, y son un paraíso tropical de aventuras.

Un famoso visitante a estas remotas islas fue Pippilotta Delicatessa Windowshade Mackrelmint Efraim's Daughter Longstocking, conocida también como Pippi, la valiente heroína de ficción de los libros de Pippi Calzas Largas. En una de estas aventuras, el pelirrojo pirata padre de Pippi, el aventurero de capa y espada Efraim Longstocking, hace volcar su barco, El Sapo Saltarín, en una isla de Oceanía (la ficticia Kurrekurredutt). Los nativos lo declaran su líder, llamándolo Jefe Blanco Gordo. Y cuando Pippi viaja a visitarlo con sus amigas de Suecia, la llaman Princesa Pippilotta.

Bien, eso era en los años cuarenta. Ya no está de moda arremeter contra islas nativas de esta manera, esperando llegar a ser la princesa o el jefe, ni en la ficción ni en la realidad. Actualmente, cuando aterrizamos en una de las islas de Oceanía (porque tu propio barco pirata naufraga en el Pacífico o porque el túnel que construías desde tu jardín hasta la China se desvió un poco), aquí hay algunos detalles contemporáneos e históricos que querrás saber.

HECHOS FASCINANTES

Estas islas forman parte de una zona geográfica llamada Oceanía. Oceanía incluye más de 10,000 islas en el Océano Pacífico. Algunas de ellas son meras manchas de roca en el océano. Otras,

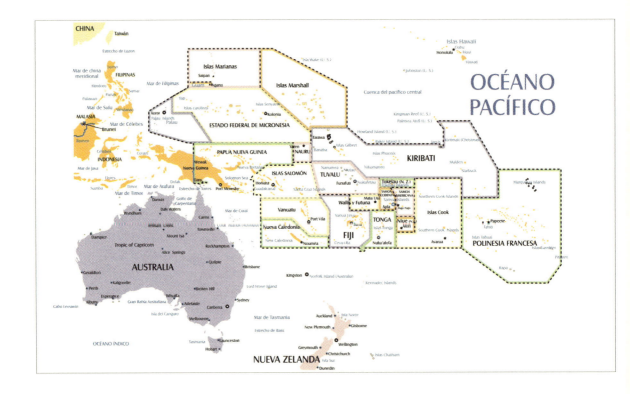

como Hawai, Australia y Nueva Zelanda, son grandes y bien conocidas. Estas islas se dividen en cuatro grupos: Australasia, Micronesia, Melanesia y Polinesia.

Muchas de estas islas son arrecifes de coral—con aldeas construidas sobre los delicados esqueletos del coral vivo. Algunas se formaron a partir de la lava ardiente de volcanes subterráneos, que emergieron finalmente a la superficie del agua.

Otras islas son atolones—esto es, un estrecho círculo de tierra rodeado por el mar, con una laguna en el centro. Los atolones son el resultado de un coral que ha crecido sobre una isla volcánica y, con el paso del tiempo y los cambiantes niveles del agua, se ha sumergido de nuevo en el mar. Otras más son archipiélagos, largas cadenas de islas dispersas sobre una extensión de agua.

Un buen número de estas islas es, en la actualidad, territorio de naciones lejanas, como los Estados Unidos, Francia y el Reino Unido. Unas pocas, como Fidji, las Islas Marshall, Pelau y Vanuatu, son independientes.

LOS VIAJES DEL CAPITÁN COOK A LOS MARES DEL SUR

El famoso explorador inglés, el Capitán James Cook, hizo tres viajes por las islas del Pacífico entre 1768 y 1779. Cook fue el primer europeo en ver a Tahití, navegar alrededor de Nueva Zelanda y pisar Australia.

Un tahitiano de nombre Omai guió a Cook por las islas durante su primer viaje. Cook llevó a Omai de regreso a Inglaterra y, en su tercero y último viaje, lo devolvió a su hogar.

Cook partió de Tahití rumbo al norte y luego al oriente hacia América, donde trazó un mapa de la costa oeste e intentó, sin éxito, hallar un paso de regreso a Inglaterra a través del Estrecho de Bering. Murió en Hawai en 1779.

PAUL GAUGUIN Y EL PACÍFICO SUR

Quizás hayas visto las vívidas pinturas del pintor francés Paul Gauguin de escenas aldeanas, chozas y que representan la vida espiritual de la gente de las islas del Mar del Sur, con sus característicos colores naranjas y verdes exuberantes. Gauguin (1848-1903) se fascinó con estas islas. Con sus últimos cartuchos como comerciante fracasado, dejó a su esposa danesa Mette y a sus cinco hijos (obligándolos a vivir con la familia de Mette para sobrevivir) y se embarcó hacia el Pacífico Sur. Allí, soñaba, podría escapar a las convenciones de la vida europea y a la escuela de arte Impresionista, a la que encontraba limitante.

En Tahití y en las Islas Marquesas, donde vivió el resto de sus días, pintó sus ahora renombradas imágenes de la vida en las islas. Gauguin se oponía a los gobiernos europeos establecidos en aquellas islas; resultó que no podía realmente escapar a Europa. El gobierno colonial lo condenó a prisión, pero murió de una enfermedad a la temprana edad de 54 años, antes de poder cumplir su sentencia. Gauguin está enterrado en las Islas Marquesas y su obra sólo ganó fama y fortuna después de su muerte.

BATALLA EN LAS ISLAS SALOMÓN

Durante la Segunda Guerra Mundial, la batalla clave de Guadalcanal tuvo lugar en las Islas Salomón. Los japoneses estaban utilizando varias de estas islas como bases, esperando interceptar los barcos que navegaban entre los Estados Unidos, Australia y Nueva Zelanda. Los Aliados (los Estados Unidos y sus asociados) querían tener estas islas para instalar sus propias bases y para detener el creciente control del Pacífico Sur por parte de Japón.

Desde agosto de 1942 hasta febrero de 1943, infantes de marina estadounidenses y fuerzas aliadas lucharon contra las tropas japonesas en las Islas Salomón y sus alrededores. La victoria de los Aliados en Guadalcanal fue un importante giro en la guerra contra Japón.

Mujeres de Tahití en la playa por Paul Gauguin

LA ISLA DE PASCUA Y LAS ESTATUAS MOAI

En lo profundo del Océano Pacífico está Rapa Nui, a dos mil millas de sus más cercanos vecinos, Tahití y Chile. Rapa Nui, conocida también como Isla de Pascua, es famosa por sus obsesionantes—y enormes—grabados en piedra con forma humana, los Moai, quienes se convirtieron en guardianes de todo el círculo de la costa de la isla durante mil años.

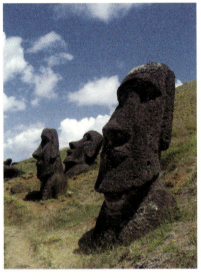

El primer europeo que descubrió la Isla de Pascua fue el explorador holandés, Almirante Roggeveen, quien llegó con su caravana de tres barcos, *Eagle, Thienhoven* y *African Galley* el día de Pascua de 1722 (de allí su nombre en inglés). No fueron los primeros ni los últimos exploradores en llegar a este puesto de avanzada, pues los polinesios habían estado allí desde el año 400 y otros europeos, como el Capitán Cook, se dirigían hacia allá.

Cook visitó Rapa Nui en 1774, en el segundo de sus tres viajes al Mar del Sur. Llevó consigo al artista William Hodges, quien quedó maravillado por las estatuas Moai e hizo pinturas al óleo de ellas. Un siglo más tarde, varios cientos de aldeanos ayudaron a subir dos de las estatuas Moai al navío inglés *HMS Topaze.* Las estatuas fueron llevadas a Inglaterra y presentadas a la Reina Victoria. La Reina les hizo un lugar en el Museo Británico donde, en la Sala 25, pueden verse actualmente.

En 1888, Chile reclamó la Isla de Pascua y la convirtió en un rancho de ovejas gigantesco. Los colonos chilenos desplazaron a los nativos a la pequeña aldea de Hanga Roa y los encerraron dentro de un muro de piedra; incluso tomaron a algunos de ellos como esclavos. La vida cambió de mal a peor. Algunos nativos intentaron escapar de la isla en botes de pesca como balsas, enfrentando casi una muerte segura en alta mar.

¿Y las estatuas restantes? En los años cincuenta, arqueólogos noruegos arribaron a la Isla de Pascua, fascinados por informes y pinturas de los misteriosos Moai. (¡De nuevo, la historia de las islas del Mar del Sur se cruza con la de la lejana Escandinavia!) Encontraron las estatuas en un estado lamentable. Los invasores se habían llevado algunas y el resto habían sido derribadas cuando los misioneros convirtieron la isla al cristianismo en la década de 1890.

Con el trascurso del tiempo, los arqueólogos restauraron cerca de 250 estatuas Moai—algunas de varias toneladas y más de treinta pies de alto—izándolas de nuevo sobre sus antiguas plataformas de piedra, cada una a milla y media de la otra, donde rodean de nuevo a esta isla misteriosa, agreste, ahora desprovista de árboles, y miran hacia el mar.

NOMBRES EXÓTICOS Y LUGARES DE AVENTURA

Las islas de Oceanía tienen nombres nativos asombrosos que traen a la mente imágenes mentales de este mundo lejano de etérea belleza: Giao, Hatuti, Rapa Nui, Bora Bora, Makatea y Tongal; Fanafutti, Olosega, Fatu Hiva, Mangareva y muchos otros.

Hacer un Moño con un Lápiz

Perfecto para cuando tienes prisa, en medio de un proyecto o cuando estás en medio de una aventura y demasiado ocupada para complicarte con el cabello. Esta habilidad se practica mejor con un cabello largo hasta los hombros; si es más corto, una rápida cola de caballo o un elástico es la mejor solución.

Usaremos un lápiz, pero en realidad puedes usar cualquier cosa que tengas a la mano con forma de palo—un cepillo de dientes, un tenedor, un palillo chino. Sólo asegúrate de tener la parte afilada de este implemento hacia arriba y ya estás preparada. (También suponemos aquí que eres diestra, así que si eres zurda, cambia las instrucciones de acuerdo con esto.)

Primero, encuentra un lápiz.

Recoge tu cabello en una cola de caballo alta y sujétala con las manos—no necesitas usar un elástico.

Sostén tu cabello con la mano izquierda y, con la derecha, sujeta el lápiz, con la punta hacia abajo.

Gira el lápiz hacia un lado, luego deslízalo, con la punta primero, entre el cabello al lado de tu mano izquierda que está formando la base de la cola de caballo.

Cambia de mano, de manera que sujetes tanto el lápiz como el cabello y, con la mano izquierda, hala la cola de caballo hacia abajo, enlázala detrás del lápiz, y hala la punta de la cola de caballo derecho hacia arriba.

Mueve el lápiz, girándolo en la dirección del reloj, de manera que la punta quede abajo y el borrador arriba. Empuja el extremo del lápiz un poco hacia abajo, de manera que sólo un pedazo pequeño sobresalga.

Haz girar el lápiz levantando la punta y empujando el extremo hacia abajo. Sigue empujando hasta que el extremo salga por la parte de debajo de tu cabello.

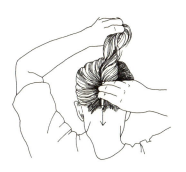

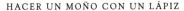

Medias Lunas e Inversión Atrás

Hacer una Media Luna

HACER UNA MEDIA LUNA no es tan difícil, pero lucir bien mientras la haces es un verdadero truco. Para dominar realmente la media luna, es preciso practicar tu forma y presentación. Primero imagina una línea en el suelo delante de ti—si estás afuera, y tienes una tiza a la mano, puedes dibujar una; si estás dentro y tienes acceso a cinta de enmascarar, puedes pegarla en el suelo. Esta línea es el sendero que seguirás cuando practiques la media luna. También, los codos flexibles son la marca de una buena media luna, así que intenta imaginar, cuando levantes los brazos sobre la cabeza, que son varillas derechas y fuertes, sin molestos sitios de pliegue.

Todas las personas que hacen medias lunas tienen un lado o una pierna predilecta. En estas instrucciones, supondremos que lo haces hacia la izquierda, con la pierna izquierda al frente, y con los brazos levantados contra las orejas. (Si la haces del lado derecho, con la pierna derecha al frente, intercambia derecho e izquierdo en las instrucciones.)

❶ Comienza por pararte con la pierna del frente (la izquierda) ligeramente doblada en la rodilla, la otra pierna recta. Esta posición te dará un apalancamiento cuando empujes la pierna del frente hacia la mano.

❷ Estírate y baja con tu brazo izquierdo, empujando con tu pierna izquierda y pateando hacia arriba con la pierna derecha para pasar el peso a tu mano izquierda. El impulso debe estar proyectándote hacia la media luna en este punto, y tu mano derecha debe estar en el suelo.

❸ Sigue tu impulso, pasando por una parada de manos mo-

❶   ❷

mentánea y aterriza con la pierna derecha en el suelo. **④** Luego, cuando te incorpores, pon tu pie izquierdo en el suelo, terminando con tus brazos arriba, igual que al comenzar.

Ensáyalo un par de veces y recuerda el ritmo de la media luna mientras tocas tu mano izquierda, luego tu mano derecha, luego la pierna derecha, luego la pierna izquierda en el suelo. Si puedes lleva el ritmo así, "mano, mano, pie, pie, uno, dos, tres, cuatro," estarás preparada para hacer media lunas fáciles y sin tropiezos.

PASAR AL SIGUIENTE NIVEL

Una vez que hayas dominado esto, intenta hacer una media luna con una mano—¡sólo no pongas la otra mano en el suelo! Esto significa patear con las piernas un poco más fuerte que en la media luna de dos manos, pero una vez que lo domines, estarás haciéndola como las mejores.

PISTAS
✔ ¡Asegúrate de tener suficiente espacio!

✔ Mantén el estómago adentro para que te ayude a sostener todo tu cuerpo.

✔ Intenta mantener tus piernas derechas y los dedos de los pies en punta.

✔ Comenzar en la posición indicada es una buena manera de practicar, pero una vez que te sientas segura, puedes ensayar también empezar la media luna corriendo o saltando. También es más fácil hacer varias media lunas seguidas utilizando el impulso de llegar corriendo.

❸ **❹**

Hacer una Inversión Atrás

Si puedes inclinarte hacia atrás cuando estás de pie, es probable que puedas hacer la inversión atrás. Antes de intentarlo, es buena idea practicar inclinarte hacia atrás, asegurándote que tus brazos sean lo suficientemente fuertes para no caer cuando tus manos tocan el suelo. De lo contrario, aterrizarán en la cabeza y, aun cuando esto puede divertir a los espectadores, tú no lo sentirás así. Si no has hecho una inclinación hacia atrás o un salto hacia atrás sola, no lo intentes—pide a un adulto que te ayude sosteniendo tu espalda mientras lo haces.

❶ Comienza de pie, con suficiente espacio detrás de ti. Si eres diestra, pon tu pierna derecha al frente, con los dedos en punta. Si eres zurda, comienza con la pierna izquierda. Levanta los brazos y mira hacia delante. Tus brazos deben estar derechos y sólidos, como en la media luna, y contra las orejas. Deben permanecer allí durante todo el movimiento. Puedes levantar la mirada a tus manos, pero trata de no inclinar la cabeza hacia atrás.

❷ Comienza a inclinarte hacia atrás, manteniendo la pierna de frente estirada delante de tu otra pierna.

❸ Cuando tus manos toquen el suelo, levántate en tu pierna de soporte.

❹ Patea con tu pierna de soporte en una especie de parada de manos separando las piernas.

❺ Cuando pases por esta posición, tu pierna de soporte debe bajar primero, luego la otra. **❻** Incorpórate, con los brazos todavía cerca de las orejas, y termina en la posición que comenzaste.

PASAR AL SIGUIENTE NIVEL

Una vez que puedas hacer una inversión atrás con facilidad, haz el ejercicio más complicado aterrizando con las piernas separadas y no de pie. Sólo desliza la pierna de soporte y por entre los brazos en lugar de ponerla en el suelo para terminar el movimiento.

❹   **❺**   **❻**

PISTAS

✔ Empuja los brazos al lado de las orejas.

✔ Usa una pared para ayudarte a practicar. Acuéstate en el suelo con los pies cerca de la pared y forma un puente. Empuja desde los hombros hasta las manos para retirar el peso de los pies y camina hacia arriba por la pared. Desde allí, patea para llegar a la parada de manos. Cuando hayas dominado este movimiento, patea hasta llegar de nuevo a incorporarte.

El Clima
Signos, Nubes, Vocabulario y Poemas Famosos Sobre el Clima

✦ SIGNOS DEL CLIMA ✦

L OS METEORÓLOGOS UTILIZAN EL radar Doppler, globos, satélites y computadores para hacer predicciones bastante precisas acerca de cómo será el clima en el futuro cercano. Pero incluso antes de que hubiésemos computarizado las predicciones del clima, teníamos maneras de interpretar y predecir el clima. Varias generaciones atrás, la gente transmitía su conocimiento sobre los signos del clima en rimas y adagios que enseñaban a sus hijos. En realidad, estos proverbios en forma de rima basados en las observaciones y sabiduría de marinos, campesinos y otras personas que trabajan al aire libre se fundamentan no sólo en la experiencia, sino en la ciencia. Así que si estás acampando, escalando o caminando en la naturaleza, lejos de la tecnología, puedes usar algunas de estas tradiciones para hacer una lectura relativamente confiable del clima. Aquí presentamos algunas de las rimas más conocidas sobre los signos del clima.

"Cielo rojo al amanecer, el mar se ha de mover. Cielo rojo vespertino, la esperanza es del marino." Los diferentes colores del cielo están formados por rayos de sol que se dividen en los colores del espectro cuando rebotan sobre el vapor del agua y las partículas de polvo de nuestra atmósfera. Cuando la atmósfera está llena de polvo y humedad, la luz del sol que pasa por ella hace que el cielo luzca rojizo. Esta alta concentración de partículas indica habitualmente alta presión y un aire estable proveniente del occidente, y puesto que los sistemas climáticos usualmente se desplazan de occidente a oriente, esto significa que habrá buen tiempo durante la noche. Cuando el sol sale por el oriente con un color rojo, esto indica un alto contenido de agua y de polvo en la atmósfera, lo cual significa, básicamente, que es posible que un sistema de tormentas se dirija en la dirección en la que te encuentras. Si adviertes un cielo rojo en la mañana, lleva tu sombrilla.

"Luna que presenta halo, mañana húmedo o malo." Es posible que hayas advertido algunas noches que parece haber un círculo alrededor de la luna. Este halo, que puede formarse también alrededor del sol, es una capa de nubes cirro compuestas de cristales de hielo que reflejan la luz de la luna como prismas. Esta capa de nubes no está compuesta de nubes que produzcan lluvia o nieve, pero en ocasiones aparecen como un frente cálido y se aproximan a zonas de baja presión, lo cual puede significar un clima inclemente. Cuanto más brillante sea el aro, más posibilidades habrá de lluvia o nieve.

"Luna clara, helada cercana." Cuando la luna se encuentra en medio de un cielo claro y despejado, la tradición indica que se aproxima una helada. La ciencia meteorológica que sustenta esta creencia explica que en una atmósfera clara, sin nubes que impidan que el calor de la tierra se irradie al espacio, hace que una noche de baja temperatura sin viento propicie la formación de escarcha. Cuando las nubes cu-

bren el cielo, actúan como una cobija, preservando el calor del sol absorbido por la tierra durante el día.

"Año de nieve, año de abundancia."

Este dicho parece contra intuitivo, pero, de hecho, una estación de nieve continua es mejor para la agricultura que una estación donde alternan el clima cálido y el frío. Cuando hay nieve durante todo el invierno, esto retarda la florescencia de los árboles antes de que termine completamente la estación fría. De lo contrario, la alternancia de deshielo y congelamiento que puede venir con un clima invernal menos estable destruye los árboles frutales y los granos de invierno.

"Arco iris en la mañana advertencia temprana."

El arco iris aparece siempre en la parte del cielo opuesta al sol. La mayor parte de los sistemas climáticos se desplazan de occidente a oriente, así que un arco iris en la parte occidental del cielo, que aparece en la mañana, indica lluvia—te está haciendo una "advertencia" sobre la tormenta de lluvia que puede seguirlo. (Un arco iris en la parte oriental del cielo, por el contrario, te indica que la lluvia terminó.)

⊙ NUBES ⊙

LOS TÉRMINOS PARA CATEGORIZAR las nubes fueron inventados por Luke Howard, un farmaceuta londinense y meteorólogo aficionado, a comienzos de la década de 1800. Antes, las nubes eran descritas sencillamente como le parecía a quien las contemplaba: grises, infladas, rizadas, torres y castillos, blancas, oscuras. Poco antes de que Howard propusiera los nombres de las nubes, otros científicos del clima comenzaron a desarrollar su propia terminología para las nubes. Pero fueron finalmente los nombres de Howard, basados en términos descriptivos latinos, los que se preservaron.

Howard bautizó tres tipos principales de nubes: *cumulus, stratus* y *cirrus.* A las nubes que acarreaban precipitaciones las llamó "nimbus," la palabra latina que significa lluvia.

Cúmulo es la palabra latina que significa "montón" o "pila," así que las nubes cúmulo se reconocen por su apariencia inflada, semejante a bolas de algodón. Este tipo de nube se forma cuando el aire cálido y húmedo es empujado hacia arriba, y su tamaño depende de la fuerza de este movimiento hacia arriba y de la cantidad de agua en el aire. Las nubes cúmulo que están llenas de lluvia se llaman cúmulo nimbus.

Las nubes **Estrato** se llaman así por su apariencia plana y extendida, pues "stratus" es el término latino para capa. Estas nubes pueden parecer como una enorme cobija extendida en el cielo.

Las nubes **Cirro** reciben este nombre por su apariencia ligera, como plumas. "Cirrus" significa "rizo de cabello," y al mirar estas nubes podemos entender por qué Luke Howard pensó en describirlas de esta manera. Estas nubes se forman únicamente a grandes alturas y son tan delgadas que el sol puede penetrarlas completamente.

Las nubes **Nimbo,** que son las nubes de lluvia, pueden tener cualquier estructura, o ninguna. Si has visto el cielo en un día lluvioso y parece como una nube gris gigantesca, sabrás qué quiero decir.

⤜ VOCABULARIO DEL CLIMA ⤛

Alberta Clipper
Una tormenta de nieve que se desplaza con rapidez, originada en las Rocosas canadienses y que se mueve a gran velocidad por el norte de los Estados Unidos, llevando consigo vientos huracanados y aire ártico helado.

Barómetro
Instrumento para medir la presión atmosférica, con lo cual pueden predecirse cambios climáticos.

Chinook
Un tipo de viento cálido propio de las Montañas Rocosas, que por lo general aparece después de una ola de frío intenso, capaz de hacer que suban las temperaturas hasta los 40° F en cuestión de minutos.

Humedad
Es la cantidad de humedad en el aire. Es probable que hayas escuchado la expresión, "No es el calor, es la humedad"—con la cual se quiere decir que la opresiva humedad del aire es la que hace tan incómodo el clima cálido. Pero incluso en el desierto más seco y caliente, siempre hay algo de vapor de agua en el aire. Hay dos maneras de medir la humedad: la humedad absoluta y la relativa. La humedad absoluta es el porcentaje de humedad que realmente está presente en el aire, mientras que la humedad relativa es la humedad absoluta dividida por la cantidad de agua que puede estar presente en el aire. La humedad relativa es aquello de lo que se queja la gente cuando dice, "No es el calor, es la humedad"—porque la humedad relativa indica la cantidad de sudor que puede evaporarse de la piel.

Presión Atmosférica
He aquí un hecho divertido: el aire es en realidad un fluido. Al igual que otros fluidos, tiene una presión interna debido a la fuerza de la gravedad de la tierra. Medido al nivel del mar, el aire pesa 14.7 libras por pulgada cuadrada. La presión del aire disminuye a medida que aumenta la altura.

Temperatura Media
El promedio de las lecturas de temperatura tomadas en el transcurso de una cantidad de tiempo determinada.

Viento
El viento es el aire en movimiento natural, una corriente de aire que se desplaza a lo largo del suelo o paralelo a él. Podemos sentir el viento y ver sus efectos, pero no podemos ver el viento mismo—excepto de la forma como aparece en las imágenes meteorológicas, como en las espirales que vemos girando en los mapas climáticos cuando hay un huracán. La manera como sopla el viento depende de la atmósfera que lo rodea: en presencia de presión alta y baja, el viento sopla con un movimiento circular, en el sentido del reloj, alrededor de una célula de alta presión, y al contrario del sentido del reloj alrededor de una célula de baja presión.

POEMAS FAMOSOS SOBRE EL CLIMA

¿Quién ha visto el viento?
Christina Georgina Rossetti (1830-1894)

¿Quién ha visto el viento?
Ni tú ni yo:
Pero cuando vez temblar las hojas
El viento está pasando.

¿Quién ha visto el viento?
Ni tú ni yo:
Pero cuando los árboles inclinan su cabeza
El viento está pasando.

Niebla
Carl Sandburg (1878-1967)

Llega la niebla
Con diminutos pies de gato.

Se sienta a mirar
El puerto y la ciudad
Sobre sus ancas silenciosas
Y luego sigue su camino.

Erré solo como una nube
William Wordsworth (1770-1850)

Erré solo como una nube
Que flota sobre valles y colinas
Cuando, súbitamente, vi una muchedumbre,
Una legión de narcisos dorados;
Al lado del lago, bajo los árboles,
Girando y bailando en la brisa.

Continuos como las estrellas que brillan
Y parpadean en la Vía Láctea,
Se extendían en una línea infinita
A lo largo de una bahía:
Diez mil vi en una mirada,
Girando su cabeza en ágil danza.

Las olas bailaban a su lado; pero ellos
Superaban las brillantes olas en su júbilo:
Un poeta no podía menos que estar feliz
En tan jocunda compañía:
Miré una y otra vez pero no entendí
La riqueza que este espectáculo me ofrecía:

Pues a menudo, cuando me reclino
En actitud ociosa o pensativa,
Destellan en aquel ojo interior
Que de la soledad hace la dicha;
Y entonces de placer se hincha mi corazón
Y baila con los narcisos.

La nube
Percy Bysshe Shelley (1792-1822)

Traigo lluvias frescas a las flores sedientas
De los mares y arroyos;
Llevo sombra de la luz para las hojas
Que reposan en sus sueños de mediodía.
De mis alas salen los rocíos que despiertan
Los dulces botones en todos,
Cuando se arrullan en el seno de su madre,
Mientras ella danza alrededor del sol.
Blandí el azote del granizo
Y blanqueé con él las verdes praderas;
Y luego de nuevo lo disolví en la lluvia
Y reí mientras pasaba en truenos sobre ellas.

Tamizo la nieve en las montañas
Y sus grandes pinos gimen aterrados;
Y toda la noche es blanca mi almohada
Mientras duermo en brazos de ráfagas
heladas.
Sublime en las torres de mis arqueros nevados,
Tronando se sienta mi piloto;
En una caverna bajo ellas el trueno encade-
nado,
Se debate y aúlla.

Sobre la tierra y el océano, con suave
 movimiento,
Este piloto me guía
Atraído por el amor del genio que se agita
En lo profundo del mar de púrpura;
Sobre los arroyos, riscos y colinas,
Sobre los lagos y planicies,
Dondequiera que sueña, bajo monte o quebrada,
El Espíritu al que ama permanece;
Y yo entre tanto me deleito en la sonrisa azul
 del cielo,
Mientras él se disuelve entre las lluvias.

El rubicundo amanecer, de meteóricos ojos
Con sus plumas desplegadas,
Salta a mi potro que navega
Cuando brilla la estrella matutina moribunda;
Como en la punta de un risco montañoso,
Que un terremoto mece y acuna,
Puede posarse por un momento el águila
Con la luz de sus doradas alas.
Y cuando el atardecer suspira, desde el mar
 Abajo iluminado
Sus ardores de reposo y de amor.

Y el manto carmesí de la tarde puede caer
Desde lo profundo del cielo que lo cubre
Con las alas dobladas descanso, en mi aéreo
 nido,
Como paloma que aún arrulla.
Aquella doncella rutilante de blanco fuego
 ornada,
A quien los mortales llaman Luna,
Se desliza brillando sobre mi vellón,
Esparcido por las brisas de medianoche.

Y dondequiera que el paso de sus pies
 invisibles,
Que sólo los ángeles escuchan,
Pudo romper la trama del fino techo de mi
 tienda,
Las estrellas se asoman tras ella y miran;

Y río al verlas girar y desaparecer,
Como un enjambre de doradas abejas,
Cuando ensancho la rasgadura de mi tienda
 hecha de viento,
Hasta que los serenos ríos, lagos y mares
Como trozos de cielo caídos de lo alto por
 entre mí,
Estén adoquinados con la luna y las estrellas.

Ato el trono del Sol con una zona ardiente,
Y el de la luna con cinto de perlas;
Los volcanes son oscuros y las estrellas giran y
 nadan,
Cuando los torbellinos de mi estandarte se
 desatan.
De cabo a cabo, en forma de puente,
Sobre un mar torrencial,
A prueba de los rayos del sol cuelgo como un
 tejado
Cuyas columnas son los montes,
El arco triunfal por el que marcho
Con huracanes, fuego y nieve,
Cuando los Poderes del aire a mi trono se
 encadenan,
Es el arco de miles de colores;
La esfera tejió el fuego sobre sus suaves colores
Mientras la húmeda Tierra reía bajo ella.

Soy hija de la Tierra y el Agua,
Y la criatura del Cielo;
Paso por los poros del océano y de las playas;
Cambio pero no muero.
Pues después de la lluvia inmaculado,
El pabellón del cielo está desnudo,
Y los vientos y rayos del sol con sus convexos
 brillos
Construyen el azul domo del aire,
Río en silencio ante mi propio cenotafio,
Y de las cavernas de la lluvia,
Como un niño del vientre, como fantasma de la
 tumba,
Salgo y lo deshago de nuevo.

Reloj que Funciona a Limón

UN PAR DE LIMONES y una rápida visita a la ferretería es lo único que necesitas para convertir la energía química natural en electricidad.

Alessandro Volta inventó la pila en Italia en 1800, mezclando zinc, cobre y ácido para crear energía. Un limón corriente puede suministrar el ácido (al igual que las papas, que puedes usar si no tienes limón) y puedes armar tu propio reloj digital.

LO QUE NECESITAS

1. Un reloj digital de pilas sin enchufe. Puedes usar dos pilas AA o una pila redonda. Dependiendo de las conexiones, tienes que instalar los cables de diferentes maneras, pero allí es donde comienza la diversión.
2. Dos clavos galvanizados bastante grandes. Los clavos se miden por su longitud (en pulgadas) y en diámetro (con designaciones de 3d, 6d, 8d, 10d, etc.). Utilizamos un clavo sólido de 16d, 3½ pulgadas. Los clavos galvanizados son indispensables y luego explicaremos por qué.
3. Alambre de cobre. Un alambre sin cubrir es más fácil de manejar. Si el alambre viene cubierto, usa unas tenazas para quitar una o dos pulgadas de cubierta.
4. Tres ganchos de electricista.
5. Dos limones o un limón grande cortado en dos.

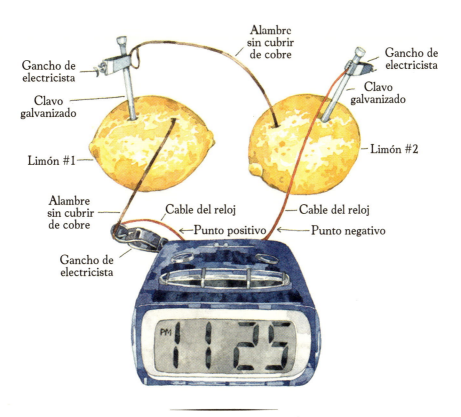

Alambre sin cubrir de cobre

Gancho de electricista

Gancho de electricista

Clavo galvanizado

Clavo galvanizado

Limón #1

Limón #2

Alambre sin cubrir de cobre

Cable del reloj

Cable del reloj

← Punto positivo ←

← Punto negativo

Gancho de electricista

QUÉ SE HACE

En cinco pasos sencillos, te diremos como hacer funcionar tu reloj digital con un limón.

Paso uno: Pon los limones en un plato o en cualquier superficie plana que pueda servir de base para el reloj. Introduce un clavo en cada limón y luego, tan lejos del clavo como sea posible, introduce también un pedazo de alambre de cobre. Marca los limones uno y dos. Lo que harás ahora es formar un circuito cerrado, para que la electricidad pueda pasar del limón al reloj y salir de nuevo.

Paso dos: Abre el compartimiento donde están las pilas del reloj. Dependiendo del reloj, son dos pilas AA o una única pila que parece un botón. Retira la pila (estarás sustituyendo su energía, créelo o no, con el aparato fabricado con el limón, el clavo y el alambre de cobre que acabas de hacer). Advierte que los polos positivo y negativo están señalados en el compartimiento.

Paso tres: En el limón número uno, utiliza el gancho de electricista para conectar el alambre de cobre al punto positivo del reloj. Esto puede resultar difícil; en algunos casos es más fácil decirlo que hacerlo.

Si no puedes conectar el alambre al punto positivo del compartimiento de la pila, tendrás que retirar la cubierta de plástico del reloj y abrirlo. Un adulto debe ayudarte a hacerlo y recuerda que, una vez que hayas desbaratado el reloj, es posible que no puedas armarlo de nuevo. Dentro del reloj verás que los puntos positivo y negativo están conectados con alambres dentro del reloj. Puedes retirar los alambres que se encuentran detrás del compartimiento de las pilas y luego utilizarlos para hacer tus conexiones. Si tienes un reloj que funciona con dos pilas AA y dentro encuentras dos alambres positivos, asegúrate de conectar tu alambre de cobre a ambos. Una vez que has hecho esto, el resto es muy sencillo.

Paso cuatro: En el limón número dos, conecta el clavo al punto negativo del reloj. Es posible que debas poner el limón en una nueva posición para que puedas sujetar el clavo al reloj.

Paso cinco: Conecta el alambre de cobre del limón número dos con el clavo que sobresale del limón número uno. Verás que ahora has hecho un circuito eléctrico, del reloj al limón, al otro limón y de regreso al reloj. Si todo ha salido como debe ser, el reloj funcionará ahora porque poco menos de un voltio de electricidad está pasando por el circuito.

Si el reloj no funciona, asegúrate que todas las conexiones están en su lugar, y luego verifica de nuevo las instrucciones. Si dentro de algunos meses el reloj se detiene, reemplaza los limones o los clavos y deberá andar otra vez.

POR QUÉ FUNCIONA

1. El clavo ha sido galvanizado; esto significa que ha sido cubierto de zinc para impedir que se oxide. El limón contiene ácido. Este ácido disuelve el zinc del clavo. En términos químicos, esto significa que el zinc pierde un electrón y se convierte en una fuerza positiva. (Si aún no has leído

el capítulo sobre la Tabla Periódica de los Elementos, es el momento de hacerlo.) La humedad del limón funciona como un electrolito, esto es, un fluido que conduce electrones—por decirlo así, una piscina de electrones.

2. El electrón sale del zinc, a través del limón, para reaccionar con el cobre del alambre. El cobre gana un electrón y se convierte en una fuerza negativa. El intercambio de electrones es una reacción química, que crea energía química o carga. Lo único que necesita esa carga es un circuito.

3. El electrón intercambia zumbidos a lo largo del circuito que has construido—zinc/clavo a alambre de cobre, a reloj, a alambre de cobre, a clavo, a limón, a cobre, a zinc/clavo a limón, y así sucesivamente. Esta es la conversión de energía química en electricidad, y hace funcionar el reloj tan bien como cualquier pila manufacturada.

❄ Bolas de Nieve ❄

ES POSIBLE QUE NO se permitan las bolas de nieve en los patios de las escuelas, pero eso no debe impedirte tener una pelea de bolas de nieve cuando se cierra la escuela debido a una tormenta de nieve. Cuando comienza una pelea de estas, todos deben acordar algunas reglas fundamentales, tales como no usar hielo, y que todas las bolas de nieve deben apuntar más abajo del cuello.

Hay cuatro tipos básicos de nieve.

Polvo. Es probable verlo en días muy fríos. Tiene un bajo contenido de humedad y mucho aire. A los esquiadores les fascina, pero no a quienes tienen peleas de bolas de nieve porque es excesivamente seco para apelmazar.

Lodo. A nadie le agrada el lodo; esta nieve blanda, derretida, llena de agua es horrible para las bolas de nieve.

Hielo. Nieve que se ha derretido y se ha congelado de nuevo. No la toques. No quieres que te golpeen con ella, y no quieres lanzársela a nadie. La nieve convertida en hielo duele y acaba con la diversión.

Nieve para bolas de nieve. Se produce en el clima que se acerca al punto de congelamiento. La reconocerás cuando la veas. Tiene aire pero es firme, y cuando tomas un poco entre las manos parece formarse una bola que casi salta por el aire.

Para fabricar una bola de nieve, toma suficiente nieve como para llenar tus manos. Oprímela y rota ambas manos alrededor de la bola de nieve. Apelmázala. Alísala. Agrega más nieve para agrandarla. Puedes optar por hacer una pila de bolas de nieve o lanzarla en cuanto la haces y luego hacer otra.

Después de horas de jugar en la nieve, entra a casa para calentarte, pero no sin antes haber llenado un balde de nieve fresca. Llévalo adentro, donde sirope de arce (misteriosamente)—ha sido calentado en la estufa por uno de tus solícitos padres (hasta 230° F si se usa un termómetro para el dulce). Vierte el sirope de arce como una cinta sobre la nieve, y disfruta de Caramelo de Nieve.

La Caja de Herramientas que
Toda Chica Debe Tener

LAS HERRAMIENTAS TE PERMITEN fabricar cosas, y esta es una sensación muy poderosa. Puedes ayudar a tu abuelo a terminar esa casa de muñecas en la que ha estado trabajando durante años. Puedes hacer un columpio para el jardín, una banca para la casa del club o incluso toda la casa del club.

Experimenta con madera, clavos, tuercas, destornilladores, martillos y taladros. Después de un tiempo, comenzarás a pensar en herramientas y materiales, y verás cómo los tornillos y clavos sostienen la madera. Luego comenzarás a inventar tus propios proyectos. El ensayo y el error son los mejores maestros, y no te tomará mucho tiempo sentirte cómoda con lo que haces.

VISITA A LA FERRETERÍA

Antes de comenzar con las herramientas básicas, una palabra sobre las ferreterías. Es posible que te intimiden, como les sucede a muchas personas. Especialmente aquellas ferreterías de aspecto anticuado, pequeñas, con sus polvorientas repisas llenas hasta el tope de objetos poco familiares y aterradores, habitualmente atendidas por hombres robustos y posiblemente malhumorados.

No temas, estamos aquí para ayudarte. Estas ferreterías marcan la entrada a un mundo en el que puedes crear y reparar todo lo que puedas imaginar. ¿Y los guardianes robustos de la ferretería? La verdad es que pueden lucir malhumorados, pero habitualmente son muy amables y les fascina resolver problemas y encontrar el clavo o el alambre perfecto para ti. Pide ayuda cuando estés buscando las tuercas y los tornillos adecuados. Pide consejo sobre qué tipo de pieza de taladro necesitas para sujetar una placa de madera a la pared de piedra de tu casa. Te mostrarán donde encontrar una ferretería exótica, y conocen secretos para arreglar cosas que nunca encontrarás en un libro.

Además, muchos de ellos tienen hijas también, y puedes apostar que les han enseñado un par de cosas sobre qué hacer con un martillo y una caja de clavos.

ARMA TU CAJA DE HERRAMIENTAS

Toda chica necesita su propia caja de herramientas. Puedes conseguir una caja de herramientas con un seguro y una bandeja organizadora, por menos de diez dólares. A continuación indicamos los elementos básicos para llenarla.

1. Gafas protectoras
Éstas son absolutamente indispensables cuando martilles, taladres o sierres.

2. Martillo de orejas
El lado plano del martillo clava los clavos en la madera; las orejas en forma de V los saca.

Para martillar, sostén el mango con fuerza, cerca del extremo. Sostén el clavo con el pulgar y el índice e introdúcelo en la madera, suavemente, hasta que se sostenga solo. Luego retira los

Tenazas de aguja

Tenazas de muesca unida

Llave ingresa abierta

Taladro

Martillo de orejas

HERRAMIENTAS

Sierra de mano

Destornillador eléctrico

Mazo

Llave inglesa ajustable

Sierra moderna

Surtido de clavos

Metro

Gafas protectoras

Pistola de goma

Tornillos, tuercas y arandelas

dedos y martilla con más fuerza, desde el antebrazo (esto es, no uses todo el brazo), y mantén fija la muñeca. Mantén tus ojos en el clavo y confía en la coordinación de tus ojos y tu mano.

3. Clavos

Las medidas de los clavos provienen de la costumbre inglesa de vender 100 clavos por cierta cantidad de peniques. Los clavos se describen en pesos de peniques, excepto que la abreviación resultante no es p, sino, extrañamente, d, en referencia a una antigua moneda romana, el denario.

4. Destornillador

El destornillador no sólo introduce los tornillos donde deben ir y los saca, sino que puede usarse de millones de formas para hacer prácticamente cualquier cosa. Prueba un destornillador 6 en 1 (que tiene 6 cabezas intercambiables). Para hacer los trabajos con mayor rapidez, te recomendamos un destornillador de pilas.

5. Tornillos

Las tuercas y tornillos viven en aquellas gavetas misteriosamente delgadas en la parte de atrás de las ferreterías, junto con sus amigas las arandelas. Aprieta un tornillo con una tuerca para reforzarlo. Una arandela—que es un objeto plano y circular que se desliza sobre el tornillo entre la tuerca y la superficie—protege la superficie y asegura la tuerca.

Recordar el dicho "apretar a la derecha, aflojar a la izquierda," te ayudará a recordar la dirección en la que debes apretar el tornillo.

6. Llave inglesa

La llave inglesa aprieta y afloja las tuercas que van al final de los tornillos. Vienen abiertas (tamaño fijo) y ajustables. Un pequeño juego de llaves abiertas o una llave ajustable es lo que necesitas para comenzar.

7. Tenazas

Para sujetar objetos, como un grifo atascado, consigue unas tenazas versátiles de muesca unida. También resultan útiles unas tenazas de aguja para asir objetos pequeños, como alambre. A menudo tienen incorporados un pequeño cortador de alambre (mira en la intersección de las manijas y lo hallarás).

8. Pistola de goma

Cuando no puedas usar tornillos, tuercas o clavos, una pistola de goma salvará el día y será divertido usarla. Una pequeña es suficiente y no olvides tener muchos palillos de goma para derretirlos en ella.

9. Metro

Un metro retráctil de 16 pies que pueda cerrarse a la medida es un buen comienzo.

10. Sierra

Una sierra no es para los más jóvenes, desde luego, pero es necesaria para cortar madera a la medida y para darle forma. Una sierra de mano es una herramienta manual plana. Una sierra moderna es una herramienta eléctrica, activada por un gatillo. Todas las herramientas eléctricas son extremadamente peligrosas si no se utilizan exactamente como se especifica en las instrucciones, y siempre debes tener la supervisión de un adulto cuando las uses.

Sujeta largas tiras de madera sobre un caballete (una viga conectada por cuatro largas patas); corta pequeños pedazos de madera en el borde de una mesa de trabajo. Ten cuidado, pide ayuda y, como siempre, usa tus gafas de protección.

11. Taladro

Para taladrar, comienza con un punzón o sacabocados (herramientas manuales que parecen pequeñas púas) para perforar la superficie de manera que el taladro no resbale. El taladro trae varias puntas que se cambian según el tamaño deseado de la perforación.

Un taladro de pilas es muy útil. Viene con un juego de puntas o puedes comprar uno. Es un arte elegir la punta adecuada para el tamaño de hueco que necesitarás para el tornillo. Si conoces el tamaño de la tuerca o tornillo, esto ayuda. De lo contrario, lo único que podemos decirte es que mira bien los tamaños y, cuando tengas dudas, ensaya primero la punta más pequeña. La experiencia hará que todo te resulte más fácil.

* * *

Una vez que tengas tu propia caja de herramientas, puedes empezar a amar realmente las ferreterías. Pasarás horas mirando el despliegue de puntas de taladros especiales para perforar metal, ladrillo, plástico o piedra; el aditamento de lija que puede retirar pintura o limar los bordes rugosos de la madera; y la lija que lo alisa a la perfección. Debes manejar cada una de estas herramientas con cuidado, y después de muchas deliberaciones con el robusto hombre de la ferretería sobre las ventajas e inconvenientes de cada una, lleva algunas a casa para probarlas en algún proyecto que imagines.

Viajar a África

VIAJAR A PAÍSES DISTANTES y conocer diferentes culturas es algo extremadamente atrevido. Puede ser un poco desorientador al principio, mientras te adaptas a las barreras del lenguaje, a los alimentos y costumbres extranjeros, pero las recompensas superan por mucho los retos. Un viaje bien planeado al África, ofrece una historia maravillosa, vistas increíbles y aventuras únicas. Antes de viajar, asegúrate de informarte con hechos como los que aparecen a continuación.

ALGERIA

Declaró su independencia de Francia en 1962
Idiomas: árabe, francés, dialectos bereber
Aventuras: Las 400,000 palmeras del pueblo de Timimoun, en el oasis del Sahara, y El-Oued, el pueblo de los mil domos

ANGOLA

Declaró su independencia de Portugal en 1975
Idiomas: portugués, bantú y otros idiomas africanos
Aventuras: Las cataratas Caléndula

BENIN

Declaró su independencia de Francia en 1960
Idiomas: francés, fon, yoruba y seis otros idiomas tribales
Aventuras: Elefantes y babuinos en el parque natural de Pendjari

BOTSWANA

Declaró su independencia del Reino Unido en 1966
Idiomas: inglés, setswana, kalanga, sekgalagad
Aventuras: Parque de caza Chobe

BURKINA FASO

Declaró su independencia de Francia en 1960
Idiomas: francés, idiomas africanos
Aventuras: Elefantes salvajes en la reserva de Nazinga

BURUNDI

Declaró su independencia de Bélgica en 1962
Idiomas: francés, kirundi, swahili
Aventuras: Tambores en Gitega, Bujumbara, puerto sobre el Lago Tanganyika

CAMERÚN

Declaró su independencia de la administración francesa de un protectorado de las Naciones Unidas en 1960
Idiomas: inglés, francés, 24 idiomas africanos
Aventuras: El palacio real de Foumban

CABO VERDE

Declaró su independencia de Portugal en 1975
Idiomas: portugués, crioulo
Aventuras: Aldea de pescadores de Tarrafal

REPÚBLICA AFRICANA CENTRAL

Declaró su independencia de Francia en 1960
Idiomas: francés, sangho, idiomas africanos
Aventuras: La selva húmeda que rodea a M'Baïki

CHAD

Declaró su independencia de Francia en 1960
Idiomas: francés, árabe, sara, más de 120 idiomas y dialectos africanos
Aventuras: Dibujos en cavernas prehistóricas en el desierto de Ennedi

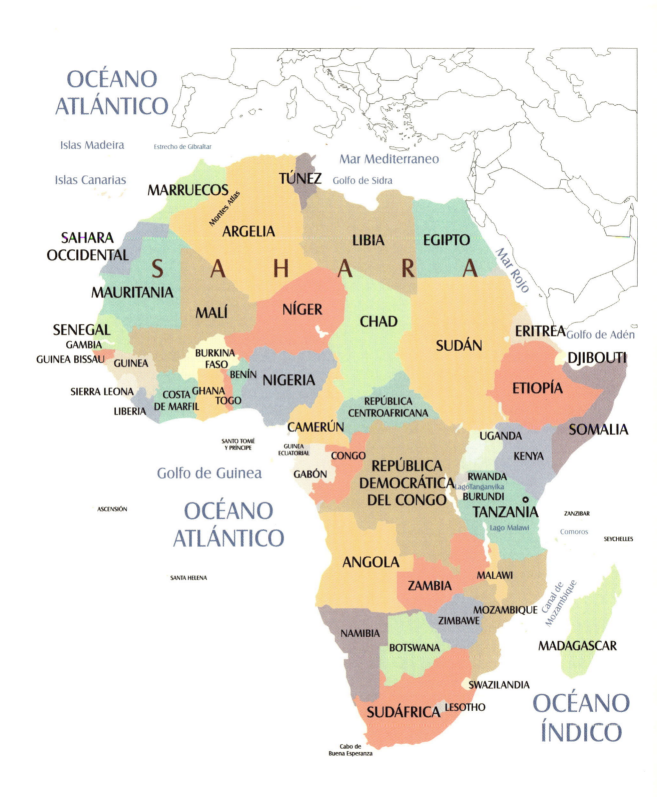

OCÉANO
ATLÁNTICO

Islas Madeira   Estrecho de Gibraltar

Mar Mediterraneo

Islas Canarias   Golfo de Sidra

TÚNEZ

MARRUECOS   Montes Atlas

SAHARA
OCCIDENTAL   ARGELIA   LIBIA   EGIPTO

S A H A R A

Mar Rojo

MAURITANIA

MALÍ   NÍGER

CHAD   SUDÁN   ERITREA   Golfo de Adén

SENEGAL   DJIBOUTI

GAMBIA

GUINEA BISSAU   GUINEA   BURKINA
                                   FASO   ETIOPÍA

SIERRA LEONA   COSTA GHANA BENÍN NIGERIA
                 DE MARFIL TOGO   SOMALIA

LIBERIA   REPÚBLICA
                                           CENTROAFRICANA

                         CAMERÚN   UGANDA

SANTO TOMÉ   KENYA
Y PRÍNCIPE   GUINEA
                    ECUATORIAL   CONGO   REPÚBLICA
Golfo de Guinea   GABÓN   DEMOCRÁTICA   RWANDA
                                        DEL CONGO   BURUNDI
ASCENSIÓN   LagoTanganyika

OCÉANO   TANZANIA   ZANZIBAR
ATLÁNTICO   Lago Malawi   Comoros   SEYCHELLES

SANTA HELENA
                         ANGOLA   MALAWI

                              ZAMBIA   MOZAMBIQUE

                                          ZIMBAWE   Canal de
                                                              Mozambique
                         NAMIBIA   MADAGASCAR
                              BOTSWANA

                                        SWAZILANDIA   OCÉANO
                         SUDÁFRICA   LESOTHO   ÍNDICO

Cabo de
Buena Esperanza

COMOROS
Declaró su independencia de Francia en 1975
Idiomas: francés, árabe, shikomoro
Aventuras: Volcán activo en el Monte Karthala

REPÚBLICA DEL CONGO
Declaró su independencia de Francia en 1960
Idiomas: francés, lingala, monokuluba y kikongo
Aventuras: Orfanato de chimpancés pigmeos en las Cataratas de Lukia

COSTA DE MARFIL
Declaró su independencia de Francia en 1960
Idiomas: francés, 60 dialectos nativos, de los cuales el dioula es el más usado
Aventuras: Vitrales de la Catedral de Nuestra Señora de la Paz

DJIBOUTI
Declaró su independencia de Francia en 1977
Idiomas: francés, árabe, somali, afar
Aventuras: Tadjoura, el pueblo más antiguo de Djibouti

EGIPTO
Declaró su independencia del Reino Unido en 1922
Idiomas: árabe, inglés y francés
Aventuras: Las antiguas pirámides de Egipto

GUINEA ECUATORIAL
Declaró su independencia de España en 1958
Idiomas: español, francés, inglés simplificado, fang, bubi, ibo
Aventuras: Playas de arena volcánica

ERITREA
Declaró su independencia de Etiopía en 1993
Idiomas: afar, asmara, tigre, kunama, tigrinya, otros idomas cusíticos

Aventuras: Ruinas del antiguo pueblo de Koloe, en Qohaito

ETIOPÍA
Etiopía ha sido independiente como mínimo por 2,000 años.
Idiomas: amharic, tigrinya, oromigna, guaragigna, somalí, arábico, otros idiomas locales, inglés
Aventuras: Las cuevas de Sof Omar

GABÓN
Declaró su independencia de Francia en 1960
Idiomas: francés, fang, myene, nzebi, bapounou/eschira, bandjabi
Aventuras: Rápidos de los ríos en la región de Okanda

GAMBIA
Declaró su independencia del Reino Unido en 1965
Idiomas: inglés, mandinka, wolof, fula
Aventuras: Crucero por la reserva natural de Abuko, donde se ven cocodrilos, micos, aves y antílopes

GHANA
Declaró su independencia del Reino Unido en 1957
Idiomas: inglés, idiomas africanos como akan, moshi-dagomba, ewe, ga
Aventuras: 600 especies de mariposas en el parque natural de Kakum y un puente a 98 pies de altura en la selva

GUINEA
Declaró su independencia de Francia en 1958
Idiomas: francés, y cada grupo étnico tiene su propio idioma
Aventuras: Música malinké en las calles de Conakry y Les Ballets Africains

GUINEA-BISSAU

Declaró su independencia de Portugal en 1973

Idiomas: portugués crioulo, idiomas africanos

Aventuras: Calles serpenteantes del antiguo barrio portugués de Bissau

KENYA

Declaró su independencia del Reino Unido en 1963

Idiomas: kiswahili, inglés, idiomas africanos

Aventuras: Ruinas de Gede, aldea swahili abandonada en el siglo XII y baobabs

LESOTHO

Declaró su independencia del Reino Unido en 1966

Idiomas: sesotho, inglés, zulú, xhosa

Aventuras: Antiguas pinturas en refugios de roca en Malealea

LIBERIA

Colonizada en 1847 por esclavos africanos liberados de los Estados Unidos de América

Idiomas: inglés y cerca de 20 idiomas de grupos étnicos

Aventuras: Plantación Firestone, la plantación de caucho más grande del mundo; elefantes salvajes e hipopótamos pigmeos en Sapo

LIBIA

Declaró su independencia de Italia en 1951

Idiomas: árabe, italiano, inglés

Aventuras: Arquitectura griega antigua de Cirene

MADAGASCAR

Declaró su independencia de Francia en 1960

Idiomas: malagasy y francés

Aventuras: Parque Nacional de Ranomafana y sus 12 especies de lemur

MALAWI

Declaró su independencia del Reino Unido en 1964

Idiomas: chichewa, chinyanja, chiyao, chotonga

Aventuras: Monte Mulanje, para algunos uno de los principales lugares para hacer montañismo en África

MALÍ

Declaró su independencia de Francia en 1960

Idiomas: francés, bambara y numerosos idiomas africanos

Aventuras: Mezquita de Timbuktú

MAURITANIA

Declaró su independencia de Francia en 1960

Idiomas: árabe, pulaar, soninke, francés, hassaniya, wolof

Aventuras: Chinguette es la séptima ciudad más sagrada del Islam

MAURITIUS

Declaró su independencia del Reino Unido en 1968

Idiomas: creole, bhojpuri y francés

Aventuras: Cataratas de Tamarín

MARRUECOS

Declaró su independencia de Francia en 1956

Idiomas: árabe, dialectos bereber, francés

Aventuras: Fès-el-Bari, la ciudad medieval más grande del mundo

MOZAMBIQUE

Declaró su independencia de Portugal en 1975

Idiomas: emakhuwa, xichangana, portugués, elomwe, cisena, echuwabo, otros idiomas mozambiqueños

Aventuras: Playa Wimbi y sus espectaculares arrecifes de coral

NAMIBIA
Declaró su independencia de Sudáfrica en 1989
Idiomas: inglés, afrikáans, alemán, oshivambo, herero y nama
Aventuras: Aguas termales del Cañón del Río Fish

NÍGER
Declaró su independencia de Francia en 1960
Idiomas: francés, hausa, djerma
Aventuras: Vista de Agadez desde el minarete de la Gran Mezquita

NIGERIA
Declaró su independencia del Reino Unido en 1960
Idiomas: inglés, hausa, yoruba, igbo (ibo), fulani
Aventuras: Santuario de Oshuno, la diosa del río, en la selva sagrada

RUANDA
Declaró su independencia de Bélgica en 1962
Idiomas: kinyaruanda, francés, inglés, kiswahili
Aventuras: Raros gorilas de montaña en el Parque Nacional de los Volcanes

SANTO TOMÉ Y PRÍNCIPE
Declaró su independencia de Portugal en 1975
Idiomas: portugués
Aventuras: Buceo en Logoa Azul y baobabs gigantes

SENEGAL
Declaró su independencia de Francia en 1960
Idiomas: francés, wolof, pulaar, jola, mandinka
Aventuras: Tres millones de aves migran de Europa al Parque Nacional de los Pájaros de Djoudj

SEYCHELLES
Declaró su independencia del Reino Unido en 1976
Idiomas: creole, inglés
Aventuras: En Valée de Mai pueden verse el loro negro y las raras palmeras de coco de mar

SIERRA LEONA
Declaró su independencia del Reino Unido en 1961
Idiomas: inglés, mende, temne, krio
Aventuras: Bucear en lugares de naufragios submarinos y corales en las Islas Banana

SOMALIA
Declaró su independencia del Reino Unido en 1960
Idiomas: somalí, árabe, italiano, inglés
Aventuras: Las Geel tienen arte rupestre del neolítico en cuevas y refugios

REPÚBLICA DE SUDÁFRICA
Declaró su independencia del Reino Unido en 1910, y de nuevo en 1994 del gobierno minoritario blanco
Idiomas: afrikáans, inglés, isiNdebele, isiXhosa, isiZulu, sotho del norte, sesotho, setswana, siSwati, tshivenda, xitsonga
Aventuras: Teleféricos hasta la cumbre de Table Mountain; Isla Roben, donde estuvo encarcelado Nelson Mandela y que ahora es un monumento nacional

SUDÁN
Declaró su independencia de Egipto y el Reino Unido en 1965
Idiomas: árabe, nubio, ta bedawie, dialectos nilóticos, nilo-hamítico, inglés
Aventuras: Antiguos jeroglíficos y pirámides en Meroe

SWAZILANDIA

Declaró su independencia del Reino Unido en 1968

Idiomas: inglés, siSwati

Aventuras: Safari en el Santuario Natural de Milwane para ver cebras y jirafas

TANZANIA

Declaró su independencia en 1964, resultado de la unión de Tanganyica y Zanzibar

Idiomas: kiswahili o swahili, inglés, árabe

Aventuras: Escalar el misterioso Monte Kilimanjaro, el pico más alto de África

TOGO

Declaró su independencia de Francia en 1960

Idiomas: francés, ewe y mina (Sur), kabye y dagomba (Norte)

Aventuras: El mercado Grand Marché en Lome, con sus famosas mercaderes mujeres; los pueblos fortificados del Valle Tamberma, construidos en el siglo XVII por personas que huían de los comerciantes de esclavos

TUNISIA

Declaró su independencia de Francia en 1956

Idiomas: árabe, francés

Aventuras: Ruinas del antiguo Cartago

UGANDA

Declaró su independencia del Reino Unido en 1962

Idiomas: inglés, ganda, luganda, swahili, árabe

Aventuras: La populosa ciudad de Kampala, y los gorilas de la Selva Impenetrable

ZAMBIA

Declaró su independencia del Reino Unido en 1964

Idiomas: inglés, bemba, kaonda, lozi, lunda, luvale, nyanja, tonga, 70 otros idiomas africanos

Aventuras: Cataratas Victoria

ZIMBABWE

Declaró su independencia del Reino Unido en 1980

Idiomas: inglés, shona, sindebele, numerosos dialectos

Aventuras: Ruinas del Gran Zimbabwe, cerca de Masvingo

Atar una Bandana

L A PALABRA "BANDANA" TIENE una historia mundial. Viene del sánscrito *bhandhana*, que significa atar. La palabra fue adoptada primero por el portugués (en el siglo dieciséis, Portugal había conquistado las ciudades de Goa y Bombay, ahora llamada Mumbai, en la costa occidental de India). Del portugués, la palabra pasó al inglés. Podemos agradecer a los idiomas hindúes por una serie de palabras inglesas relacionadas con el vestido, tales como casimir (de la región norteña de Kashmir), faja, pulsera, caqui, pijama y mameluco.

Las bandanas por lo general se venden bajo el nombre poco específico de "Tela para todo propósito" o APC por sus siglas en inglés. Un apodo un poco tedioso pero muy cierto. Una bandana puede servir de cinturón o de venda para los ojos en el juego de la Gallina Ciega. Con aguja e hilo, pueden unirse dos o más para hacer una falda o una blusa.

Puedes atarla floja alrededor del cuello, estilo vaquero, ponerla sobre la nariz y la boca para un disfraz, o utilizarla para vestir a tu mascota. Lo mejor de todo es que puedes envolver en ella tesoros encontrados o tu almuerzo, luego atarla a un palo largo y llevar este sobre el hombro cuando salgas a ver el mundo.

Las bandanas son también una manera excelente de cubrir el cabello, cuando juegas un deporte o escalas un día caluroso, y son perfectas como cintas para el cabello.

Para atar una bandana alrededor de la cabeza, dóblala en dos para formar un triángulo. Pon el borde más largo sobre la frente, tan alto como quieras (es probable que quieras experimentar con esto y ensayar distintas posibilidades). La tela caerá levemente sobre tu cabello. Con las manos, alísala hacia atrás, lleva la punta del triángulo hacia la nuca. Luego introduce las puntas y átala (usa tu nudo cuadrado).

Es probable que quieras poner en su lugar la parte triangular para que se ajuste a tu cabeza y las esquinas no sobresalgan.

Si tu cabeza es más grande, o uno de tus padres desea usarla, en lugar de doblar la tela en dos, sólo dobla una esquina hacia la esquina opuesta.

Para convertir una bandana en una balaca o vincha, dóblala en dos para formar un triángulo. Comienza a doblar hacia adentro, desde la punta del triángulo hacia el borde más largo, hasta que tengas una cinta para el cabello del tamaño que deseas. Ponla alrededor de la cabeza y anúdala en la parte de atrás.

Cinco Movimientos de Kárate

EL KÁRATE COMENZÓ EN el siglo V antes de Cristo como un conjunto de ejercicios para fortalecer la mente. Según la leyenda, fue llevado a un pequeño templo de la selva en China por un moje budista zen, llamado Bodhidharma quien, asombrosamente, había caminado hasta allí desde la India. A continuación, presentamos cinco movimientos básicos que será divertido practicar con tus amigos. Para aprender más y tomar el kárate con mayor seriedad, busca un instructor profesional de este y otras artes marciales.

Patada Hacia Delante

Patada Hacia Atrás

Patada Hacia Delante

La patada hacia delante es la más poderosa del kárate. Levanta la rodilla izquierda hasta el nivel de la cintura y luego extiende el resto de la pierna hacia delante. Tu pierna derecha debe estar firmemente apoyada en el suelo para equilibrar la patada, y tus brazos cerca del pecho. Intenta la patada hacia delante, rápida y sorpresiva, y luego ensaya una variación más lenta pero con más fuerza.

Patada Hacia Atrás

Párate en una posición cómoda mirando hacia delante. Tu pierna derecha es aquella con la que patearás. Dobla la otra pierna ligeramente para dar a tu cuerpo apoyo y equilibrio adicional. Mira por encima de tu hombro derecho. Encuentra tu objetivo. Dobla la rodilla derecha, apunta tu talón en línea recta hacia el objetivo y patea con el pie arriba detrás de ti. Tus ojos son muy importantes en esta patada. Continúa mirando el objetivo mientras pateas hacia atrás, extendiendo la pierna. Recoge la pierna siguiendo el mismo camino que usaste para patear. Alterna ambas piernas para patear.

**Golpear
y Halar**

golpea, el brazo derecho llega a descansar al costado, con la mano en un puño hacia arriba. Alterna los golpes con cada brazo.

Mano de Cuchillo o Golpe Clásico de Kárate

Abre la mano y vuélvela de manera que el pulgar apunte al techo y el meñique al suelo. Extiende los dedos hacia delante y lejos de ti. Los dedos deben tocarse ligeramente. Deja que el pulgar caiga en la palma de la mano y dobla la punta del pulgar hacia abajo. Arquea la mano levemente hacia atrás. Levanta la mano sobre el hombro.

**Mano de
Cuchillo**

Impúlsala diagonalmente hacia abajo al otro lado de tu cuerpo, apuntando a golpear el objetivo con la parte de la mano que se encuentra inmediatamente debajo del meñique.

Golpear y Halar

Mira hacia delante con los pies separados a la distancia de los hombros. Manteniendo derecha la pierna derecha, inclínate hacia delante con la pierna izquierda, doblándola en la rodilla. Empuja tu brazo derecho hacia delante al frente del cuerpo, con la mano en un puño hacia abajo. Tu brazo izquierdo permanece atrás, al costado, con la mano izquierda en un puño hacia arriba. Ahora golpea hacia delante con el brazo izquierdo y gira la muñeca para que, cuando este brazo se extienda completamente hacia delante, el puño quede hacia abajo. Mientras el brazo izquierdo

El Golpe de Ataque

Mira hacia delante con los pies separados a la distancia de los hombros. Pon tu pierna izquierda delante de la derecha y dobla la rodilla. Mantén derecha la pierna derecha. Esto se llama posición frontal. Da un paso adelante con el pie derecho y, cuando tu pie derecho toque el suelo, golpea hacia delante con la mano derecha. Para añadir más fuerza, al mismo tiempo que golpeas con el puño derecho hacia delante, hala tu mano izquierda hacia tu costado izquierdo en un puño hacia arriba. Hala la mano con la que golpeaste para atacar de nuevo, alternando los lados, o pasa a otro movimiento.

**El Golpe
de Ataque**

La Guía de Peligro para las Chicas Atrevidas

ENFRENTAR TUS TEMORES PUEDE ser una experiencia alentadora, y lanzarte a tratar de alcanzar grandes metas te inspirará a enfrentar retos durante toda tu vida. Sin un orden particular, presentamos una lista de actividades osadas. Algunas de ustedes podrán realizarlas de inmediato, pero otras deberán trabajar hasta que lo consigan:

1 Subir a la montaña rusa. Las montañas rusas más grandes de Estados Unidos incluyen la de Kingdom Ka en Six Flags Great Adventure, New Jersey, con una altura de 418 pies; Top Thrill Dragster en Ohio, de 400 pies de altura; y Superman: El Escape, en California, de 328 pies. Pero la montaña rusa más aterradora de Estados Unidos continúa siendo el Ciclón de Coney Island. Construida en los años veinte, esta atracción comparativamente pequeña, de metal y madera, tiene un increíble recorrido con súbitas caídas y curvas muy cerradas.

2 Viajar en cable sobre una selva húmeda. Un viaje a Costa Rica ofrece increíbles aventuras, incluyendo "volar" sobre el techo del mundo, a 200 pies del suelo, con distancias entre los árboles hasta de 1,200 pies. Muchos centros de deportes en todo el país ofrecen también cursos de cable.

3 Navegar en balsa por los rápidos de un río. La mayor parte de la gente piensa que contemplar el Gran Cañón desde el borde hacia abajo es aterrador, pero un acto de verdadera osadía es hacer un viaje en balsa por los rápidos del Río Colorado que lo atraviesa. ¡Algunos viajes incluyen incluso un viaje en helicóptero para una dosis adicional de peligro!

4 Haz un festival de películas de terror en tu casa. Algunas buenas son *El exorcista*, *Tiburón*, *Alien*, *El Resplandor*, y la película clásica pero aún aterradora de Alfred Hitchcock, *Psycho*. Pero no nos culpes si no puedes irte a dormir sin preguntarte qué habrá debajo de la cama.

5 Usa tacones. Quizás esto no suene tan peligroso, pero si no tienes práctica puedes caerte o torcerte un tobillo. La primera vez que lleves tacones, pídelos prestados a alguien y comienza en una superficie dura, como madera. Una vez que te sientas firme, inténtalo en la alfombra. Si puedes caminar con tacones en una alfombra gruesa, puedes hacer cualquier cosa. Con el tiempo, si es una habilidad que quieres dominar, podrás correr, saltar y hacer kárate con tacones hasta de seis centímetros.

6 Defiende tu posición—o la de otra persona. Da mucho miedo sentir que eres la única que no está de acuerdo, pero cuando hay algo mal, la chica atrevida sostiene su posición, por ella misma o por alguien que necesite un aliado. Reúne tu valor y levanta la voz—la verdadera valentía es sentir el miedo y hacer las cosas de todas maneras.

7 Prueba el sushi u otra comida exótica. Los rollos California no cuentan. Para ser verdaderamente atrevida, prueba *natto* (frijoles de soya fermentados) o caracoles.

8 Tiñe tu cabello de lila. En ocasiones, lo más aterrador es ser un poco diferente, incluso durante un día. Hay muchos tintes de cabello que desparecen a las pocas semanas—así que puedes experimentar cómo sería tener una cola de caballo verde limón sin aguardar a que crezca el cabello para cambiar de nuevo.

Términos Franceses de Cariño, Expresiones y Otras Frases de Interés

TÉRMINOS DE CARIÑO FRANCESES

Mon petit chou
"Mi repollito." Puede usarse románticamente como "querido," o para decírselo a alguien menor (mi pequeña).

Bonjour ma petite chou, t'as passé une bonne journée?
"Hola, mi repollita, ¿tuviste un buen día?"

Ma puce
"Mi pulga."

Bonne nuit, ma puce!
"¡Buenas noches, mi pulga!"

PALABRAS DIVERTIDAS

Pamplemousse
Toronja

Aubergine
Berenjena

Chantilly
Crema batida
(o un tipo de encaje)

Gros
Grande

Dodo
Siesta del bebé

Coucou
¡Hola!

EXPRESIONES

Avoir un chat dans la gorge
Tener un gato en la garganta; tener carraspera.

Revenons à nos moutons.
Volvamos a nuestras ovejas. (Volvamos al tema.)

Oui, quand les poulets auront des dents.
Sí, cuando los pollos tengan dientes. (Imposible.)

QUÉ ORDENAR EN UN RESTAURANTE

Bonjour, Monsieur. Puis j'avoir un croque monsieur avec une salade verte? Et aussi un coca, s'il vous plaît?
Buenos días, señor. ¿Me da por favor un emparedado de jamón y queso caliente con una ensalada verde? Y una coca-cola, por favor.

LIBROS AMBIENTADOS EN FRANCIA

Madeline
de Ludwig Bemelmans

Eloise in Paris
de Kay Thompson

El Conde de Montecristo
de Alexandre Dumas

El Principito
de Antoine de Saint-Exupéry

El jorobado de Nuestra Señora
de Victor Hugo

Juana de Arco

Nuestra vida es todo lo que tenemos y la vivimos como creemos que debemos vivirla. Pero sacrificar lo que eres y vivir sin creer, es un destino más terrible que morir.—Juana de Arco

JUANA NACIÓ ALREDEDOR DE 1412 en la pequeña aldea de Domrémy, en Francia, en la frontera de las provincias de Champaña y Lorena, en el hogar de Jacques d'Arc e Isabelle Romée. Creció ayudando a su padre y a sus hermanos a cultivar la tierra, y ayudando a su madre, una devota mujer, en el cuidado de la casa.

El año en que cumplió doce años, se convenció de que tenía algo especial—un destino que sólo ella podía cumplir. Comenzó a escuchar las voces de San Miguel, Santa Catalina y Santa Margarita, que creía que habían sido enviados por Dios para comunicarle su misión divina de salvar a Francia. Tan conmovida estaba por la urgencia de estas voces, que para cuando cumplió quince años, se cortó el cabello, comenzó a vestir un uniforme de hombre y tomó las armas.

En aquel momento, Francia e Inglaterra llevaban varios años en la Guerra de los Cien Años. En

ese momento de la historia, estas dos naciones no estaban tan separadas como lo están ahora, y se luchaba por decidir quién debía ser el rey de ambos territorios. Para 1429, Enrique VI de Inglaterra reclamaba el trono, así como París y todo el norte de Francia, ocupado por los ingleses. Juana tenía dos misiones, de acuerdo a las voces que la guiaban: recuperar su patria del dominio inglés y reclamar la ciudad sitiada de Orleáns; y hacer que el delfín de Francia, Carlos VII, fuese coronado rey. Dejó su hogar sin decírselo a sus padres y apeló al capitán del ejército del delfín, comunicándole su misión divina. El capitán inicialmente desechó la idea de que una chica de quince años tuviera el liderazgo suficiente para dirigir su ejército. No obstante, su persistencia y claridad de visión finalmente lo convencieron, y ella persuadió luego al delfín también de que tenía la misión de Dios de salvarlo y recuperar a Francia. Después de ser examinada por una junta de teólogos, se le confirió el grado de capitán y se le permitió liderar al ejército en la batalla.

Tenía diecisiete años cuando condujo a sus hombres a la victoria sobre los ingleses en la batalla de Orleáns, en mayo de 1429. Cabalgaba con una armadura blanca y llevaba un estandarte con las imágenes de sus tres santos. No era extraño en aquella época que las mujeres lucharan al lado de los hombres; en efecto, durante la Edad Media, las mujeres, cuando fue necesario, llevaron armaduras, condujeron ejércitos, cabalgaron y defendieron castillos y tierras. Juana era una líder excelente. Por su confianza, valentía y decisión, pudo dirigir efectivamente soldados y capitanes por igual. Organizó su ejército de hombres como soldados profesionales e incluso les exigió que asistieran a misa y se confesaran. Tan formidable era su liderazgo que se decía que el enemigo huía del campo de batalla cuando se aproximaban sus tropas. Sin embargo, el acto más

innovador que realizó, de lejos, fue inculcar a su gente un sentido de nacionalismo y de orgullo patrio: fue uno de los primeros líderes que consideró a Francia y a Inglaterra como países diferentes, con culturas y tradiciones distintas por cuya preservación merecía luchar.

Debido en gran parte al liderazgo de Juana en el campo de batalla, Carlos VII fue coronado Rey de Francia el 17 de julio de 1429, en la Catedral de Reims. Su victoria, sin embargo, duró poco; Juana fue capturada por los bordeleses en 1430, mientras defendía a Compiègne, cerca de París, y vendida a los ingleses. Los ingleses la entregaron al tribunal de Rouen para que fuera juzgada por brujería y crímenes contra la iglesia. Aun cuando se negó el cargo de brujería (dado que era virgen), fue acusada de cometer crímenes contra Dios por llevar atuendos masculinos. Después de un juicio de catorce meses, durante el cual nunca dejó de afirmar que escuchaba voces divinas ni negó su vocación, Juana fue condenada y quemada en la hoguera en la plaza del mercado de Rouen el 30 de mayo de 1431. Sus últimas palabras fueron, "¡Jesús! ¡Jesús!" Tenía diecinueve años.

Casi veinticinco años después de su muerte, el Papa Calixto III abrió de nuevo el caso a solicitud del Inquisidor General Jean Brehal y de la madre de Juana, Isabelle Romée. Juana fue reivindicada como mártir y declarada inocente el 7 de julio de 1456. Casi quinientos años después de su muerte fue canonizada como santa, el 16 de mayo de 1920, por el Papa Benedicto XV. Juana de Arco es reconocida actualmente como la santa patrona de Francia.

La historia de una chica guiada por voces para cambiar el mundo ha demostrado ser irresistible para narradores y artistas desde la época de su muerte hasta nuestros días. Continúa siendo una inspiración para las chicas más atrevidas en todas partes del mundo.

Fabricar un Silbato de Sauce

NECESITARÁS

◆ Una rama redonda de sauce, derecha y lisa, de 8 pulgadas
◆ Una navaja
◆ Agua

Busca una rama de sauce derecha y redonda, sin brotes. de menos de una pulgada de grosor. y cerca de 8 pulgadas de largo.

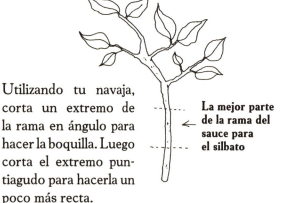

Utilizando tu navaja, corta un extremo de la rama en ángulo para hacer la boquilla. Luego corta el extremo puntiagudo para hacerla un poco más recta.

La mejor parte de la rama del sauce para el silbato

En la parte superior de la rama, del lado opuesto al corte en ángulo, talla una pequeña muesca en el sauce, justo después del lugar donde termina el corte.

Un poco después de la mitad, corta un anillo alrededor de la rama, cuidando de cortar únicamente la capa exterior de la corteza y no la madera.

Moja la rama (desde el anillo hasta la boquilla) con agua, golpéala ligeramente con tu navaja para aflojar la corteza, y luego haz girar la corteza y retírala con cui-

dado. Trata de no desgarrar, romper o quebrar la corteza, porque la necesitarás para ponerla de nuevo en la rama. Sumérgela en el agua para mantenerla húmeda hasta que la necesites de nuevo.

Regresa a la muesca que hiciste en el extremo superior de la rama, hazla más profunda y corta un poco más para que se extienda a lo largo de la rama hasta el extremo que aún conserva la corteza. La longitud y profundidad de esta muesca es lo que determina el tono del silbato. Talla sólo una astilla de madera de la superficie superior de la boquilla para hacerla completamente plana.

Sumerge el extremo sin corteza de la rama en un vaso de agua y pon de nuevo la corteza.

Ahora lo único que tienes que hacer es ¡soplar! Puede que debas intentarlo varias veces para lograrlo, pero continúa haciéndolo y tendrás tu silbato de sauce.

Un silbato de sauce que se haya secado puede revivirse sumergiéndolo completamente en agua, pero es posible que quieras guardarlo envuelto en una toalla mojada para que no se seque por completo.

Tabla Periódica de los Elementos

LA MISTERIOSA TABLA PERIÓDICA de los Elementos tiene hasta 118 cuadros con números y abreviaciones que son, en realidad, el código secreto del funcionamiento del universo. En estos cuadros reside la verdadera historia de cómo se combinan los elementos para crear reacciones químicas y electricidad, así como los seductores mecanismos de la vida misma.

Un científico llamado Dimitri Mendeleev de Siberia, publicó la *Tabla Periódica de los Elementos* en 1869 (adelantándose en ganar la fama a otro científico europeo por sólo unos pocos meses). Mendeleev hizo una lista de todos los elementos conocidos por los científicos en aquel momento—63, pero había calculado el patrón de aquellos elementos en las brechas, y predijo que en realidad eran 92.

Mendeleev estaba en lo cierto en su predicción de los elementos en las brechas. Y ahora sabemos, de hecho, que hay 11 elementos naturales, junto con siete elementos (ligeramente controvertidos) fabricados en el laboratorio. Nuestra tabla muestra 109.

Algunos elementos—como la plata, el oro, el estaño, el sulfuro, el cobre y el arsénico—eran conocidos en la antigüedad, y los pueblos nativos de América conocían el platino. Otros fueron descubiertos durante la Edad de la Ciencia en Europa o más recientemente. Seis elementos conforman el núcleo de la vida como la conocemos: fósforo y sulfuro (los principales componentes del ADN), el carbono (el elemento más abundante en el universo), hidrógeno, oxígeno y nitrógeno. Mujeres científicas han descubierto varios elementos:

Elemento	Abreviatura/ Número atómico	Descubierto por	Fecha
Polonio	Po/84	Marie Sklodowska Curie	1898
Radio	Ra/88	Marie Sklodowska Curie y su esposo Pierre Curie	1898
Renio	Re/75	Ida Tacke-Noddack y sus colegas Walter Noddack y Otto Carl Berg	1925
Francio	Fr/87	Marguerite Catherine Perey	1939

QUÉ ES UN ELEMENTO

Los elementos son piezas básicas de materia, compuestos por un único tipo de átomo. No hay nada que no esté hecho de elementos.

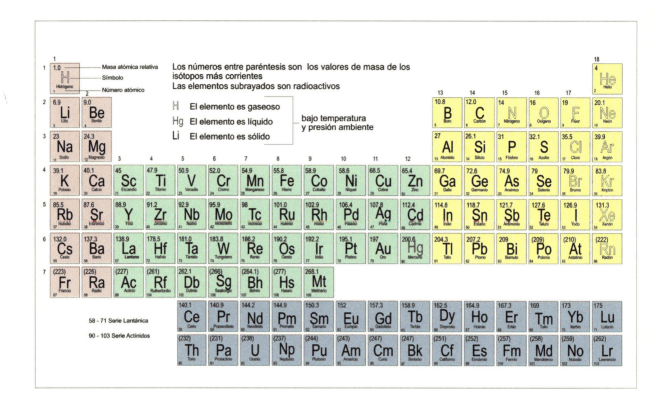

¿QUÉ ES UN ÁTOMO?

Un átomo es la estructura básica de todo. Un grupo de átomos se llama molécula, y las moléculas conforman todo lo que conocemos, sentimos, vivimos y tocamos.

¿QUÉ HAY EN UN ÁTOMO?

Protones, neutrones, electrones, quarks y gluones, ninguno de los cuales son visibles a nuestros ojos. Los protones se encuentran en el núcleo del átomo y tienen una carga positiva. Cada elemento tiene un número único de protones. De hecho, los protones determinan el orden de los elementos de la tabla. Os, o Osmio, no es el elemento número 76 aleatoriamente; tiene 76 protones y de ahí su lugar en la tabla. El número de protones de un átomo nunca cambia. Hidrógeno, H, siempre tiene 1 protón. El Aluminio, Al, siempre tiene 13. El número de protones distingue un elemento de los otros y explica la naturaleza y comportamiento de cada elemento. Los neutrones también se encuentran en el núcleo y tienen una carga neutra. Tanto los protones como los neutrones se dividen en quarks, y estos se mantienen unidos por los gluones.

Los electrones tienen una carga eléctrica negativa y se mueven en órbitas alrededor del núcleo. Compartir electrones entre los átomos crea vínculos. En los metales, el movimiento de los electrones puede generar una corriente eléctrica.

¿QUÉ SIGNIFICAN LAS ABREVIATURAS EN CADA CUADRO?

El número en la parte superior es la masa atómica relativa o qué tan pesado es el elemento. Esto se mide en unidades de masa atómica, o umas. Una uma pesa cerca de la trillonésima parte de la trillonésima parte de un gramo.

Las letras son el símbolo atómico o abreviatura de cada elemento. B es Boro.

El número atómico en la parte inferior nos dice cuántos protones hay en el núcleo.

¿QUÉ SIGNIFICAN LAS COLUMNAS Y LAS FILAS?

Mendeleev observó que algunos de los elementos se comportan de manera similar. Organizó los elementos en columnas, según dieciocho grupos de familia, tales como gases o metales. Organizó las filas según el patrón de los números atómicos, o número de protones, conocidos como los siete períodos.

Vinagre y Bicarbonato de Sodio

CIENTÍFICOS EN TODO EL mundo han estudiado y debatido el concepto de reacciones ácido-base desde el siglo XVIII. Esta reacción química puede ser bastante compleja, pero la idea básica es fácil de comprender, como también es fácil utilizar tu conocimiento de ella en proyectos cotidianos. Lo único que necesitas es ir al supermercado o a la alacena de la cocina y conseguir dos ingredientes: vinagre y bicarbonato de sodio.

CONCEPTOS BÁSICOS DE ÁCIDO-BASE

Los ácidos corroen y disuelven las cosas. Funcionan liberando burbujas de hidrógeno. El vinagre es un ácido medio. En la escala pH, que mide el "potencial de hidrógeno," se clasifica en el tercer o cuarto lugar en una escala de 1 a 7.

Las bases cancelan los ácidos. Otra palabra que debemos conocer, en términos de ciencia, es alcalina, esto es, una base que puede disolverse en agua. El bicarbonato es una base, o al menos se comporta como una base, lo cual es suficiente para nosotros. Conjuntamente el vinagre y el bicarbonato, un ácido y una base, pueden dar cuenta de muchas pequeñas tareas—y de algunos proyectos más grandes también.

USOS COTIDIANOS DEL VINAGRE

El vinagre corroe y disuelve, tiene un olor repelente y contrarresta cosas que actúan como bases. Utilízalo para:

Tratar irritaciones de la piel. Algunos salpullidos, como la ortiga y las picaduras de mosquitos, así como dolores como el causado por las aguamalas y las quemaduras de sol, actúan como bases, así que el vinagre las contrarrestará. Mezcla media medida de vinagre y media de agua y espárcelo directamente sobre la piel, o humedece una toalla con esta mezcla para hacer compresas. (El vinagre de sidra de manzana huele un poco mejor que el vinagre blanco, si lo prefieres.)

Eliminar el óxido. Toma las palas de mano y otras cosas oxidadas, sumérgelas en un tazón lleno de vinagre y déjalas toda la noche. Puedes hacer esto también para brillar monedas.

Remover lo pegajoso. Para las cosas difíciles de despegar, empapa una tela en vinagre y luego envuélvela sobre aquello que quieres despegar durante algunas horas.

Repelente para mosquitos y hormigas. Aplícalo sobre el cuerpo con una bola de algodón para repeler los mosquitos. Deja una taza con vinagre abierta para persuadir a las hormigas de que acampen en un lugar diferente a tu cocina.

Contrarrestar malos olores. Pon las cosas que huelan mal en una mezcla de vinagre y agua durante la noche. O, si el auto de tu familia tiene mal olor, deja un tazón con vinagre en él durante la noche.

USOS COTIDIANOS DEL BICARBONATO

El bicarbonato neutraliza las cosas ácidas y puede actuar como abrasivo para fregar. Puedes usarlo para:

Aliviar las picaduras de abejas. Aplica una pasta de bicarbonato y agua a la picadura de una abeja (que actúa como un ácido) para neutralizarla. Si la picadura es de avispa (que actúa como base), debes tratar esas picaduras con vinagre aplicado con una bola de algodón.

Retirar manchas. Si te manchas las manos con colorante para alimentos, frótalas con bicarbonato y agua. Sin embargo, si manchas tu ropa con el colorante, debes ponerla a remojar en vinagre.

Alivia olores animales. Si una mofeta te lanza su líquido defensor, mezcla peróxido de hidrógeno (que se consigue en cualquier farmacia) con bicarbonato y jabón líquido de fregar—funciona maravillosamente. Análogamente, si tu perro huele mal, salpícalo por todas partes con bicarbonato, friégalo con él y cepillalo.

Cepillar los dientes. Mezcla bicarbonato con agua para formar una pasta gruesa (sin los elementos adicionales que tiene el dentífrico).

Extinguir fuegos. El bicarbonato, cuando se calienta, emite dióxido de carbono, el cual puede apagar pequeñas llamas. Habiendo dicho esto, si ves fuego, grita rápidamente para que venga el adulto que esté más cerca y llama al teléfono de emergencias de inmediato.

LAVAR EL AUTO

Puedes olvidarte de limpiadores costosos y no ecológicos y reemplazarlos por nuestros dos maravillosos productos.

Antes de comenzar a lavarlo, salpica bicarbonato dentro del interior del auto para eliminar olores. Aspíralo cuando hayas terminado la limpieza exterior.

Para el exterior del auto, toma un balde y vierte ½ taza de vinagre por cada galón de agua; frota el auto con una esponja.

Para las ventanas, espejos y el plástico interior, mezcla 2 tazas de agua con ½ taza de vinagre en una botella de aerosol. Puedes agregar hasta ¼ de taza de alcohol antiséptico y, para que luzca mejor, una gota, no más, de colorante para alimentos azul y verde. En lugar de trapos, usa periódicos para limpiar y brillar las ventanas.

PROYECTO VOLCÁN

En una botella vieja de soda, vierte un poco más de ½ taza de vinagre, y un poco más de ½ taza de líquido para la lavadora de platos. Agrega colorante de alimentos rojo, si lo deseas, para el efecto de lava.

Construye la base con un pedazo de cartón. Introduce la botella dentro de la base con cinta adhesiva. Luego construye el volcán a su alrededor. Haz una pila con periódicos viejos, hojas o cualquier material que tengas a mano. Cuando tenga la forma de una montaña, cúbrelo todo con un pedazo grande de papel de aluminio, arrugándolo un poco para que parezca un volcán.

Para la erupción, mide 1 cucharada grande de bicarbonato. Envuélvela en un pedazo de toalla de papel o viértela directamente. De cualquier manera, cuando viertas el bicarbonato, la mezcla hará erupción ante tus ojos. Es un proyecto de primaria, pero siempre es divertido a cualquier edad.

La química del volcán es la siguiente: el vinagre es ácido acídico, el bicarbonato es bicarbonato de sodio, una base. Cuando reaccionan juntos, producen ácido carbónico, y este se descompone rápidamente en agua y dióxido de carbono. La explosión de burbujas espumeantes es el gas del dióxido de carbono que escapa.

Reglas del Juego: Bolos

EN LA DÉCADA DE 1930, un arqueólogo inglés, Sir Flinders Petrie, descubrió objetos en una tumba egipcia que parecían haber sido usados en una versión antigua del juego que actualmente conocemos como bolos. Según sus cálculos, se trata de un juego de más de 5,000 años de antigüedad. Durante la Edad Media, en Inglaterra, los bolos era un juego tan popular—y entretenido—que se dice que el Rey Eduardo III lo declaró ilegal, para que sus tropas se concentraran en perfeccionar sus habilidades de arquería para las batallas. La primera mención de los bolos en la literatura estadounidense la hizo Washington Irving: su personaje, Rip Van Winkle, se despierta con el sonido de "bolos que caen." En 1895, los estadounidenses crearon el Congreso Americano de Bolos para establecer las reglas del juego y propiciar las competencias a nivel nacional. Sin embargo, olvidaron incluir a las mujeres, así que, en 1917, las mujeres dedicadas a este deporte rectificaron lo anterior mediante la creación de la Asociación de Mujeres Jugadoras de Bolos. Hoy en día, jugadores en todo el mundo compiten y juegan a los bolos para divertirse con sus amigos. A continuación presentamos unas reglas para jugar y establecer el puntaje.

CÓMO LLEVAR EL PUNTAJE

Hay diez juegos en el juego, y a cada jugador se le dan dos oportunidades de tratar de derribar los diez bolos de cada juego. El objetivo del juego es conseguir el puntaje más alto. Los bolos derribados en el primer intento se cuentan y se registran en una hoja de puntaje. (La hoja de puntaje tiene un espacio para los nombres de los jugadores y, al lado del nombre, diez casillas, una para cada juego. En la parte superior de cada casilla hay dos recuadros, que es donde se registran los puntajes para cada uno de los dos lanzamientos por juego. En el extremo derecho hay una casilla más grande, que es donde debe aparecer el puntaje total para los diez juegos.) Si aún hay bolos por derribar, el jugador tiene una segunda oportunidad para derribarlos, y se registra el número de bolos derribados la segunda vez. El puntaje es el número de bolos derribados la primera vez, más el número de bolos derribados la segunda vez; la cantidad resultante se agrega luego a cualquier puntaje anterior. Los puntajes continúan acumulándose a medida que cada jugador tiene su turno, hasta que todos han jugados los diez juegos.

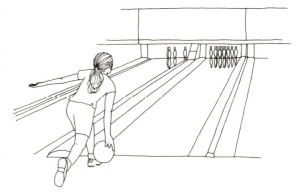

BONOS

Cuando un jugador anota un pleno o un semipleno, obtiene puntos adicionales. Ambos valen por 10 bolos, pero cómo se cuenten dependen en realidad de lo que haga el jugador en el juego siguiente. Con un semipleno, marcado con un "/" en la hoja de puntaje, se agregan diez al número de bolos derribados en el siguiente intento. Con un plano, marcado con una "X" en la hoja de puntaje, se agregan diez al número de bolos derribados en los siguientes *dos* intentos.

Si se anota un semipleno en el décimo juego, se obtiene una bola adicional. Si se anota un pleno en el décimo juego, se obtienen dos bolas adicionales. Si se anota un pleno en el décimo juego, y luego se anota un semipleno con las dos bolas adicionales, se obtiene un puntaje de 20 para el décimo juego, y termina el juego. Si se anota un semipleno en el décimo juego, y luego un pleno con la bola adicional, se obtiene un puntaje de 20 para el décimo juego, y termina el juego. Si se anota un pleno en el décimo juego, y luego se anotan dos plenos más con las dos bolas adicionales, se obtiene un puntaje de 30 para el décimo juego, y termina el juego.

TERMINOLOGÍA DE LOS BOLOS

Aproximación
Es la zona de 15 pies de largo donde comienza el jugador. Termina en la línea de falta, que marca el comienzo de la pista de bolos. No se puede pisar la línea de falta, ni tocarla, ni siquiera después de haber lanzado la bola.

Cubierta de Bolos
El lugar donde están los bolos al final de la pista. Los bolos se colocan a un pie de distancia unos de otros para formar un triángulo de 3 pies. Los bolos, que tienen 15 pulgadas de alto, por lo general están hechos de madera y plástico, y pesan cerca de $3\frac{1}{2}$ libras. La parte más ancha del bolo se llama barriga.

División
Es cuando dos o más bolos siguen en pie y hay un espacio entre ellos. Una división que quede puede marcarse en la hoja de puntaje dibujando un círculo alrededor del conteo de bolos de ese juego.

Durmiente
Cuando se anota un semipleno con un bolo parado directamente detrás de otro, el de atrás se llama "durmiente."

Falta
La línea de falta separa la aproximación del comienzo de la pista. Cuando un jugador pisa la línea de falta o la atraviesa, no obtiene ningún puntaje en ese intento. Una falta se marca en la hoja de puntaje con "F."

Hoja Limpia
Significa anotar todos los semiplenos en el juego.

Holandés 200
Anotar semipleno-pleno-semipleno-pleno durante todo el juego, con un puntaje resultante de 200.

Juego
Cada juego de bolos incluye diez juegos para cada jugador, quien tiene dos oportunidades de derribar los diez boliches en cada juego.

Juego Abierto

Cuando un jugador no consigue derribar los diez bolos en ambos intentos.

Juego Perfecto

Un juego perfecto es cuando un jugador anota doce plenos consecutivos en el mismo juego. El puntaje resultante es 300, el puntaje más alto que puede obtener un jugador en un juego.

Pavo

Obtener tres plenos consecutivos. Cada "pavo" (grupo de tres plenos consecutivos) vale 30 bolos en un juego.

Pista

El largo carril donde rueda la bola hacia los bolos. Las pistas habitualmente tienen 60 pies de largo y 42 pulgadas de ancho. Las canales, dos zonas redondeadas y más bajas a los lados de la pista, de cerca de 9½ pulgadas de ancho, sirven para recoger las bolas que se desvían a la derecha o a la izquierda. Cuando una bola cae en la canal, se llama "bola de canal" y no se obtiene ningún punto.

Pleno

Cuando el jugador derriba todos los bolos en el primer intento. Cuando anota un pleno, el puntaje del jugador sube 10 puntos y, adicionalmente el puntaje de sus dos siguientes turnos se le agrega al puntaje del pleno. Un pleno se marca en la hoja de puntaje con una X.

Promedio

Es la suma de todos los juegos de un jugador dividida por el número de juegos jugados.

Semipleno

Si uno o más bolos permanecen en pie después del primer intento, el jugador tiene una segunda oportunidad de derribarlo. Si los derriba todos en el segundo intento, ha anotado un semipleno. Un semipleno se marca en la hoja de puntaje con (/).

Zapatos de Bolos

Son zapatos con suelas especiales para ayudar al jugador a deslizarse sobre el suelo durante su aproximación. Los zapatos corrientes no están permitidos en las canchas de bolos.

Reinas del Mundo Antiguo II:

Salomé Alejandra de Judea

LA HISTORIA DE SALOMÉ es un relato sobre la diplomacia, sobre cómo manejar los constantes retos del liderazgo real, y cómo resistir ataques de ejércitos externos así como de miembros de la propia familia. Salomé es recordada como la última gobernante independiente de su país, Judea, durante la época inmediatamente anterior al momento en que los países del Mediterráneo fueron conquistados por Roma.

Salomé Alejandra nació en 140 AC. No se sabe mucho acerca de su niñez. Su nombre judeo era Shelamzion, que se traduce como Salomé. Su nombre griego era Alejandra, por Alejandro el Grande, quien llevó sus ejércitos griegos a esta región cerca de doscientos años antes. Como muchas de las personas de su tiempo, Salomé vivía con su familia y su clan, y hablaba su lengua, el arameo. Era versada también en la cultura helenística y el idioma griego que unía muchas de las tierras alrededor del Mar Mediterráneo, incluyendo los reinos cercanos de Egipto y Siria.

Por lo que los historiadores han podido conjeturar, parece que Salomé Alejandra contrajo matrimonio por primera vez con poco más de veinte años. El esposo elegido—Aristóbulo, el hijo mayor del gobernante nativo de Judea—la llevó a la vida de la realeza y, a la vez, al comienzo de sus problemas familiares. Aristóbulo era intensamente ambicioso. Cuando su padre, el rey, murió en 104 AC, legó el país a la madre de Aristóbulo, pero su hijo mayor no quiso aceptarlo. Puso en prisión a su madre, la dejó morir de hambre y encarceló a tres de sus hermanos.

De esta manera brutal, se hizo dueño de Judea, y Salomé se convirtió en la reina. Sin embargo, sólo un año más tarde, Aristóbulo murió a causa de una misteriosa enfermedad. Mientras Salomé practicaba los ritos funerarios con su cadáver, se enteró de que le había legado el reino.

Salomé enfrentó otra compleja decisión: ¿debería reinar sola o compartir el trono? Liberó a los tres hermanos del rey y eligió al mayor de ellos como rey y sumo sacerdote. Su nombre era Alejandro Janneus. Lo desposó y continuó su vida como reina.

Su segundo esposo, Alejandro, era un hombre difícil. Tenía mal carácter y bebía en exceso. Le agradaba saquear y pillar las ciudades vecinas, y era cruel con su propio pueblo. Reinó durante veintisiete años. El historiador Josefo nos cuenta que la gente odiaba tanto a Alejandro como adoraba a Salomé; la consideraban sabia, buena, fuerte y confiable, decente, justa, una persona de buen juicio. Es posible que durante el largo reinado de Alejandro, la gente no se sublevó contra él por el gran amor que le tenían a Salomé.

En 76 AC, Alejandro se encontraba en su lecho de muerte. Llamó a Salomé y le entregó el reino, devolviéndole el favor que ella le había concedido veintisiete años atrás.

Alejandro le presentó un plan a Salomé: "Oculta mi muerte hasta cuando, bajo tus órdenes, los soldados hayan ganado la batalla que luchamos ahora. Marcha de regreso a la capital, Jerusalén, y celebra la victoria. He oprimido a mucha gente y ahora me odian. Haz la paz con ellos. Diles que incluirás a sus líderes como asesores en tu gobierno. Finalmente, cuando regreses a Jerusalén, busca a los líderes. Muéstrales mi cadáver y entrégaselo. Deja que lo profanen, si lo desean, o que me honren con un funeral apropiado. Será decisión suya. Y entonces te apoyarán." Este fue un buen comienzo para la nueva reina.

Como reina, gobernando desde su palacio en Jerusalén, Salomé tuvo que enfrentar retos inmediatos otra vez, esta vez de parte de sus dos hijos que ya eran hombres. Salomé ungió a su hijo mayor, Hircano, un hombre más callado y privado, como sumo sacerdote. La ley de la religión hebrea prohibía a las mujeres supervisar el Templo y realizar los sacrificios de animales; así, aun cuando era la reina, no podía ser sumo sacerdote, como lo había sido su esposo. Su hijo menor, llamado también Aristóbulo como el primer despiadado esposo de Salomé, era un problema más grave. Al igual que su padre, era muy ambicioso. Quería el trono de Salomé desde el comienzo. Pronto se sublevaría contra ella.

Fiel a sus promesas y al plan del rey Alejandro, Salomé delegó los asuntos internos y buena parte del poder sobre la vida religiosa a los ancianos de Judea. Esto contribuyó a poner fin a la guerra civil que se había incubado durante el reinado de su esposo, durante la cual él había matado a muchos de los miembros del grupo de los ancianos. No obstante, los ancianos restantes deseaban vengarse. Antes de que Salomé pudiera impedirlo, cortaron el cuello de uno de los cabecillas de Alejandro, Diógenes, y salieron a buscar a otros.

El ambicioso hijo, Aristóbulo, utilizó la creciente violencia para amenazar el reinado de su madre. Después de los asesinatos por venganza, Aristóbulo encabezó una delegación de hombres ante el trono de Salomé. Exigieron que pusiera fin a las matanzas. Si lo conseguía, prometieron que no vengarían los asesinatos recientes. Impedirían que el país cayera en una espiral de violencia. A cambio de mantener la paz, Aristóbulo exigió que su madre le diera varias de las fortalezas de la familia, dispersas por el desierto desde Jerusalén hasta el Río Jordán.

Salomé negoció un acuerdo. Mantuvo las fortalezas para sí, incluyendo aquellas que albergaban su tesoro real, pero entregó algunas a Aristóbulo. Buscando alejarlo de la capital, lo envió a una pequeña misión militar a Damasco.

Mientras Salomé manejaba la situación dentro del país, otros problemas se incubaban fuera de Judea. El vecino del norte, Siria, era débil, la dinastía de los Seléucidas, que alguna vez había controlado toda la región, llegaba al final de sus días. Aprovechándose de esta debilidad, el Rey Tigranes de Armenia atacó a Siria con un enorme ejército de medio millón de soldados, tomando las ciudades sirias con gran rapidez. Tigranes emboscó a la reina de Siria, Cleopatra Selene, en la ciudad de Ptolemais, en la costa del Mediterráneo.

Ptolemais no estaba lejos de la ciudad de Jerusalén. Terribles noticias del sitio llegaron a oídos de Salomé, así como el rumor de que

Tigranes planeaba tomar luego a Judea. Salomé sabía que, a pesar de su enorme ejército de mercenarios y de soldados nativos, no podía derrotar a Tigranes.

En lugar de preparar a sus tropas para la guerra, la reina Salomé adoptó una posición diferente. Envió a sus embajadores a reunirse con el Rey Tigranes, y envió con ellos muchos camellos cargados con extraordinarios tesoros. Tigranes aceptó no atacar. La suerte estaba del lado de Salomé porque otro ejército había comenzado a atacar a Armenia. En lugar de marchar al sur hacia Jerusalén, Tigranes se vio obligado a volverse hacia el norte para defender a su propio pueblo.

⁂

Este episodio, y los años de lucha que llevaron a él, agotaron a Salomé. Tenía más de setenta años y su salud comenzaba a flaquear. Había sobrevivido a dos esposos, enfrentado los ataques de extranjeros, y su hijo menor continuaba debilitando su autoridad desde dentro.

Sintiendo su fragilidad, Aristóbulo planeó un golpe. Estaba enojado porque Salomé había negociado la paz con el Rey Tigranes. Si hubiese dependido de él, habría conducido sus soldados a la batalla. Sabía que ella estaba próxima a morir y sospechaba que le legaría el trono a su hermano mayor, quien ya era sumo sacerdote.

En secreto, Aristóbulo abandonó el palacio de la familia en Jerusalén. Cabalgó por los campos, y en cada ciudad y aldea, pidió a la gente que jurara su lealtad a la reina Salomé y también a él.

Salomé reunió sus últimas fuerzas y decidió actuar en contra de su hijo. Encarceló a su esposa y a sus hijos—como lo había hecho su pri-

mer esposo con sus parientes. Los puso en una fortaleza cerca del Templo donde Hircano era sumo sacerdote, pero sabía que se acababa el tiempo para ella. Entregó a Hircano las llaves del tesoro y le ordenó que asumiera el mando del ejército.

⁂

Salomé Alejandra murió poco después, en 67 AC, antes de que Aristóbulo pudiera atacarla. Tenía setenta y tres años, había reinado durante nueve años y, como única reina independiente de su pueblo, murió de muerte natural. No comandó sorprendentes barcos en el mar. Se limitó a hacer lo mejor que pudo para preservar la paz en su país y mantener alejados ejércitos más fuertes.

La reina Salomé fue tan admirada que, durante muchas generaciones, su nombre fue uno de los más populares entre la gente de Judea para dar a sus hijas (incluyendo la tristemente célebre Salomé que aparece en el Nuevo Testamento). Salomé nunca imaginó que sería la única reina de Judea y que esa época de Estados independientes estaba llegando a su fin.

El año en que murió Salomé, un imperio crecía en Italia, al otro lado del mar. El general romano Pompeyo luchaba contra los piratas que controlaban el Mediterráneo. Se deshizo de ellos y consiguió que fuese seguro de nuevo cruzar las vastas aguas. Para el 64 AC, Pompeyo formó a sus soldados en batallones y comenzó su ruta hacia el oriente. Controló a Siria más tarde aquel mismo año y a Judea al año siguiente. Pronto, toda el Asia Occidental estaría bajo el mando de Roma y la época de la reina Salomé, experta en diplomacia, sería un recuerdo distante.

El Jardín Secreto

EN *EL JARDÍN SECRETO* de Frances Hodgson Burnett, la huérfana Mary es enviada a vivir con su tío en Misselthwaite Manor. Mary se dedica a merodear por los alrededores y, un día, encuentra un muro misterioso, cubierto de hiedra. Un petirrojo la conduce a la llave que revela, detrás del muro, un jardín abandonado. Cuando entra, Mary descubre que los "pequeños puntos pálidos verdes" que surgen al amparo de la maleza son bulbos que se convertirán en cosas "de dulce aroma," y que las rosas que mueren en febrero resucitan en la primavera. Mary establece una amistad con un chico de la localidad, Dickon, quien conoce los misterios del mundo natural y puede hablar con los animales. Juntos hacen que el jardín secreto regrese a la vida. Así como hicieron Mary y Dickon, puedes tú también crear tu propio jardín, secreto o no. Aquí te damos dos ideas para hacer tu parcela.

❀ UN JARDÍN DE BULBOS ❀

El jardín secreto en Misselthwaite estaba lleno de bulbos; tu jardín también puede estarlo. Primero, debes saber que la esencia de la jardinería es tener buena tierra, agua y plantar al sol o en la sombra (según las necesidades de la planta). Encuentra un espacio en el patio, labra la tierra, agrega abonos orgánicos y hojas viejas a la tierra, y luego planta.

En el otoño, planta bulbos a aproximadamente seis pulgadas de profundidad, en tierra abonada. Elige una variedad de ellos: azafranes, narcisos, tulipanes y gladiolos. Luego agrega varios tipos de lirio; aun cuando oficialmente no son bulbos, forman parte la misma familia, las *liliáceas*. Estos florecerán continuamente desde comienzos de la primavera hasta mediados del verano. Luego, en la primavera, puedes sembrar arvejas, tomates cherry y otros vegetales que puedes arrancar y comer cuando estás afuera jugando.

❀ UNA CHOZA DE GIRASOLES ❀

Si ya tienes tu propia fortaleza en el jardín, puedes agregarle flores y vegetales, como un sembrado de lirios tigre o una hilera de ojo de Venus. Las plantas altas como los helechos o las mermeladas ofrecen excelente protección para ocultarse.

También puedes cultivar girasoles para formar una choza. En la primavera, siembra girasoles en un círculo o cuadrado (o cualquier otra forma que desees). Deja un espacio sin sembrar para la puerta. Cava una zona de un pie de ancho para sembrar según la forma que hayas elegido, y agrega mantillo hasta que la tierra esté abonada y preparada.

Siembra las semillas de girasol, dos por hueco, a una distancia de un pie. A medida que crezcan, poda la más débil. Entre las semillas de los girasoles, siembra campanillas. Éstas se enredarán en los tallos de los girasoles y le darán más privacidad a tu choza, así como un toque de color.

Riégalos todos los días y deshierba. Cuando crezcan los girasoles, teje cuerda o enredadera a su alrededor. Encuentra la manera de tejer la cuerda hasta que la parte superior de los girasoles se una para formar el techo de la choza. Hala suavemente, para no arrancar las flores de sus tallos.

Pulseras de Amistad

LAS PULSERAS DE AMISTAD pueden ser muy sencillas o muy elaboradas, pero en realidad no son más que hilos de colores tejidos en bellos dibujos, para obsequiarlas a nuestros amigos más queridos. Originalmente formaban parte de la vida de los nativos americanos, especialmente en América Central. Luego estas pulseras tejidas a mano se popularizaron en los Estados Unidos en los años setenta—y no sólo para las chicas. El Presidente Bill Clinton llevó una en la primera entrevista televisada después de dejar la presidencia.

La delgada **Serpiente alrededor del poste** es la pulsera más sencilla de hacer.

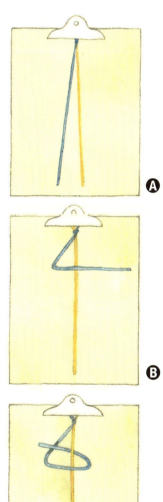

1. Corta dos hebras de diferentes colores de hilo de bordar, de poco menos de una yarda cada una.

2. Sostén las dos hebras juntas. Ata un nudo en uno de los extremos, dejando dos pulgadas arriba del nudo. Utiliza un alfiler imperdible para atarlo a tu pantalón o al brazo de un sofá (si haces esto, asegúrate que a tus padres no les importe que hagas un hueco diminuto). Algunas personas usan cinta adhesiva, pero ésta puede desprenderse y dañar el dibujo. Puedes usar también una tabla para sujetar papeles, poniendo el nudo justo debajo del gancho **Ⓐ**.

3. Separa las dos hebras. Toma la de la izquierda y crúzala encima de la de la derecha, haciendo la forma del número 4 **Ⓑ**. Luego haz una lazada con la hebra izquierda debajo de la derecha y pásala a través de la abertura creada por la forma del "4" **Ⓒ**.

4. Esto forma un nudo que apretarás deslizándolo hacia el nudo grande en la parte superior. Repite lo anterior con la misma hebra todas las veces que desees este color. Cuando quieras cambiar de color, sólo toma la hebra que está al lado derecho y muévela hacia la izquierda.

5. Con esta nueva hebra del segundo color al lado izquierdo, repite los pasos 3 y 4 hasta que quieras cambiar de nuevo de color o hasta que termines la pulsera.

SERPIENTE ALREDEDOR DEL POSTE

6. Termina con otro gran nudo, y deja espacio suficiente para atar la pulsera en la muñeca de tu amiga.

Para hacer una pulsera de este tipo más fuerte y colorida, utiliza cuatro colores, con dos hebras de cada color. Únelas con un nudo y sujétalas a una superficie dura. Sigue las instrucciones para la primera Serpiente alrededor del poste, pero enreda el nudo alrededor de siete hilos más en lugar de sólo uno. Aprieta cada nudo halando hacia la parte superior. Repítelo mientras quieras seguir usando ese color, y luego pasa al siguiente. Continúa hasta cuando termines. Haz un nudo al final.

La pulsera más plana y más ancha de **rayas multicolores** es otro tipo de pulsera de nudos. Con el hilo a la izquierda, atas un nudo alrededor de cada hebra, una a la vez, desplazándote hacia la derecha. Hacer todos estos nudos puede ser un poco tedioso—¡lo cual indica la verdadera devoción que tienes por el amigo a quien le das la pulsera! Sin embargo, cuando adquieres cierta práctica, puedes hacer una pulsera de amistad casi sin mirar.

1. Corta tres hebras de cada uno de los tres colores, de una yarda de largo cada una. Ata un nudo en la parte superior, dejando dos pulgadas por encima del nudo. Sujeta las hebras a una superficie dura, como una tabla para sujetar papeles, o usa un alfiler imperdible para atarlas a tu pantalón. Separa las hebras por colores **Ⓐ**.

2. Comienza por la hebra que se encuentra en el extremo izquierdo y haz la forma del "4" sobre la parte superior de la hebra que se encuentra directamente a su derecha. Introduce la hebra izquierda por la abertura creada por la forma del "4" y deslízala hacia la parte superior, halando para apretar el nudo **Ⓑ**. Repite con cada una de las hebras restantes, desplazándote de izquierda a derecha, usando siempre la hebra más a la izquierda para hacer el nudo. Cuando estén hechos los ocho nudos, la hebra se encontrará en el extremo derecho, donde debe permanecer.

Ⓐ

Ⓑ

Ⓒ

Ⓓ

SERPIENTE ALREDEDOR DEL POSTE 2

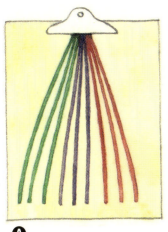

A

B

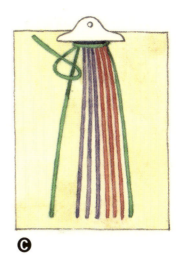

C

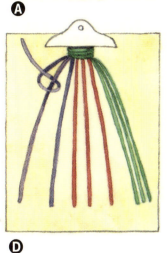

D

E

PULSERA DE RAYAS MULTICOLORES

3. Toma la hebra que está ahora en el extremo izquierdo **C**, y comienza a anudar las hebras que siguen, como en el paso 2. Como antes, cuando llegues al extremo derecho, déjala y toma la hebra del extremo izquierdo para atar una nueva línea de nudos **D**. La clave del éxito es apretar fuertemente todos los nudos, y halar cada nudo terminado hacia la parte superior.

4. Repite el proceso hasta que hayas terminado **E**. Deja espacio al final, ata un nudo y luego sujeta la pulsera con cuidado en la muñeca o el tobillo de una amiga.

Fiestas de Pijama

EN REALIDAD NO SE duerme mucho en la típica fiesta de pijama. Las chicas, en sus pijamas, por lo general permanecen despiertas hasta el amanecer, hablando, mirando películas, jugando, relatando cuentos, haciendo peleas de almohadas y riendo. Es una oportunidad para disfrutar el vínculo que se forma al jugar en grupo, y para gozar al subvertir la rutina habitual de la noche—dormir en la sala en lugar de la habitación, sola; permanecer despiertas después de la hora de ir a la cama; estar despiertas en la oscuridad relatando historias de terror. Es un momento para el misterio y la osadía, como lo ilustran los juegos más populares de estas fiestas que han jugado las chicas a través del tiempo.

María la Sanguinaria

¿Quién fue María la Sanguinaria?

Hay muchas historias diferentes sobre quién fue la verdadera "María la Sanguinaria." Aquella con la cual se relaciona la fama de las fiestas de pijamas es la Reina María Tudor de Inglaterra, quien se ganó el apodo de "María la Sanguinaria" por haber hecho quemar en la hoguera a más de trescientas personas durante su reinado por no adherirse a su credo católico romano. Se la confunde también a veces con María, Reina de Escocia (prima de María la Sanguinaria), quien, de hecho, pudo haber sido más bien la inspiración de una tradición infantil más amable, una de las rimas infantiles inglesas, "Mary, Mary, Quite Contrary." Según otras versiones, se cree que María la Sanguinaria es más bien el fantasma de Mary Worth, una presunta hechicera que murió durante los juicios de brujas de Salem, aun cuando no existen registros de la existencia de una persona con este nombre. La versión más exagerada de esta historia se basa en la leyenda de una mujer llamada Elizabeth Bathory, una condesa del siglo dieciséis, de quien se rumoraba que había asesinado chicas y luego se había bañado en su sangre para preservar su juventud. Desde luego, su nombre no era María, pero su apodo, "la condesa sanguinaria," puede haber contribuido a

Reina María Tudor de Inglaterra

que se la confundiera con el personaje de las fiestas de pijama. La historia más mundana relacionada con el mito de María la Sanguinaria es aquella según la cual María era una mujer local que murió en un accidente automovilístico; su fantasma muestra la horrible desfiguración facial que sufrió en el accidente. Sin importar por cuál relato te decidas—y cada uno de ellos tiene sus méritos—el método básico de invocar el espíritu inquieto de María la Sanguinaria es el mismo: una habitación a oscuras, un espejo, y cantar su nombre.

¿Por qué el espejo? "Espejito, espejito, ¿quién es el ser más bonito?" es probablemente una de las rimas más famosas sobre las posibilidades mágicas de adivinación que tiene tu propio reflejo. En efecto, a las chicas en tiempos antiguos se las animaba a comer una manzana roja y cepillar su cabello a la media noche frente a un espejo; al hacerlo serían recompensadas con una visión de su futuro esposo (la manzana roja y el espejo ambos son elementos que tienen un papel protagónico en el relato de Blanca Nieves que conocemos actualmente). Otros rituales que involucran un espejo exigían girar cierto número de veces antes de mirar al espejo o mirarlo sobre el hombro; el resultado era, de nuevo, la revelación de la persona que te desposaría. Incluso hoy en día hay versiones de estos ritos y supersticiones—piensa "me ama, no me ama" para ver si alguien te quiere, o torcer el tallo de una manzana mientras se canta el alfabeto para descubrir la inicial del nombre del chico a quien más le gustas. ¿Qué tiene esto que ver con María la Sanguinaria? Una de las variaciones del cántico de María la Sanguinaria era "Espejo sangriento, espejo sangriento." Esto, combinado con la idea de que podía descubrirse el futuro esposo al mirar en el espejo, más las truculentas leyendas

de las distintas Marías sangrientas, evolucionó fácilmente en el juego "María la Sanguinaria" que conocemos en la actualidad.

Cómo Jugar

Entra al baño o a otra habitación oscura con un espejo. Sostén una linterna debajo de la barbilla para que ilumine tu cara como la de un fantasma, cierra la puerta y apaga todas las luces. Ponte al frente del espejo y canta "María la Sanguinaria" trece veces para invocar el espíritu de María la Sanguinaria. Idealmente, deberías hacer esto sola, pero puedes hacerlo con tus amigas para que te den apoyo moral—algo que en realidad puedes necesitar pues, según la leyenda, cuando cantes su nombre por decimotercera vez, María la Sanguinaria aparecerá en el espejo y tratará de arañar tu cara, arrastrarte hacia el interior del espejo o darte el susto de tu vida. Sin embargo, algunas personas creen que María la Sanguinaria no siempre es cruel: dicen que, si tienes suerte, sólo verás su cara en el espejo o aparecerá y responderá tus preguntas sobre el futuro. E incluso si no aparece nada en el espejo, María la Sanguinaria tiene otras maneras de hacer sentir su presencia—una cicatriz o cortada que no tenías antes, una ventana que se cierra de un golpe, u otros acontecimientos inquietantes. Las chicas más atrevidas de todas pueden jugar este juego con una variación fundamental: apagar la linterna e invocar a María la Sanguinaria en la más completa oscuridad.

Verdad o Desafío

Cómo Jugar

Verdad o desafío, el juego predilecto en las fiestas de pijama, tiene diferentes nombres. Algunas veces se lo llama "Verdad, desafío, doble desafío," y existe también una variación llamada "Verdad, desafío, doble desafío, prometo repetir."

En su versión más básica, las jugadoras se turnan para optar entre una verdad o un desafío, y deben responder una pregunta o realizar un desafío determinado por las otras jugadoras. Las preguntas pueden ser tan incómodas como se quiera, y los desafíos tan arriesgados como puedas imaginar—pero ninguno de los dos debe ser perjudicial. Primero, porque se presume que el juego debe ser divertido y, segundo, porque lo que preguntes o pongas como desafío puede obsesionarte cuando sea tu turno de elegir. En "Verdad, desafío, doble desafío," las jugadoras eligen entre decir la verdad cuando se les formula una pregunta, realizar un desafío osado sin importancia, o un desafío mucho mayor. En "Verdad, desafío, doble desafío, prometo repetir," hay la opción adicional de repetir algo—habitualmente algo vergonzoso—en público después.

Es buena idea establecer reglas básicas antes de comenzar a jugar, para que no se hieran los sentimientos de nadie y para que nadie se meta en problemas: no debe permitirse nada que pueda causar problemas entre una de las jugadoras y sus padres, nada que requiera salir de casa o molestar a otras personas que no están involucradas en el juego. La otra regla básica es que, si aceptas decir la verdad, realizar un desafío o un doble desafío, o repetir algo incómodo en público más tarde, no es posible arrepentirse. Si te niegas a hacer lo que se te pide, sales del juego.

Ejemplos

Verdad: Debes responder una pregunta personal. Puede ser algo cómo, ¿cuál es el secreto que más ocultas? ¿Cuál fue el momento más vergonzoso para ti? ¿Cuándo fue la última vez que te cepillaste los dientes? ¿Qué superpoder desearías tener?

Desafío: Puedes realizar un desafío fácil como, "Actúa como un pollo durante treinta segundos," "Lleva tu ropa interior sobre la cabeza el resto de la noche," "Haz diez flexiones," "Representa una muerte dramática."

Desafío doble: Un desafío mayor o más vergonzoso, como "Besa a un animal de peluche con efectos de sonido," "Intenta hurgarte la nariz con el dedo del pie y luego limpiártelo en alguien," "Canta el himno nacional lo más alto que puedas."

Prometo repetir: Si no quieres decir la verdad o realizar un desafío humillante, puedes optar por "Prometo repetir," para lo cual deberás prometer repetir algo incómodo en público más adelante, como incluir la palabra "anquilosar" en todas las frases que le digas a tu madre al día siguiente.

Liviana como una Pluma, Dura como una Tabla

Cómo Jugar

Haz que una persona se acueste en el suelo, mientras cuatro o seis jugadoras se reúnen a su alrededor. Las jugadoras deben poner el dedo índice debajo de la persona que está acostada y luego, con los ojos cerrados, comienzan a cantar, "Liviano como una pluma, duro como una tabla." Después de veinte cantos aproximadamente (o el número que se acuerde de antemano), las jugadoras comienzan a levantar los brazos, levantando a la persona, en apariencia haciéndola levitar sobre el suelo.

Una variación es jugar este juego como un relato de llamar y responder. La jugadora que está al lado de la cabeza de la persona acostada comienza la historia diciendo, "Era una noche oscura y tempestuosa." Cada jugadora, excepto aquella que está acostada, repite la frase, y luego la que empezó dice, "Hacía frío y el camino estaba cubierto de hielo." Todas repiten. La jugadora que comenzó continúa, "El auto que conducía giró y no lo pudo controlar." Todas repiten. Luego dice, "Y cuando la encontraron." Todas repiten. Luego, "Era liviana como una pluma." Todas repiten. Luego, "Y dura como una tabla." Estas dos frases son repetidas por el grupo varias veces, y luego todas cantan, "Liviana como una pluma, dura como una tabla," levantando a la persona que está acostada.

¿Está Levitando Realmente la Persona que Está Acostada?

El juego "Liviana como una pluma, dura como una tabla" se arraiga en una larga tradición de proezas inexplicables, en apariencias milagrosas, de ingravidez. La levitación, de la palabra latina *levis*, o "liviano," significa flotar en el aire y varias religiones, desde el Cristianismo hasta el Islam, tienen relatos de levitaciones por parte de chamanes, médium, santos y personas poseídas por el demonio.

Se dice que los santos que levitaban tenían un brillo luminoso. Entre aquellas de quienes se dice que levitaron está Santa Teresa de Ávila, quien levitaba cuando se encontraba en estados de éxtasis en la década de 1680, y habitualmente se la representa con un pájaro, que indica su habilidad de volar; San Edmundo, hacia 1242; San José de Cupertino, quien asombró a la Iglesia con sus vuelos en el siglo XVII; Santa Catalina de Siena, a fines del siglo XIV; y San Adolfo Liguori en 1777. Informes de levitación en tiempos más recientes incluyen el del Padre Suárez en 1911 en el sur de Argentina y, también, a comienzos del siglo XX, el de la monja Pasionista Gemma Galgani. Los santos cristianos, sacerdotes y monjas por lo general atribuían su levitación a estados de éxtasis que estaban más allá de su control, mientras que en el hinduismo, el budismo y otras tradiciones orientales, la levitación se presenta como una habilidad que puede alcanzarse a través de un entrenamiento espiritual y físico. La levitación, como todas las cosas del otro mundo, se convirtió en algo demoníaco durante la Edad Media cuando, en lugar de ser un indicio de la divinidad de la persona y de su proximidad a Dios, se la consideró como una manifestación del mal ocasionada por demonios, fantasmas o brujería. El movimiento espiritualista del siglo diecinueve en Estados Unidos, con su interés por las sesiones de espiritismo, los fantasmas, poltergeist y otras cosas aterradoras, ayudó a popularizar de nuevo la levitación. En épocas modernas, sin embargo, se la considera principalmente como un truco de magia, un fenómeno basado en explicaciones y técnicas del mundo real. No obstante, como cualquiera que haya visto a David Blaine—o jugado "Liviana como una pluma, dura como una tabla" en una fiesta de pijamas—lo puede atestiguar, es divertido, aun cuando estés segura de que no es real.

Cómo Hacer un Libro Forrado de Tela

NECESITARÁS:

◈ Dos piezas de cartón de $6\frac{1}{2} \times 9\frac{1}{4}$ pulgadas

◈ Una aguja de bordar e hilo

◈ Un pedazo de tela (de cerca de 16×12 pulgadas)—de un vestido viejo, una camiseta o la funda de una almohada

◈ Ocho hojas de papel blanco de $8\frac{1}{2} \times 11$ pulgadas (para un libro más grueso, puedes usar más papel)

◈ 1 hoja de papel de color de $8\frac{1}{2} \times 11$ pulgadas

◈ Cinta adhesiva para embalar y cinta adhesiva corriente

◈ Una regla

◈ Goma para tela

◈ Una cinta de 12 pulgadas

◈ Tijeras

Dobla el papel blanco y el papel de color por la mitad. Si el papel de color tiene otro color en la parte de atrás, dóblalo de manera que el lado del "frente" quede adentro. Coloca el papel doblado dentro del papel de color, como un libro. Luego usa la aguja y el hilo para coser el papel en dos

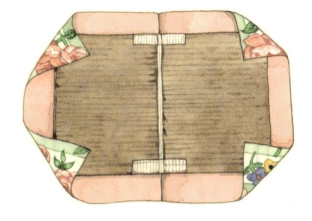

lugares, aproximadamente a una pulgada y media de la parte superior y a una pulgada y media de la parte inferior.

Corta un rectángulo de tela de cerca de 16×12 pulgadas y extiéndelo, con el revés hacia arriba. Coloca las dos piezas de cartón en la mitad de la tela, dejando cerca de $1/4$ de pulgada entre ambas. Pega las piezas de cartón con cinta adhesiva y mantén la separación de $1/4$ de pulgada. Esparce levemente la goma para tela sobre la parte de atrás del cartón y luego pégalo a la tela. Dobla y pega cada una de las esquinas primero, y luego la tela a cada lado. Puedes usar cinta adhesiva para sujetar la tela si es necesario; asegúrate de que la cinta no quede cerca del borde exterior. Ya has hecho la cubierta de tela para el libro.

Corta la cinta de 12 pulgadas por la mitad. Utiliza la regla para encontrar el centro del lado izquierdo de la cubierta de tela y pega un extremo de uno de los pedazos de la cinta allí (comenzando aproximadamente a dos pulgadas del final de la cinta). Trata de no poner demasiada goma y de pegarla hasta el borde, para que la cinta quede bien pegada. Asegúrala con cinta adhesiva. Haz lo mismo del lado derecho de la cubierta con el otro pedazo de cinta.

Abre los papeles y colócalos en la mitad del cartón y de la tela, de manera que el doblez del papel se encuentre precisamente en la mitad de la cinta adhesiva que sujeta los dos pedazos de cartón. Utilizando la goma para tela, pega el papel externo (el papel de color) a la parte de adentro de la cubierta y déjalo secar. Cuando haya secado, ata la cinta para cerrar el libro. No es tan seguro como un candado con llave, pero es una bonita manera de mantener tu diario hecho a mano, si decides utilizarlo como diario secreto.

morir de hambre." Sin embargo, Mary nunca tuvo que enfrentar la horca; murió de fiebre cuando estaba en prisión. En cuanto a Anne, después del juicio, no aparece nada más en el registro histórico. Se rumora que fue colgada un año más tarde; que le perdonaron la vida; que se reconcilió con su padre quien la encontró, o con su primer esposo, a quien había dejado; que renunció a la piratería y se hizo monja. Nunca sabremos con seguridad cuál fue su suerte.

CHING SHIH

Ching Shih—conocida también como Shi Xainggu, Cheng I Sao, Ching Yih Saou, o Zheng Yi Sao—reinó en el sur del Mar de China a comienzos del siglo XIX, vigilando cerca de 1,800 barcos y 80,000 piratas, hombres y mujeres.

Se convirtió en comandante de la tristemente famosa Flota de Piratas de la Bandera Roja cuando su esposo Cheng Yi, el antiguo comandante proveniente de un largo linaje de

Libros Sobre Piratas

Granuaile: Ireland's Pirate Queen, 1530-1603
de Anne Chambers
En este libro se basó un espectáculo musical de Broadway llamado *La reina pirata*.
Narra la historia de Grace O'Malley, llamada también Granuaile,
una extraordinaria y famosa pirata irlandesa.

The Pirate Hunter: The True Story of Captain Kidd
de Richard Zacks
Un vívido recuento de la naturaleza a menudo brutal de la vida
de los piratas y de la política en el siglo diecisiete.

Under the Black Flag: The Romance and the Reality
of Life Among the Pirates
de David Cordingly
Una mirada a la vida de los piratas, a menudo idealizada, a través de
las historias de piratas reales y ficticios entre 1650 y 1725.

The Pirates Own Book: Authentic Narratives of the Most Celebrated Sea Robbers
de Charles Ellms
Publicado originalmente en 1887, este libro presenta a piratas
que narran sus historias con sus propias palabras.

Booty: Girl Pirates on the High Seas
de Sara Lorimer
Historia de doce mujeres piratas desde el siglo diecinueve hasta la década de 1930.

piratas, murió en 1897 y procedió a casarse con Chang Pao, la mano derecha de su difunto esposo. Decir que Ching Shih manejaba con mano dura su barco es poco decir: los piratas que incurrían incluso en ofensas inocuas eran decapitados. Su actitud en la batalla era aun más intensa, pues atacaba con cientos de barcos y miles de piratas incluso el más pequeño objetivo.

Ching Shih era también una negociante implacable. Manejaba personalmente todos los asuntos de negocios, y los piratas no sólo necesitaban su autorización para atacar otros barcos, sino que también debían entregarle todo el botín. Diversificó sus planes de negocios expandiéndose más allá del ataque a los barcos mercantes, trabajando con mercaderes inescrupulosos en el comercio de sal de Guandong para extorsionar a los comerciantes locales de sal.

Todos los barcos que pasaban por sus aguas debían pagar por su protección, y la flota de mercenarios de Ching Shih incendiaba cualquier navío que se negara a pagar.

La Flota de la Bandera Roja al mando de Ching Shih no pudo ser derrotada—ni por las autoridades chinas, ni por la armada portuguesa, ni por los ingleses. Pero, en 1810, se ofreció una amnistía a todos los piratas y Ching Shih se acogió a ella, negociando el perdón para casi todas sus tropas. Se retiró con sus ganancias ilícitamente obtenidas y manejó una casa de juego hasta su muerte en 1844.

RACHEL WALL

Rachel Schmidt nació en Carlisle, Pensilvania, en 1760. A los dieciséis años conoció a George Wall, un antiguo corsario, que servía en la Guerra Revolucionaria y, en contra de los deseos de su madre, se casó con él. Se mudaron a Boston, donde George trabajaba como pescador y Rachel como sirvienta en Beacon Hill. George, a quien la madre de Rachel había considerado más que poco escrupuloso, frecuentaba malas compañías y se jugó todo el dinero que tenían. Incapaz de pagar el alquiler, y atraído por la diversión que ofrecían sus amigos pescadores de mala vida, se decidió por la piratería como respuesta a sus dificultades financieras y persuadió a Rachel de que se le uniera.

George y Rachel robaron un barco en Essex y comenzaron a trabajar como piratas en la Isla de Shoals. Engañaban a los barcos que pasaban haciendo que Rachel, de ojos azules y cabello castaño, actuara como una damisela en apuros que gritaba pidiendo ayuda. Cuando la tripulación acudía a salvarla, George y sus hombres los mataban, robaban su botín y hundían sus barcos. Rachel y George eran piratas exitosos; capturaron una docena de barcos, asesinaron treinta marineros y robaron miles de dólares en efectivo y objetos de valor.

Su malvado plan llegó a su fin en 1782, cuando George, junto con el resto de su tripulación, se ahogó durante una tormenta. Rachel, quien en realidad necesitaba que la salvaran de aquella situación, fue salvada y llevada a la costa. Luego fue conducida de regreso a Boston, pero le resultó difícil dejar la piratería. Pasaba los días trabajando como sirvienta, pero en las noches robaba las cabinas de los barcos atracados en el Puerto de Boston.

Su suerte se agotó en 1789, cuando fue acusada de hurto. Durante el juicio, admitió ser pirata, pero se negó a confesar sus asesinatos y sus robos. Fue condenada y sentenciada a la horca. Murió el 8 de octubre de 1789, la primera y posiblemente la única pirata en toda Nueva Inglaterra, y la última mujer que fue colgada en Massachusetts.

Breve Historia de Mujeres Inventoras y Científicas

AUN CUANDO SE DICE que "la necesidad es la madre de la invención," las contribuciones de las mujeres a la invención y a la ciencia en el pasado han sido, con frecuencia, ignoradas. Es probable que las mujeres hayan utilizado su creatividad e inteligencia para crear nuevas ideas y productos desde el comienzo de la humanidad, pero nadie en realidad llevaba un registro de estas cosas hasta hace algunos cientos de años. A continuación presentamos algunas de nuestras mujeres atrevidas predilectas, inventoras, científicas y médicas—desde ganadoras del Premio Nóbel hasta creadoras de instrumentos prácticos, desde mujeres que revolucionaron la forma de cambiar los pañales, hasta aquellas mujeres cuyas ideas revolucionarias cambiaron el mundo.

1715

Sybilla Masters se convierte en la primera mujer estadounidense inventora en la historia, aun cuando, de acuerdo con las leyes vigentes en aquel momento, su patente para "Limpiar, curar y refinar el maíz indio que crece en las plantaciones" fue expedida a nombre de su esposo Thomas por los tribunales británicos. Su esposo obtuvo una segunda patente por otra de las invenciones de Sybilla, "Trabajar y tejer con un nuevo método, hojas de palma y paja para sombreros, bonetes y otras mejoras en estas mercancías."

1809

Mary Dixon Kies de Connecticut, se convierte en la primera mujer de los Estados Unidos a quien se expide una patente en su nombre, por la invención de un proceso para tejer paja con seda o hilo.

1870

Martha Knight patenta una máquina para producir bolsas de papel de fondo plano. Es también la primera mujer en los Estados Unidos que pelea y gana un juicio de patentes, cuando defendió su patente contra un hombre que había robado su diseño y solicitado la patente correspondiente. Él sostenía que una mujer no habría podido tener los conocimientos mecánicos necesarios para inventar una máquina tan compleja, pero Knight pudo demostrar su reclamo. Después de este éxito, desarrolló y patentó varias otras máquinas, incluyendo motores rotativos y herramientas automáticas.

1875

Susan Taylor Converse de Woburn, Massachusetts, inventó una ropa interior de una pieza, que no apretaba, hecha de franela. Fue patentada por los fabricantes George Frost y George Phelps y vendida a las mujeres estadounidenses (ansiosas por liberarse de los apretados corsés tradicionales) como el "Vestido de la Emancipación."

1876

Susan Hibbard patenta el plumero a pesar de las protestas de su esposo, George Hibbard, quien sostenía que el invento era suyo. El tribunal de patentes le concedió en justicia la propiedad de la patente a ella.

1876

Emeline Hart, miembro de la comunidad Shaker, inventa y patenta un horno comercial que tiene repisas perforadas para obtener un calor uniforme, cuatro compartimientos separados, ventanas *mica* y un indicador de temperatura.

1885

Sarah E. Goode, nacida esclava en 1850, obtuvo la primera patente concedida a una mujer Afro-americana por inventar una cama plegable para ahorrar espacio que, cuando se doblaba, podía ser utilizada como escritorio, con compartimentos incluidos para guardar papel y elementos para escribir.

1888

Miriam Benjamin, maestra de escuela de Washington, D.C., fue la segunda mujer negra que obtuvo una patente. Su invento, "La silla de gong para hoteles," permitía a los clientes de un hotel llamar a los meseros desde sus sillas y fue adaptada y utilizada en la Cámara de Representantes de los Estados Unidos.

1889

Josephine Garis Cochran de Shelbyville, Illinois, inventó la primera lavadora de platos automática. Su invento se exhibió primero en la Feria Mundial de 1893 en Chicago, Illinois, y luego llegó a asociarse con la compañía KitchenAid.

1902

Ida Henrietta Hyde fue la primera mujer miembro de la Sociedad Americana de Fisiología. Fue también la primera mujer que se graduó de la Universidad de Heidelberg y la primera en hacer investigaciones en la Escuela de Medicina de Harvard. Inventó el micro electrodo en la década de 1930, que revolucionó el campo de la neurofisiología.

1903

Mary Anderson de Alabama inventó el parabrisas. Patentado en 1905, se convirtió en un equipo estándar de los autos una década más tarde.

1903

La científica **Marie Curie** recibe el Premio Nobel en Física por su descubrimiento de los

---

HECHOS SOBRE LAS PATENTES

La Ley de Patentes de Estados Unidos de 1790 le permitía a cualquier persona proteger su invento con una patente. Sin embargo, puesto que en muchos estados las mujeres no podían tener propiedades legalmente independientemente de sus esposos, muchas mujeres inventoras no solicitaron patentes o lo hicieron a nombre de sus esposos.

La mayor parte de las patentes estadounidenses concedidas a mujeres han estado relacionadas con las tecnologías químicas.

Cerca del 35 por ciento de las mujeres que han obtenido patentes en los Estados Unidos entre 1977 y 1996 eran de California, Nueva York o New Jersey.

Con más de 125 patentes en campos relacionados con compuestos orgánicos y procesos textiles, la Dra. Giuliana Tesoro (nacida en 1921), es una de las científicas más prolíficas del mundo.

elementos radioactivos radio y polonio. Obtiene el Premio Nobel de Química en 1911, siendo la primera persona en obtener dos Premios Nobel.

1912
Beulah Henry de Memphis, Tennessee, recibe su primera patente por un congelador para helado. Luego creó más de 100 inventos, incluyendo la primera máquina de coser sin bobinas, una sombrilla con cubiertas cambiables, y sobres continuos para hacer envíos de correo masivos. Obtuvo un total de cuarenta y nueve patentes, la última expedida en 1970.

1914
Mary Phelps Jacob inventó el sostén moderno. Se inspiró para diseñar una pieza de ropa interior al hastiarse de los restrictivos corsés. Su brassiere, hecho con dos pañuelos de seda y una cinta, se popularizó tanto que, después de patentar su invento, lo vendió a la Warner Corset Company.

1930
Ruth Graves Wakefield, propietaria del Toll House Inn en Whitman, Massachusetts, inventó las chispas de chocolate y las galletas con chispas de chocolate. Su invento se llamó la galleta de Toll House, y utilizaba barras astilladas de chocolate semi dulce.

1932
Hattie Elizabeth Alexander, pediatra y microbióloga estadounidense, desarrolló un suero para combatir la influenza hemophilus que, en aquella época, tenía una tasa de mortalidad del 100 por ciento en los niños. En 1964, fue la primera mujer elegida presidente de la Sociedad Americana de Pediatría.

1935
Irene Joliot Curie, científica francesa hija de Marie Curie, obtiene el Premio Nobel de Química con su esposo, por el descubrimiento de la radioactividad, haciendo de la familia Curie la familia que más Premios Nobel ha obtenido hasta la fecha.

1938
Catherine Blodgett, física estadounidense, inventa una película ultra delgada de estearato de bario para hacer el vidrio completamente antireflectivo e "invisible." Su invento ha sido utilizado en gafas, lentes para las cámaras de fotografía, telescopios, microscopios, periscopios y lentes de proyectores.

1941
La actriz **Hedi Lamarr** inventa, junto con George Anthiel, un "Sistema secreto de comunicaciones" para ayudar a combatir a los nazis durante la Segunda Guerra Mundial.

1950
Marion Donovan inventa el pañal desechable. Cuando los fabricantes establecidos mostraron poco interés en este invento, creó su propia compañía, Donovan Enterprises, que vendió, junto con las patentes de los pañales, a Keko Corporation en 1951 por un millón de dólares.

1951
Bessie Nesmith inventa el Liquid Paper, un líquido blanco que se seca rápidamente para corregir errores en papel. Era secretaria en Texas cuando lo inventó. Tuvo tanto éxito que se convirtió en Liquid Paper Company. (Hecho divertido: su hijo, Michael Nesmith, al crecer se convirtió en uno de los miembros de la banda de rock de los sesenta, The Monkees.)

1952

La matemática y Vice-Almirante de la Armada de los Estados Unidos **Grace Murray Hopper** inventó el compilador de computador, que revolucionó la programación de computadores. Ella y su equipo desarrollaron también el primer lenguaje comercial de computador amistoso con el usuario, COBOL (Common Business-Oriented Language).

1953

Dra. Virginia Apgar, profesora de anestesiología en el New York Columbia-Presbyterian Medical Center, inventó la Escala Apgar, una prueba utilizada actualmente en todo el mundo para determinar la condición de los recién nacidos.

1956

Patsy Sherman inventa el Scotchgard. Fue incluida en el Salón de la Fama de los Inventores de Minnesota en 1983. Ella y su colega Sam Smith son dueños de trece patentes en polímeros químicos de flúor y procesos de polimerización.

1957

Rachel Fuller Brown y **Elizabeth Lee Hazen**, investigadoras del Departamento de Salud de Nueva York, desarrollan el medicamento antimicótico nystatin. Las científicas donaron las regalías de su invento, que sumaban más de $13 millones de dólares, a Research Corporation for the Advancement of Academic Cientific Study, organización sin fines de lucro. Fueron incluidas en el Salón Nacional de la Fama de los Inventores en 1994.

1958

Helen Free, bioquímica y experta en análisis de orina, inventa la prueba casera para la diabetes. Ella y su esposo fueron incluidos en el Salón Nacional de la Fama de los Inventores en 2000.

1964

Dorothy Crowfoot Hodgkin, bioquímica y cristalógrafa inglesa, obtiene el Premio Nobel de Química por utilizar técnicas de Rayos-X para determinar la estructura de moléculas importantes biológicamente, incluyendo la penicilina, la vitamina B-12, la vitamina D y la insulina.

1964

La química **Stephanie Louise Kwolek** inventa el Kevlar, una fibra polímera que es cinco veces más fuerte que el mismo peso de acero y se utiliza actualmente en chalecos antibalas, cascos, trampolines, raquetas de tenis, neumáticos y muchos otros objetos comunes.

1966

Lillian Gilbreth es la primera mujer miembro de la Academia Nacional de Ingeniería. Esta inventora, escritora, ingeniera industrial, psicóloga industrial y madre de doce hijos, patentó muchos implementos de cocina, incluyendo una batidora eléctrica, repisas dentro de las puertas de los refrigeradores y el bote de basura que se abre con un pedal de pie. En su trabajo sobre ergonometría, entrevistó a más de 4,000 mujeres para establecer la altura adecuada de hornos, fregaderos y otros aparatos de cocina.

1975

La física **Betsy Ancker-Johnson**, se convierte en la cuarta mujer miembro de la Academia Nacional de Ingeniería, uno de los mayores honores que puede recibir un ingeniero.

1975

Dra. Chien-Shiung Wu es declarada primera presidenta de la Sociedad Americana de Física.

Esta física nuclear estudió el deterioro beta, trabajó en el proyecto Manhattan y ayudó a desarrollar contadores Geiger más sensibles.

1983
Barbara McClintock, científica estadounidense y citogenetista, se convierte en la primera mujer que gana, sin compartir, el Premio Nobel en Fisiología o Medicina, por su descubrimiento de un mecanismo genético llamado transposición.

1984
Frances Gabe inventa la casa que se limpia a sí misma. Cada habitación de la casa tiene un aparato cuadrado de 10 pulgadas en el techo "Limpiar/Secar/Calentar/Enfriar." Al oprimir un botón, la unidad de limpieza envía un chorro poderoso de agua con jabón por la habitación, luego enjuaga y seca todo. El suelo de cada habitación está inclinado para ayudar a evacuar el agua, y todos los objetos de valor y otros objetos que no deban mojarse se guardan bajo un vidrio. La casa, en los bosques de Oregón, tiene también fregaderos, baños y sanitarios que se limpian solos; una alacena que se convierte en lavadora de platos y alacenas que pueden lavar y secar la ropa colgada en ellas.

1988
Gertrude Belle Elion recibe el Premio Nobel en Fisiología o Medicina. Esta bioquímica inventó muchos medicamentos que salvan vidas, ahora utilizados corrientemente para combatir la leucemia y otras enfermedades.

1991
La química **Edith Flanigen** recibe la Medalla Perkin, el máximo honor concedido en los Estados Unidos en química aplicada. Fue la primera mujer que lo obtuvo. Se retiró en 1994, habiendo conseguido 108 patentes estadounidenses en el campo de la investigación en petróleos y desarrollo de productos.

1993
Ellen Ochoa se convierte en la primera mujer hispana astronauta. Veterana de tres viajes espaciales, con más de 719 horas en el espacio, es también ingeniera eléctrica con patentes en sistemas de reconocimiento óptico de alta tecnología y sistemas ópticos para la automatización de los vehículos espaciales.

1993
Betty Rozier y **Lisa Vallino**, un equipo de madre e hija, inventa el escudo para los catéteres intravenosos, haciendo más seguro y fácil su uso en los hospitales.

1995
La química física **Isabella Helen Lugoski Karle** recibe la Medalla Nacional de Ciencias por su trabajo en la estructura de las moléculas.

1997
Dra. Rosalyn Sussman Yalow gana el Premio Nobel en Medicina por su invento de 1959 del RIA, una manera revolucionaria de diagnosticar enfermedades al nivel molecular.

1999
La cirujana de ojos **Dra. Patricia Bath** es la primera mujer médica afro-americana que obtiene una patente por un invento médico: un instrumento que elimina las cataratas con un láser de fibra óptica.

Acampar

PUEDES ARMAR UNA CARPA rápida para el jardín sólo con cuerda, algunas estacas y dos lonas impermeables—grandes sábanas plásticas que son esenciales para acampar. Primero, extiende una cuerda entre las ramas de dos árboles. Luego extiende una de las lonas sobre el suelo y cuelga la segunda sobre la cuerda. Finalmente, clava en el suelo con estacas las cuatro esquinas de la lona que cuelga, utilizando un martillo o una piedra.

Las carpas que se compran en las tiendas son más grandes que las que se solían vender en el pasado, y vienen con postes flexibles que se doblan y se guardan en una bolsa de plástico; armar una de estas carpas es algo relativamente sencillo. También nos protegen mejor del principal azote de los campamentos: los insectos. (El segundo azote, si quieres saberlo, es la ortiga.) Esto nos lleva a la primera regla de las carpas: mantén la cremallera cerrada porque es casi imposible sacar un mosquito de ella cuando está dentro.

Antes de armar la carpa, es posible que quieras extender una lona adicional para mantenerla más limpia y seca. (Si lo haces, vuelve los bordes hacia adentro de manera que la lona sea ligeramente más pequeña que la carpa.) Luego extiende la carpa y sigue las instrucciones para insertar los postes. El toldo, que protege de la lluvia y el rocío, va encima de la carpa y por lo general se sujeta con ganchos o se clava en el suelo. Finalmente, clava las estacas en el suelo; de lo contrario grandes ráfagas de viento pueden lanzarla a volar.

Ya has hecho tu hogar al aire libre. A continuación te diremos cuál es su equipamiento básico:

- La bolsa de dormir. Para que sea un poco más cómodo, agrega un fieltro debajo y lleva una almohada o la funda de una almohada para que la llenes de ropa. Los fieltros son ahora más suaves, más largos y más elaborados; pueden incluso incluir bombas de aire, algo que tus padres apreciarán si los invitas a dormir afuera contigo. Si no tienes una bolsa de dormir, un rollo servirá (enrollas tu sábana y cobija dentro de la funda de la almohada y la llevas al hombro en tu viaje a la carpa).

- Linterna y repelente para insectos.

- Un refrigerador. Lleno de pomos de agua potable y comida para acampar, como manzanas, frutos secos, latas y cubos de carne. Los malvaviscos son indispensables también si hay una fogata, así como otros ingredientes: barras de chocolate y galletas.

Un mantra contra la basura cuando se duerme al aire libre es: entra y saca. Puesto que no hay botes de basura en los bosques, lleva una bolsa para las envolturas y otros desperdicios.

Cuando hayas aprendido a armar una carpa y a enrollar la bolsa de dormir en el jardín, puedes avanzar a una experiencia más completa de acampar, donde no están a la mano el refrigerador y el baño de tu casa.

Acampar requiere más equipo y debe planearse con cuidado, especialmente si lo planeas hacer lejos de casa. Debes llevar comida y agua suficiente para algunos días en el morral, para no mencionar un horno de acampar e implementos para cocinar y comer, jabón, cepillo de dientes y tantas otras cosas. Cuando estés preparada para tu primera experiencia en un campamento, encuentra una amiga cuyos padres tengan experiencia y aprende de ellos.

Si estás en el jardín de tu casa o en las Montañas Rocosas, recuerda que el propósito de dormir al aire libre es respirar el aire de la noche, escuchar los cantos de la naturaleza y dormir bajo las estrellas.

El Cojín Impermeable

ESTE COJÍN ES UN cojín impermeable hecho en casa que sirve de asiento perfecto para usar cerca de una fogata, de una carpa, en el jardín, en un evento deportivo o cualquier otro uso que puedas imaginar.

El Cojín Impermeable Más Sencillo

Necesitas:

✳ Bolsas de plástico, de 12 × 12 pulgadas aproximadamente, sin asas. Pueden ser más grandes si lo deseas; cualquier tamaño servirá.

✳ Muchos periódicos viejos para acolchonar. Entre más tengas, más cómodo será el cojín. Puedes ensayar con una pila de $1\frac{1}{2}$ a 2 pulgadas de alto.

✳ Cinta adhesiva para sellar u otra cinta adhesiva fuerte y ancha para embalar.

Apila los periódicos ordenadamente. Córtalos o dóblalos para que quepan dentro de la bolsa de plástico. Introdúcelos en la bolsa. Saca el aire de la bolsa y dóblala alrededor de los periódicos. Utiliza una segunda bolsa si es necesario para envolver el otro lado de la pila de periódicos. Sujeta con cinta todos los lados de la bolsa para impedir que entre el agua y la mugre.

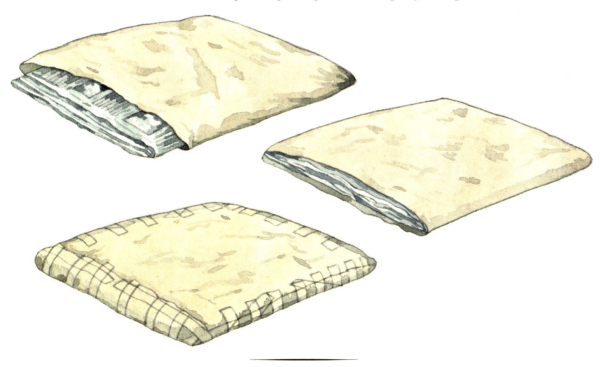

El Cojín Impermeable Más Sofisticado

Como casi cualquier cosa, el cojín puede ser más sofisticado y decorativo. Los periódicos en la bolsa pueden cubrirse con una cubierta impermeable.

Necesitas:

❋ El cojín sencillo que apareció anteriormente.

❋ Pedazos de viejo papel de colgadura son una excelente cubierta, como también cuadrados recortados de un mantel de vinilo, hule o una cortina de baño. Puedes ser tan creativa como quieras; la única indicación es que el material que uses sea tan impermeable como sea posible. Córtalo en cuadrados de 15 × 15 pulgadas. Si prefieres un cojín más grande, elige la medida que desees, cortando los cuadrados $1\frac{1}{2}$ a 2 pulgadas más grandes a cada lado que el cojín de periódicos que irá dentro.

❋ Una perforadora

❋ Cuerda, cordel, cordón u otra pita fuerte, que mida seis o siete veces el largo de uno de los lados de la cubierta.

Para armar:

Corta los cuadrados de la cubierta a la medida que deseas. Perfora huecos a una pulgada de distancia aproximadamente en los cuatro costados de la cubierta, abriéndolos al mismo tiempo arriba y abajo para que los huecos correspondan. Coloca luego el cojín sencillo entre las dos cubiertas. Para coser, pasa la cuerda por los huecos usando el punto de sombra (comienza en la parte superior, introdúcelo en el hueco, hala la cuerda y sácala al lado, llévala a la parte superior y luego cose desde la parte de arriba del hueco siguiente). Si es necesario, envuelve un poco de cinta adhesiva alrededor de la punta de la cuerda para hacerla más dura y más fácil de coser. Deja un poco de cuerda adicional al comienzo y al final para hacer un nudo cuadrado.

El Cojín de Viaje

Es posible que lleves tu cojín cuando vayas a escalar o a algún otro lado donde sea incómodo sostenerlo en la mano mientras caminas.

Para tener como llevarlo, consigue un cinturón o una cuerda que puedas atar alrededor de tu cintura. Antes de coser los bordes del cojín, extiende el cinturón o la cuerda a lo largo de uno de sus lados. Cose el cinturón o la cuerda al cojín cuando cosas ese lado de la cubierta. Cuando te anudas el cinturón, el cojín colgará detrás de ti.

Para la alternativa de la bolsa del mensajero, sujeta un pedazo de cuerda más largo que puedas pasar sobre la cabeza y uno de los hombros, al estilo de una bolsa de mensajero, para que el cojín descanse sobre tu espalda.

Lámpara, Farol, Linterna

SI ABRES UNA LINTERNA, verás que no es más que un tubo que aloja una batería con un interruptor para encenderla y apagarla al costado. Puedes construir una con un rápido viaje a la ferretería.

LO QUE NECESITAS

- ❋ Pilas D
- ❋ Alambre de cobre (puedes usar también largas tiras de papel de aluminio)
- ❋ Cinta adhesiva eléctrica
- ❋ Bombilla para linterna
- ❋ Frasco para conservas o cualquier frasco de vidrio
- ❋ Cinta adhesiva, papel de aluminio, papel, tubo de papel higiénico, tijeras o tenazas

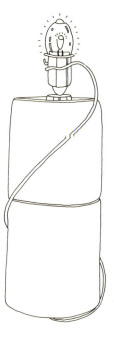

Comienza con la pila D y un pedazo de alambre de cobre de cerca de 10 pulgadas de largo. Con la cinta adhesiva eléctrica, conecta uno de los extremos del alambre firmemente al terminal inferior de la batería. Envuelve la otra punta del alambre fuertemente en la cubierta de metal de una pequeña bombilla para linterna. Coloca la bombilla de manera que toque la parte superior de la batería. Debe encenderse.

Has creado un circuito sencillo que funciona cuando la energía fluye de la pila al alambre para encender la bombilla y regresar a la pila. Si la bombilla no se enciende, ajusta los alambres y las conexiones hasta conseguirlo.

Cuando se encienda, envuelve el alambre alrededor de la pila para que la bombilla se sostenga encima de ella. Esa es la lámpara. Si la parte de abajo no está firme, busca una base. Por lo general un rollo de cinta adhesiva eléctrica servirá. Si encuentras un frasco de conservas vacío, ponlo boca abajo y colócalo sobre la lámpara; así tendrás una linterna que puedes sacar afuera.

Notarás que la bombilla no es tan brillante y que las linternas corrientes utilizan dos pilas D. Coloca una segunda pila sobre la primera. Usa tanta cinta adhesiva eléctrica como sea necesario para unir las dos pilas. Pon la bombilla sobre la pila que está arriba y verás la diferencia. La bombilla se calentará un poco; no la toques, pues puedes quemarte.

Para adaptarla y convertirla en una linterna, arma algo para sostenerla, que puede ser un cartón en forma de tubo, cortado para ajustarlo al tamaño, un tubo de papel higiénico (saca el alambre fuera del tubo), o más alambre eléctrico envuelto alrededor de las dos pilas (sus colores brillantes ofrecen posibilidades decorativas).

Ahora, para el interruptor. Para efectos de sencillez, esto puede hacerse halando del alambre, forzando a la bombilla a desplazarse y apagarse. También puedes cortar el alambre en dos. Para encender la luz, conecta los alambres y únelos con un pedazo de cinta adhesiva eléctrica. Quita la cinta para separar los alambres, romper el circuito y apagar la linterna.

Exploradoras

AMELIA EARHART

Amelia Mary Earhart, nacida en 1897, fue una piloto que recibió la Cruz de Vuelo Distinguida—y la fama mundial—por ser la primera mujer que voló sola sobre el Atlántico. Durante la Primera Guerra Mundial, se entrenó como ayudante de enfermería en la Cruz Roja y trabajó en un hospital en Ontario, Canadá, hasta cuando terminó la guerra en 1918. Por aquella época vio la primera exhibición de vuelo y fue cautivada por ella. Permaneció en su lugar cuando uno de los pilotos voló bajo para asustar a la muchedumbre, y luego dijo acerca de esta experiencia, "No lo comprendí en aquel momento, pero creo que aquel pequeño avión rojo me dijo algo cuando pasó a mi lado." Al año siguiente visitó un campo de vuelo y la llevaron a volar; apenas había subido unos cientos de pies por el aire, se sintió fascinada. Comenzó a trabajar en distintos oficios, incluyendo conducir un camión y trabajar en una compañía de teléfonos, para ahorrar el dinero suficiente que le permitiera tomar clases de vuelo con la aviadora Anita "Neta" Snook. Después de seis meses de clases, compró su propio avión, un biplano usado al que llamó "El canario" y, en octubre de 1922, lo llevó a una altura de 14,000 pies, marcando un record mundial para las mujeres piloto. En mayo de 1923, Earhart se convirtió en la deci-

---

OTRAS CÉLEBRES AVIADORAS

En 1921, Bessie Coleman se convirtió en la primera mujer que obtuvo una licencia internacional de piloto y la primera mujer negra en tener licencia de aviador. Siendo una de trece hermanos, Coleman descubrió los aviones después de terminar la escuela secundaria, pero no encontraba una escuela de aviación que recibiera mujeres negras. Viajó a París, donde pudo capacitarse y obtener su licencia.

Jacqueline Cochran, quien en 1953 se convirtió en la primera mujer en romper la barrera del sonido, alcanzó más marcas de distancia y velocidad que ningún otro piloto, hombre o mujer. Fue la primera mujer que despegó y aterrizó en un transportador aéreo; en llegar a Mach 2; en volar un jet de alas fijas sobre el Atlántico; en participar en la Competencia Bendix Transcontinental; y en conducir un bombardero sobre el Atlántico Norte. Fue la primera aviadora que hizo un aterrizaje a ciegas, la primera mujer que llegó al Salón de la Fama de la Aviación en Ohio, y la única mujer que ha sido presidente de la Federación Aeronáutica Internacional.

Amelia Earhart

mosexta mujer en recibir la licencia de piloto expedida por la Federación Aeronáutica Internacional (FAI). No sólo rompió varias marcas de aviación, sino que formó también una organización de mujeres piloto (Las Noventa y Nueve) y escribió libros que fueron muy populares. Fue la primera mujer que voló sobre el Atlántico sola, y la primera persona en hacerlo dos veces. Earhart fue también la primera mujer que voló un autogiro (una especie de aeronave) y la primera en cruzar los Estados Unidos en este aparato; la primera en volar sola sobre el Pacífico entre Honolulu y Oakland, California; la primera persona que voló sola sin paradas desde Ciudad de México hasta Newark, New Jersey; y la primera mujer que voló sin paradas de costa a costa atravesando los Estados Unidos. Su última proeza se ha convertido en un misterio sin respuesta: a la edad de treinta y nueve años, en 1937, Amelia Earhart desapareció sobre el océano Pacífico, cuando intentaba hacer un vuelo de circunnavegación. Los esfuerzos oficiales de búsqueda se prolongaron durante nueve días, pero Amelia Earhart nunca fue hallada.

ALEXANDRA DAVID-NÉEL

Alexandra David-Néel, nacida Louise Eugénie Alexandrine Marie David (1868-1969) fue la primera europea que viajó a la ciudad prohibida de Lhasa, en el Tibet, en 1924, cuando aún estaba cerrada a los extranjeros. Era una

Alexandra David-Néel

exploradora francesa, espiritualista, budista y escritora, que publicó más de treinta libros sobre la religión y la filosofía oriental, así como sobre las experiencias que tuvo durante sus viajes. A los dieciocho años, ya había viajado sola a Inglaterra, España y Suiza y, a los veintidós años, viajó a la India, regresando a Francia únicamente cuando se terminó su dinero. Se casó con el ingeniero de ferrocarriles Philippe Néel en 1904, y en 1911 regresó a la India a estudiar budismo en el monasterio real de Sikkim, donde conoció al Príncipe Heredero Sidkeon Tulku. En 1912 se reunió en dos ocasiones con el decimotercero Dalai Lama y pudo formularle varias preguntas sobre el budismo. Profundizó sus estudios sobre la espiritualidad cuando pasó dos años en una caverna en Sikkim, cerca de la frontera tibetana. Fue allí donde conoció al joven monje sikkimés Aphur Yongden, quien se convirtió en su compañero de viajes para toda la vida y a quien más tarde adoptaría. Ambos cruzaron ilegalmente al territorio tibetano en 1916, donde se reunieron con el Panchen Lama, pero fueron evacuados por las autoridades inglesas. Partieron hacia el Japón, viajaron por China y, en 1924, llegaron a Lhasa, en el Tibet, disfrazados de peregrinos. Vivieron allí dos años. En 1928, Alexandra se separó de su esposo y se estableció en Digne, Francia, donde pasó los diez años siguientes escribiendo sobre sus aventuras. Se reconci-

CRONOLOGÍA DE LAS MUJERES EXPLORADORAS

1704 Sarah Kemble Knight viaja a caballo, sola, de Boston a Nueva York.

1876 María Spelternia fue la primera mujer que cruzó las Cataratas del Niágara en un cable suspendido.

1895 Annie Smith Peck fue la primera mujer que escaló el Matterhorn.

1901 Annie Taylor fue la primera persona que cruzó las Cataratas del Niágara en un barril.

1926 Gertrude Ederle fue la primera mujer que cruzó el Canal de la Mancha nadando.

1947 Barbara Washburn fue la primera mujer que escaló el Monte McKinley.

1975 Junko Tabei, de Japón, fue la primera mujer que escaló el Monte Everest.

1976 Krystyna Choynowski-Lisiewicz de Polonia fue la primera mujer que navegó sola alrededor del mundo.

1979 Sylvia Earle fue la primera persona en el mundo que se sumergió a una profundidad de 1,250 pies.

1983 Sally Ride fue la primera mujer estadounidense que viajó al espacio.

1984 La cosmonauta Svetlana Savitskaya fue la primera mujer que caminó en el espacio.

1985 Tania Aebi, a los diecinueve años, fue la persona más joven en navegar sola alrededor del mundo.

1985 Libby Riddles fue la primera mujer que ganó la carrera de trineos halados por perros de Iditarod en Alaska.

1986 La estadounidense Ann Bancroft fue la primera mujer que esquió hasta el Polo Norte.

2001 Ann Bancroft y la noruega Liv Arnesen son las primeras mujeres que cruzan la Antártica en esquís.

2005 Ellen MacArthur rompe la marca mundial de navegar sola alrededor del mundo.

2007 Samantha Larson, de dieciocho años, es la estadounidense más joven que ha escalado el Everest y también la persona más joven que ha escalado las Siete Cimas. (Ella y su padre, David Larson, son el primer equipo de padre e hija que han completado las Siete Cimas.)

lió con su esposo y viajó de nuevo con su hijo adoptivo en 1937, a los sesenta y nueve años, atravesando la Unión Soviética hasta China, India y, finalmente, Tachienlu, donde continuó con sus estudios de literatura tibetana. Fue un arduo viaje que le tomó cerca de diez años. Regresó a Digne en 1946 para encargarse de la herencia de su esposo, quien había fallecido en 1941. De nuevo se dedicó a escribir y a dictar conferencias sobre lo que había visto. Realizó su último viaje a acampar, en un lago alpino a comienzos del invierno, a 2,240 metros sobre el nivel del mar, a los ochenta y dos años. Llegó a los 100 años y murió sólo dieciocho días antes de cumplir 101 años.

FREYA STARK

Dame Freya Madeleine Stark (1893-1993) fue una viajera inglesa, escritora, exploradora y cartógrafa. Fue una de las primeras mujeres occidentales que viajó por los desiertos de Arabia, y dominaba el árabe y varias otras lenguas. Viajó a Turquía, el Oriente Medio, Grecia e Italia, pero su pasión era el Medio Oriente. A los treinta y cinco años, exploró el territorio prohibido de la drusa siria, atravesando el "Valle de los asesinos" antes de ser encerrada en una prisión militar. En los años treinta, viajó al interior de Arabia del sur, donde pocos occidentales habían explorado, y descubrió las rutas ocultas del antiguo comercio del incienso. Durante la Segunda Guerra Mundial, colaboró con el Ministerio de Información y contribuyó a escribir propaganda para animar a los árabes a apoyar a los Aliados. Incluso cuando tenía ya más de sesenta años, continuó con sus viajes, siguiendo la ruta de Alejandro Magno en Asia, y escribió tres libros más basados en este viaje. Cuando murió, a los 100 años, había escrito

Freya Stark

Florence Baker

más de dos docenas de libros sobre sus aventuras.

FLORENCE BAKER

Lady Florence Baker (1841-1916) nació como Barbara Maria Szász. Quedó huérfana a los siete años y, a los diecisiete, iba a ser vendida en un mercado otomano de esclavos en Hungría cuando un viudo inglés, de treinta y ocho años, Sam Baker, pagó por ella y la rescató de sus captores. Se le dio el nombre de Florence, y años más tarde se convirtió en la esposa de Samuel Baker. Eran una pareja perfecta: Sam era un conocido explorador y Florence una persona a quien siempre le había agradado la aventura. Ambos viajaron al África, buscando el nacimiento del Nilo, y cazando animales. Consiguieron llegar al segundo nacimiento del Nilo, al que llamaron Lago Alberto en honor del esposo recientemente fallecido de la Reina Victoria, y luego, en 1865, viajaron de regreso a Inglaterra, donde contrajeron matrimonio (y donde ella conoció a sus hijastros, los hijos que había tenido Sam con su primera esposa), y donde él fue nombrado caballero. Regresaron a África en 1870 para informar sobre el comercio de esclavos a lo largo del Nilo. Más tarde viajaron a la India y al Japón antes de regresar a Inglaterra. Florence sobrevivió a Sam veintitrés años, y sus hijastros la cuidaron en su vejez.

Hacer una Fogata

SENTARSE ALREDEDOR DE UNA fogata es quizás una de las actividades humanas más antiguas. Hoy en día, a menos de estar acampando solo, una fogata no es tanto un instrumento de supervivencia como un evento social—la oportunidad de cantar, contar historias y estar en la oscuridad en la naturaleza compartiendo con amigos.

Un fuego necesita tres cosas: combustible, calor y aire. El combustible más común es la madera—combustible principal, tal como leños cortados de los árboles, y combustible secundario, como yesca (ramas, tiras de papel o cualquier cosa pequeña que arda bien), y astillas (ramas del tamaño de un lápiz y no más gruesas que un dedo). El calor, en forma de llama o chispa generada con cerillas, encendedores, fricción o incluso luz solar focalizada, debe encender el combustible más pequeño, el cual encenderá el combustible más grande. Y, desde luego, el fuego necesita oxígeno, así que asegúrate que el combustible tenga espacio suficiente para permitir la circulación del aire. Cuando no hay suficiente oxígeno, el fuego se apaga. Esta es la razón por la cual rociar las llamas con agua o ahogar un pequeño fuego con arena extingue la llama.

Lo que necesitas para encender tu propia fogata

- Un hueco, aro o lata sobre el cual encender la fogata
- Agua o arena para extinguir el fuego
- Yesca
- Astillas
- Combustible principal (madera seca y gruesa, leños—en cuanto más gruesa sea la madera, más tiempo arderá el fuego)
- Cerillas o un encendedor

ARMAR LA FOGATA

Lo primero al hacer una fogata es decidir dónde hacerla. Busca un lugar alejado de carpas y de árboles con ramas bajas u otros elementos inflamables. Una vez que hayas elegido el lugar, puedes comenzar a armar la fogata. Idealmente, podrás usar un hueco o aro que ya exista. Si no existe, puedes hacerlo tú misma. Una manera de hacerlo es limpiar un espacio en el suelo, cavar un hoyo, forrarlo con piedras pequeñas y luego cubrir ese espacio aproximadamente a una pulgada de profundidad con arena o papel de aluminio. Puedes usar también una lata de metal, de las que venden especialmente para este fin, o cualquier superficie redonda de metal, como una lata para pizza o la tapa de un bote de basura.

Una vez establecido el sitio, pon la yesca (las pequeñas piezas que recolectaste) en una pequeña pila en la mitad del sitio. A su alrededor, coloca las astillas, cuidando de que la pila que no esté demasiado apretada, pues el fuego necesitará aire. Organiza las astillas en forma de pirámide, como si estuvieses armando una pequeña carpa alrededor de la yesca. Deja una abertura para poder encender la yesca, y guarda un poco de astillas de reserva para poder agregárselas al fuego cuando está prendiendo.

Con una cerilla, un encendedor o el método de encendido que hayas elegido, enciende la yesca y abanica ligeramente o sopla hasta que se convierta en una llamarada y encienda las astillas que la rodean. Una vez que estén ardiendo las astillas, puedes agregar tu combustible principal—aquellos leños largos y gruesos que arderán durante largo tiempo. Agrega más astillas al fuego para mantenerlo, pero ten cuidado de que el fuego esté controlado. Coloca la madera con cuidado y no la lances dentro del fuego.

Cuando el fuego se esté apagando y llegue el momento de extinguirlo, rocía las llamas con agua hasta que se apaguen por completo. También puedes usar arena, si está disponible, para ahogar el fuego. El agua es el mejor método para extinguir un fuego, y si haces una fogata, querrás extinguirla por completo. Verifica que no haya nada que continúe ardiendo, aun cuando parezca que el fuego se ha extinguido. Todo—el sitio de la fogata, el combustible quemado, el espacio alrededor del fuego—debe estar frío antes de que te marches. Un fuego que se apaga sin cuidado, o que no se extingue completamente, puede arder de nuevo.

QUÉ HACER ALREDEDOR DE LA FOGATA

Si tienes palos o ramas largas a la mano, y una bolsa de malvaviscos o un paquete de salchichas, puedes cocerlos en las llamas. Ensarta un malvavisco en la rama y sostenla sobre el fuego para tostarlo—si las tienes, galletas y barras de chocolate pueden convertir a un malvavisco tostado en una delicia. O toma una salchicha, ensártala en la rama y ásala hasta que quede perfecta. Una fogata es también la ocasión perfecta para cantar y relatar historias de fantasmas. Cuando ya hayas comido suficientes malvaviscos y salchichas, canta las canciones que conozcas. Busca también en este libro consejos para narrar historias de fantasmas.

Pistas y precauciones

- Verifica con los bomberos o los guardianes del parque si las fogatas están permitidas. A menudo necesitarás una autorización para hacer cualquier tipo de fogata al aire libre—incluso en tu jardín.
- Limpia el espacio antes de empezar y luego cuando termines. No querrás dejar basura detrás de ti—ni nada que pueda encender otro fuego.
- Nunca uses líquidos inflamables o aerosoles en una fogata.
- Arma tu fogata lejos de la carpa y de otros árboles y ramas bajas, para que las chispas que saltan no puedan iniciar un fuego por fuera del hueco.
- No enciendas la fogata sobre turba o hierba.
- No recojas madera ardiendo.
- El viento puede extender el fuego con rapidez, así que asegúrate de armar la fogata en un lugar protegido de las ráfagas de viento.

El Avión de Papel Más Fantástico

LOS AVIONES DE PAPEL corrientes que parecen jets jumbo y bombarderos son una cosa, pero este avión es algo completamente diferente. No tiene un nombre oficial (¡puedes inventar uno!), pero esta maravilla es algo especial.

CÓMO HACERLO

Ⓐ Toma un pedazo de papel corriente de $8^1/_2 \times 11$ pulgadas. Sostén el papel a lo largo y dóblalo en dos. Refuerza el doblez en el centro con la uña. Desdóblalo. Este es el doblez # 1.

Ⓑ Dobla el lado izquierdo hasta que toque el doblez del centro. Haz hecho un nuevo borde izquierdo. Este es el doblez # 2.

Ⓒ Dobla el nuevo borde izquierdo hasta que toque el doblez del centro, creando un nuevo borde izquierdo (doblez # 3). **Ⓓ** Luego dobla el borde sobre la línea del centro y refuerza el doblez con la uña (doblez # 4).

Para poder convertir el avión en un círculo, suaviza el papel. Envuélvelo alrededor de tu mano u oprímelo contra el borde de una mesa, como cuando enroscas una cinta **Ⓔ**. Esto rompe las fibras del papel. Pronto el papel se hará muy plegable y puedes doblarlo en forma de cilindro, con el borde doblado hacia adentro. Desliza un extremo del doblez debajo del otro, cerca de una pulgada, para sostenerlo todo **Ⓕ**. Agrega cinta adhesiva para asegurarlo. Parece un tubo chato, y el borde doblado es la parte del frente del avión **Ⓖ**.

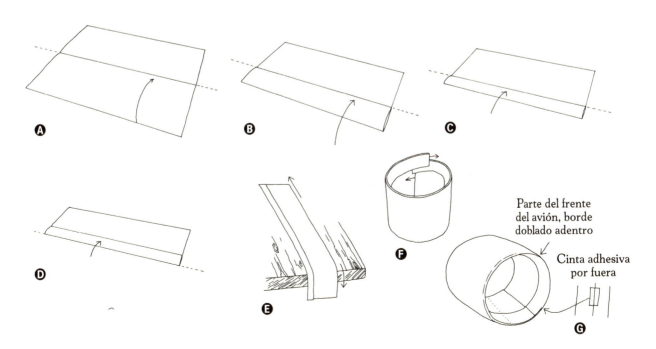

Parte del frente del avión, borde doblado adentro

Cinta adhesiva por fuera

CÓMO VOLARLO

Para volar, el avión necesita fuerza e impulso. Sostenlo dentro de la palma de tu mano, hacia delante. Mientras retiras el brazo hacia atrás, preparada para lanzarlo, gira la muñeca y los dedos. Pero, ahí está el truco: no dejes que la muñeca o los dedos se doblen hacia abajo. Mantenlos hacia arriba. Esto le da al avión un impulso en espiral.

Debes estar preparada para ser paciente, pues perfeccionar esta técnica puede tomar algo de práctica. Una vez que la hayas dominado, tu avión volará maravillosamente. Y puedes usar esta técnica para lanzar un balón de fútbol americano, así que has aprendido dos habilidades en una.

POR QUÉ FUNCIONA

Los aviones—de verdad y de papel—permanecen suspendidos en el aire por dos razones. Comprende estas razones, incluyendo unos pocos términos técnicos, y tendrás las herramientas mentales necesarias para diseñar muchos objetos voladores.

Razón 1: La fuerza de sustentación es mayor que el peso del avión

La sustentación es lo que mantiene el avión en el aire. Ocurre cuando la presión del aire que empuja el avión hacia arriba es más fuerte que la presión del aire que lo empuja hacia abajo. La propulsión contrarresta la fuerza de la gravedad, que siempre atrae los objetos hacia la tierra.

Razón 2: La fuerza del impulso es más fuerte que la resistencia

El impulso hace que el avión se desplace hacia delante. En los aviones de papel, el impulso es la fuerza con la que se lanza. En los aviones verdaderos, los diseñadores utilizan materiales tan ligeros como sea posible y motores poderosos. En cuanto más pesado es un avión, más propulsión necesita.

El impulso contrarresta la resistencia, que es cualquier propiedad que hace más difícil cortar el aire (como la gravedad lateral). Una manera maravillosa de explicar la resistencia es la siguiente: vuelve tu mano, con la palma hacia abajo, y agítala hacia delante y hacia atrás, cortando el aire horizontalmente. Luego pon tu mano de lado, con el pulgar arriba y el meñique abajo, y agítala en el aire, como si estuvieses aplaudiendo o abanicándote. ¿Sientes que hay mucho más aire cuando tu mano está puesta de lado? Esa es la resistencia. Para los aviones, la resistencia es la fuerza del aire que el avión debe superar para avanzar hacia donde quiere ir.

Los aviones vuelan cuando los motores y el diseño de las alas contrarrestan la gravedad y la resistencia. Los aviones de papel vuelan cuando los lanzas con un entusiasmo que supera la gravedad, y cuando tienen una forma que baja la resistencia y que les permite cortar el aire. Este diseño creativo consigue todo lo que necesitas para elevar en el aire tu nuevo avión.

La Correspondencia de Abigail Adams con John Adams

ESCRIBIR CARTAS, LLEVAR UNA correspondencia, forma parte de la historia de la vida estadounidense. Amigos y esposos construyeron relaciones y los pensadores políticos cambiaron el mundo al expresar sus pensamientos y enviarlos por correo.

La correspondencia entre Abigail Adams y John Adams durante la Revolución Norteamericana ocupa el primer lugar entre las correspondencias famosas de los Estados Unidos, tanto por la moderna relación de esta pareja como por los importantes acontecimientos políticos que discutieron en ella. La relación era moderna por la forma como John valoraba las opiniones de Abigail, quien era una persona bien educada y creía que las mujeres tenían mucho que contribuir a la sociedad. Los acontecimientos que discutieron eran importantes porque dieron forma al nacimiento de ese país, y John habría de llegar a ser después el segundo Presidente de los Estados Unidos.

Abigail Adams, nacida Abigail Smith, llegó a la mayoría de edad como miembro de la adinerada familia Smith de Bay Colony, Massachusetts, emparentada con los Quincys por el lado de su madre. Muchas generaciones de hombres de su familia habían estudiado en Harvard pero, como esta universidad no admitía mujeres, la madre y la abuela de Abigail le daban lecciones en casa de matemática, literatura y redacción.

John Adams era hijo de un zapatero de Braintree, Massachusetts, y su madre ayudaba en la granja de la familia. Obtuvo un título en Derecho de la Universidad de Harvard. Se conocieron por la hermana de Abigail, Mary, quien frecuentaba y luego se casó con uno de los mejores amigos de John, Richard Cranch. Algunos años más tarde, en 1746, John y Abigail contrajeron matrimonio; Abigail estaba a punto de cumplir veinte años y John, varios años mayor, acababa de cumplir veintinueve.

La pasión de John por la lectura, semejante a la de Abigail, los unió y construyeron un vínculo extraordinario. Estudiaron minuciosamente importantes libros de su época, autores tales como Adam Smith, Mary Wollstonecraft, y Jean-Jacques Rousseau, discutiéndolos exhaustivamente y, al menos de parte de John, haciendo voluminosos comentarios en los márgenes. A medida que John se involucraba cada vez más en la vida pública, la pareja entabló relaciones con pensadores de importancia, incluyendo la célebre amistad de Abigail con Mercy Otis Warren, quien vivía en la ciudad cercana de Plymouth y documentó la Revolución Norteamericana.

Entre 1774 y 1783, John pasó largos períodos de tiempo lejos de Abigail. Trabajó con el Congreso Continental en Filadelfia en la redacción de la Declaración de Independencia. Viajó a Francia para unirse a Benjamín Franklin en la concepción del Tratado de París, que puso fin a la Guerra de Independencia (conocida también como la Revolución Norteamericana). Abigail permaneció en Massachusetts para ocuparse de sus cuatro hijos y de su hogar.

Durante aquella época, Franklin era el Director General de Correos; multiplicó las oficinas de correos e introdujo las diligencias como manera de entregar el correo de manera confiable entre los estados que comenzaban a surgir. John y Abigail hicieron buen uso de este nuevo sistema postal. Conocemos 248 cartas intercambiadas entre ellos durante esta época, gracias a su nieto, Charles Francis Adams, quien conservó y editó las cartas, publicándolas con ocasión del centenario de la nación, en 1876. A lo largo de su vida, se escribieron más de 1,100 cartas el uno al otro.

John a Abigail, Filadelfia, 29 de marzo de 1776

Te doy noticias alegres de Boston y Charlestown, de nuevo habitación de los estadounidenses. Aguardo con gran impaciencia cartas tuyas, que sé que contendrán muchos detalles. Estamos adoptando precauciones para defender todos los lugares que están en peligro—Las Carolinas, Virginia, N. York, Canadá. Mi único pensamiento es fortificar el puerto de Boston.

Abigail a John, Braintree, 31 de marzo de 1776

Anhelo escuchar que han declarado la independencia—y, a propósito, en el nuevo Código de Leyes que presumo que deberás elaborar, deseo que recuerdes a las damas y seas más generoso y favorable con ellas que tus antepasados. No pongas un poder tan irrestricto en manos de los esposos... Que tu sexo es naturalmente tiránico es una verdad tan establecida que no admite discusión, pero sé de varios de ustedes que estarían felices de renunciar al duro título de Amo por aquel más tierno y entrañable de Amigo.

John a Abigail, Filadelfia, 3 de julio de 1776

Tus favores del 17 de junio fechados en Plymouth me fueron entregados ayer por el correo. Me complació muchísimo saber que habías viajado a Plymouth para ver a tus amigos ante la larga ausencia de aquel a quien quisieras ver. La excursión será una distracción, y será buena para tu salud. Me habría alegrado tanto realizar este viaje contigo.

Ayer se decidió la Pregunta más importante que jamás se haya discutido en América, y ninguna más grande fue decidida o se decidirá entre los hombres. Se aprobó una resolución, sin que disintiera una sola colonia, según la cual "estas Colonias unidas son, y por derecho deben ser Estados libres e independientes, y, como tales, tienen y por derecho deben tener, plenas facultades para declarar la guerra, negociar la paz, establecer el comercio y hacer todos los otros actos y cosas que otros Estados legítimamente hacen." Verás dentro de pocos días la Declaración que expone las Causas que nos han llevado a esta poderosa Revolución, y las Razones que la justifican, a la vista de Dios y de la Humanidad. Un Plan de Confederación será estudiado dentro de unos pocos días.

Abigail a John, Boston, domingo 14 de julio de 1776

Por el correo de ayer recibí dos cartas del 3 y 4 de julio, y aun cuando tus cartas nunca dejan de causarme gran placer, cualquiera que sea su tema, éste fue enormemente incrementado por la perspectiva de la futura felicidad y gloria de nuestro País; tampoco es poca mi satisfacción cuando pienso que una persona relacionada conmigo ha tenido el honor de ser uno de los principales actores en establecer las bases para su futura grandeza. Ojalá que el fundamento de nuestra nueva constitución sea la justicia, la verdad y la rectitud. Como la casa del hombre sabio, quiera Dios que se fundamente en las rocas y que ni las tormentas ni las tempestades puedan derruirla.

... todos nuestros amigos desean ser recordados a ti y entre ellos principalmente se encuentra tu Portia.[1]

Casas para Clubes y Fortalezas

TODA CHICA DEBE TENER una casa de club o una fortaleza propia, y aquí presentamos algunas ideas para construirlas. Es posible pasar varios fines de semana esforzándose con los planos para hacer una casa de club duradera con listones de madera, clavos y un techo de tejas. Pero hay maneras de construirlas con más rapidez.

FORTALEZA RÁPIDA

Con estacas de metal para jardín de 6 pies de largo puedes construir una casa o fortaleza casi de inmediato. Estas estacas de metal no tienen la estabilidad de los listones de madera, pero la rapidez con la que crecen las paredes lo compensa. Cinco estacas bastan.

Estas estacas vienen con puntos de apoyo. Si te paras sobre ellos, deben clavarse en el suelo casi sin esfuerzo. Si hay algún problema, un mazo de goma o un adulto pueden ayudar; si resulta imposible, esto puede significar que hay una piedra en la tierra y que debes desplazar la estaca. Utiliza una estaca para cada una de las cuatro esquinas. Coloca la quinta estaca sobre uno de los lados para hacer la puerta.

Envuelve toda la estructura, con excepción de la entrada, con malla de metal para pollos o con una malla más fina. Las estacas para jardín tienen muescas, así que puedes sujetar los materiales a ellas para formar la pared básica. (Corta con cuidado la malla al nivel del suelo, para que las ardillas y otros animales pequeños no queden atrapados dentro de ella; esto nos ha sucedido.)

Para agregar privacidad, usa arpillera o una cubierta de lona como segunda capa, o cartón (inventarás una manera de sujetarlo a las estacas). Si deseas tener un cielo raso, la arpi-

---

[1] Esposa del Senador de La República de Roma, Bruto. Abigail firmaba a menudo sus cartas con este nombre.

llera o la lona pueden ser útiles, aun cuando no son impermeables y el agua se acumulará sobre ellas. Puedes usar hule, pero el plástico puede calentar demasiado el interior. Piensa qué puedes hacer. Puedes añadir una sexta estaca, más alta que las demás, en el centro, para fabricar un tejado inclinado. Desde allí, usa cordeles, cuerdas, cinta adhesiva, cable, tijeras, palos, cartón, balso y cualquier otra madera que puedas recoger para construir las paredes, hacer las ventanas, el techo y los pisos, y dale tu toque personal. No hay reglas: es tu fortaleza.

COBERTIZO

Un cobertizo es una forma de refugio muy primitiva que consiste en poco más de una pared o dos y un techo. Su propósito es mantenerte a salvo de la lluvia y el viento, y a menudo se adosa a paredes o cercas que ya existen. Encuentra cualquier lugar o esquina protegido, fabrica un techo de hule con algunas cuerdas atadas a los árboles, y adosa un pedazo de balso

contra la casa. Construye la parte del frente con ramas, pedazos de cerca que tus vecinos hayan dejado en la basura o incluso una mesa de picnic puesta al revés.

FORTALEZA DENTRO DE LA CASA

La fórmula clásica de cojines del sofá, cobijas y la parte de atrás de los sofás y de las sillas es un buen comienzo para una fortaleza dentro de la casa, al igual que lanzar cobijas sobre la mesa del comedor (con pilas de libros para sostenerlas).

Puedes mejorar estas fortalezas tradicionales. Para hacer una pared colgante, atornilla una hilera de ganchos o tornillos en el techo. Introduce en ellos alambre para colgar cuadros o una línea para colgar ropa. Sujeta clips o alfileres imperdibles, y cuelga de ellos todo tipo de sábanas, cobijas livianas, grandes pedazos de tela, luces o las bufandas grandes de tu madre para hacer un tipo de fortaleza diferente.

Cadenas de Margaritas y Coronas de Hiedra

PARA HACER UNA CADENA de margaritas, corta veinte o más margaritas. Cerca de la parte inferior del tallo, pero no demasiado cerca, corta un delgado hueco a lo largo con la uña. Inserta la siguiente margarita por este hueco hasta que la flor descanse sobre el primer tallo. Ten cuidado de no halar con fuerza; las cadenas de margaritas son muy bellas, pero frágiles. Si quieres ver buena parte del tallo entre las flores, haz el corte más lejos de la flor. Si prefieres una guirnalda apretada, haz el corte más cerca de la flor, y corta el resto del tallo. Continúa hasta cuando la cadena de margaritas te parezca lo suficientemente larga para rodear tu cabeza. Para terminar, enreda el último tallo alrededor de la primera margarita, y átalo con una brizna larga de hierba. Pon la cadena de margaritas en tu cabeza, cierra los ojos y pide un deseo. También puedes hacer un collar o preservarlas dejándolas secar en la parte de atrás de una repisa oscura en la alacena.

En la Antigüedad, en Roma y en Grecia, coronas de hiedra, laurel y ramas de olivo adornaban las cabezas de los atletas y señalaban las hazañas de académicos, artistas y soldados. Como escribió el antiguo dramaturgo griego Eurípides en *Las Bacantes*: "Vamos, coronemos tu cabeza con hiedra."

Las coronas de hiedra son también increíblemente sencillas de hacer. La hiedra tiene hojas grandes y tallos largos y gruesos. Comienza con un pedazo de hiedra que sea tan largo como varias veces la circunferencia de tu cabeza. Señala el tamaño que quieras y empieza a tejer la hiedra alrededor de sí misma, hasta que la corona esté llena. Dobla la punta debajo y ponte tu nuevo adorno en la cabeza.

Ojos de Dios

OJOS DE DIOS SON creaciones tradicionales de los indios Huichol, hechas con lana y palos. Los Huichol, que viven en las montañas del sur de la Cordillera Sierra Madre Occidental en México, llaman a sus ojos de dios *sikuli*, que significa "el poder de ver y comprender cosas desconocidas." El diseño, formado por un hilo envuelto alrededor de la intersección de dos palos en ángulo recto, tiene la forma de una cruz que simboliza los cuatro elementos: tierra, aire, fuego y agua. Cuando nace un niño, el padre hace un *sikulu* u *ojo de Dios*; cada año, el día del cumpleaños del niño, se teje otro, hasta que el niño cumple cinco años. Los ojos de Dios se atan y se mantienen durante toda la vida de la persona como una manera de garantizar su salud y bienestar.

Un ojo de Dios puede ser tan sencillo o tan complejo como quieras. Haz uno utilizando hilos de diferentes colores; añádele plumas u otras decoraciones en los extremos; o haz dos y combínalos para formar un ojo de Dios de ocho lados.

Para fabricar el ojo de Dios básico de cuatro lados necesitarás:

❖ Hilo multicolor o hilos de diferentes colores

❖ Dos palos de paleta u otros palos (palos chinos, brochetas de madera que no estén afiladas—incluso puedes usar palillos de dientes para hacer ojos de Dios diminutos)

❖ Pegante

Toma los palos de base y crúzalos uno sobre otro. Si tienes pegante a la mano, pon un poco en la intersección para ayudar a sostenerlos.

Con el hilo, haz un nudo y apriétalo donde se cruzan los palos, para darles forma de cruz. (No cortes el hilo de la madeja—puedes cortarlo después, cuando decidas si cambiar de hilo o seguir tejiendo hasta llegar al final de los palos.) El nudo debe estar en la parte de atrás del ojo de Dios.

Envuelve el hilo en una figura de ocho alrededor de la intersección, de arriba a abajo, de izquierda a derecha, para estabilizar los palos y cubrir el centro.

Cuando hayas cubierto la intersección y los palos estén firmes, teje el hilo poniéndolo sobre uno de los palos, haciendo una lazada a su alrededor y continuando con este modelo sobre los otros palos.

Puedes continuar así hasta llegar al final de los palos. Sin embargo, puedes también invertir la dirección—si estás tejiendo en el sentido del reloj, pasa al sentido contrario después de unas pocas hileras, y al revés. Esto le da una textura variada de hileras resaltadas. Si quieres cambiar de color, asegúrate de atar el nuevo hilo al anterior de manera que el nudo esté en la parte de atrás del ojo de Dios. Corta el hilo sobrante únicamente al final, cuando hayas terminado.

Cuando estés a cerca de media pulgada de los extremos de los palos, corta el hilo, dejando aproximadamente 8 pulgadas de hilo al final. Ata un nudo en el hilo cerca al palo para terminar de tejer. Puedes usar la "cola" del hilo para colgar el ojo de Dios cuando hayas terminado.

Si tienes plumas, campanas, dijes u otras decoraciones, puedes colgarlas en los cuatro extremos de los palos.

OJOS DE DIOS

Redactar Cartas

ESCRIBIR CARTAS A LA antigua ha caído en desuso, con la llegada de la tecnología y la tentadora inmediatez de los correos electrónicos, los mensajes instantáneos y los mensajes de texto. Sin embargo, aún hay circunstancias en las cuales se requiere una carta formal, escrita a máquina o a mano, que requiere algo más personal y profesional que TVEO + TARD.

La Carta de Agradecimiento

Cuando recibes un obsequio o alguna forma de hospitalidad, es de buena educación mandar una nota de agradecimiento o una carta de respuesta—y debes preferiblemente, escribirla a mano. Comienza saludando a la persona, y luego comienza de inmediato la carta diciendo "Gracias." No tienes que redactar una introducción sofisticada; el propósito de la carta es dar las gracias. Así que comienza con eso; un sencillo "Gracias por tu obsequio" será suficiente. Luego menciona cómo lo utilizarás (o, si escribes para agradecer un favor o un gesto de hospitalidad, cómo

CONSEJOS PARA REDACTAR CARTAS

Tomado de *Eight or Nine Wise Words About Letter Writing*, publicado en 1890 por Charles Dodgson (el pseudónimo del autor de *Alicia en el país de las maravillas*, Lewis Carroll)

Hay una regla de oro para comenzar. Escribe de manera que se pueda leer con facilidad. ¡El carácter habitual de la raza humana sería perceptiblemente más dulce si todos acatáramos esta regla! Buena parte de la mala escritura en el mundo proviene sencillamente de escribir con excesiva rapidez...

Mi segunda regla es, ¡no llenes más de una página y media disculpándote por no haber escrito antes! El mejor tema, para empezar, es la última carta de tu amigo. Escribe con su carta abierta delante de ti. Responde sus preguntas y haz cualquier observación que sugiera en su carta. Luego procede a decir lo que quieres decirle tú. Esta organización es más cortés y agradable para el lector, que llenar la carta con tus invaluables observaciones y luego responder apresuradamente a las preguntas de tu amigo en una posdata. Es más probable que tu amigo aprecie tu ingenio después de que hayas satisfecho su propia ansiedad por recibir información.

Unas pocas reglas más pueden ofrecerse aquí, para correspondencia que, infortunadamente, haya suscitado controversia. La primera es, no te repitas. Una vez que has dicho lo que deseas decir, plena y claramente, sobre cierto punto, y no has conseguido persuadir a

fueron de útiles éstos para ti: "Realmente agradezco haber tenido la oportunidad de quedarme contigo cuando estuve en
Nueva York la semana pasada.") Si puedes, siempre es agradable mencionar que quisieras ver a esta persona de nuevo en
una futura ocasión. Agradece de nuevo y termina la carta con
"cariñosamente," "cordialmente," o tu manera predilecta de
concluir. Un breve ejemplo:

Querida Tía Beatriz,

*¡Mil gracias por estos fantásticos patines! Tengo mucha ilusión de
usarlos pronto con mis amigas. Cuando vengas a visitarnos en el
verano, quizás podamos salir a patinar juntas. ¡Gracias de nuevo!*

Cariñosamente,

Isabel

tu amigo, abandona ese tema: repetir tus ar-
gumentos de nuevo sólo llevará a que él haga
lo propio; y así seguirán como un decimal circulante. ¿Conoces de algún decimal circulante
que llegara a su fin?

Otra regla es que, si has escrito una carta
que sientes que pueda irritar a tu amigo, así
hayas considerado necesario expresarte de esa
manera, déjala a un lado hasta el día siguiente.
Luego léela de nuevo e imagina que está dirigida a ti. Esto con frecuencia te llevará a escribirla otra vez, sacando mucho del vinagre y la
pimienta y poniendo miel más bien, ¡haciendo
que el plato sea más agradable al paladar!...

Mi quinta regla es que, si tu amigo hace
una observación severa, no le prestes atención
o responde de una manera mucho menos rigu-
rosa; y si hace una observación amistosa, ten-
diente a "subsanar" la pequeña diferencia que
ha surgido entre ustedes, tu respuesta deberá
ser decididamente más amistosa...

Mi sexta regla (y mi última observación
sobre la correspondencia que haya suscitado
controversia) es, ¡no intentes tener la última
palabra! ¡Cuántas controversias no se corta-
rían de tajo si todos quisieran dejar que la
otra persona tuviera la última palabra!...

Mi séptima regla es que si alguna vez se
te ocurre escribir, en broma, criticando a tu
amigo, asegúrate de exagerar lo suficiente
para que la broma sea evidente: una palabra
dicha en broma pero tomada en serio, puede
tener gravísimas consecuencias. Sé de casos en
los que ha llevado a romper una amistad...

Mi octava regla. Cuando dices, en tu carta,
"Incluyo un cheque de £5" o "Incluyo la carta
de John para que la veas," deja de escribir por
un momento—y trae el documento al que te
refieres—para ponerlo dentro del sobre. De lo
contrario, ¡puedes tener la seguridad de hallarlo cuando ya hayas enviado el correo!

Cartas Personales

Más larga que una nota de agradecimiento, una carta personal o nota social tiene cinco partes y puede ser escrita a mano o en máquina.

El encabezamiento: Este tiene tu dirección y la fecha, cada una en una línea aparte, con una sangría en la mitad de la página. Después del encabezamiento, salta una línea. Si estás escribiendo en papel de escribir marcado o la dirección está en el sobre, sólo escribe la fecha.

El saludo: Puede ser formal o informal—comenzando por "Querido/a" o sólo el nombre de la persona (o solamente "Hola"). De cualquier manera, el saludo termina con una coma, y se salta una línea.

El cuerpo de la carta: El texto principal de la carta. En este tipo de carta, el comienzo de cada párrafo tiene sangría y no se saltan líneas entre párrafos.

El cierre: Después del cuerpo, salta una línea y escribe la línea final, que por lo general tiene sólo unas pocas palabras como, "Mis mejores deseos," "Cordialmente," "Espero verte pronto," "Cariñosamente," etc. Cualquier cosa que escribas, esta línea debe terminar con una coma y debe tener la misma sangría que el encabezado.

La línea de la firma: Aquí es donde firmas tu nombre. Si estás escribiendo en máquina, salta tres líneas después del cierre y escribe allí tu nombre. Luego firma a mano justo encima del nombre. Si tu carta tiene una posdata, salta una línea después de la línea de la firma, y comienza la posdata escribiendo "P.D." y termina con tus iniciales.

Una posdata adicional debe comenzar P.P.D, pues es posterior a la posdata y no a lo escrito.

Leer Tablas de Mareas

CADA PLAYA DEL PLANETA tiene un ciclo de mareas único y, por lo tanto, su propia tabla de mareas. Búscala en el diario local, o en una tienda naval o tienda de surf cercana.

Leer las tablas de las mareas te ayuda a elegir los mejores momentos para pescar, buscar cangrejos o hacer tabla. Con los botes, te ayuda a saber qué sucede con el agua, pues remar en una canoa con marea baja es mucho más difícil que, por ejemplo, hacerlo con la ráfaga de la marea alta.

Las tablas de mareas vienen en distintas formas. Cuando conoces lo básico de la marea alta y baja, la altura del agua y las fases de la luna, podrás leer cualquiera de ellas.

PESCA: UNA TABLA DE MAREAS DE NUEVA YORK

Esta sencilla tabla de mareas de Southold, Nueva York, una zona de pesca, predice las mareas para los nueve primeros días de agosto de 2006.

Agosto 2006		
Día	A.M.	P.M.
1	4:25	5:02
2 ◖	5:19	5:51
3	6:17	6:43
4	7:17	7:36
5	8:15	8:28
6	9:08	9:20
7	9:59	10:11
8	10:47	11:01
9 ○	11:35	11:52

Plum Gut: menos 1 hora, 5 minutos.
Shinnecock Canal: agrega 50 minutos
Sag Harbor: menos 40 minutos

● luna nueva
◖ cuarto creciente
○ luna llena
◗ cuarto menguante

Esta es una tabla de marea alta porque está destinada principalmente a la pesca. Cuando pescas, te levantas en la mañana y, antes incluso de abrir los ojos, te preguntas "¿Cuándo es la marea alta?" La marea alta es cuando los peces están afuera y en movimiento, bien sea en la marea que entra en pleamar o sale en reflujo. Al menos es lo que esperas. Una nota en la parte inferior de esta tabla menciona que la marea baja llega cerca de seis horas más tarde.

Los nombres y los tiempos que aparecen en la parte inferior de la tabla explican cómo calcular las mareas para las playas cercanas, puesto que cada bahía y ensenada tendrá mareas ligeramente diferentes.

Advierte varias cosas. Primero, la marea alta viene 50 o 60 minutos más tarde cada día. El día de marea es ligeramente más largo que nuestro día corriente de 24 horas, pues tiene 24 horas y 50 minutos. (¿Por qué? Porque nuestros días corrientes se basan en la rotación de la tierra alrededor del sol, mientras que los días de las mareas se basan en la rotación de la luna alrededor de la tierra, que es 50 minutos más larga.)

Segundo, la tabla de mareas tiene la lista de las fases de la luna. Durante los primeros días de agosto, la luna crecerá hasta el primer cuarto de creciente. Habrá luna llena el 9 de agosto—y, con un poco de suerte, será una luna color naranja de fines del verano, que saldrá en la parte baja del horizonte como una calabaza en el cielo.

Las tablas de mareas muestran las fases de la luna porque las mareas son causadas por la atracción de la gravedad de la luna—y de la gravedad del sol—sobre el agua de la tierra. El concepto de que la atracción de la luna—incluso a 239,000 millas de distancia—sea tan fuerte que puede controlar las aguas de nuestros océanos es asombroso. La próxima vez que estés en una playa, con las olas lamiéndote los pies, puedes observar el poder de la luna.

Desde un punto de vista más práctico, las tablas de mareas presentan las fases de la luna porque son importantes para la pesca. Las mareas altas son más altas cuando hay luna nueva y luna llena. A los pescadores no les agradan mucho las mareas de primavera—el nivel del agua es más alto, y el limo y la arena del fondo se desprenden y enlodan el agua. Como resultado de ello, los pe-ces no pueden ver la carnada, y eso no es bueno si estás tratando de atraparlos. Algunas personas planean sus viajes de pesca de antemano utilizando las fases de la luna que aparecen en las tablas de mareas, con el fin de evitar aquellos días cercanos a la luna nueva y a la luna llena.

Lo contrario de las mareas de primavera de altas aguas son las mareas muertas. Éstas se dan durante el primer y el tercer cuarto, cuando la luna crece y mengua. Hay menos agua en la marea alta y algo menos de corriente.

Hay dos palabras más referentes a la luna que debes conocer: la luna creciente es toda fase inferior a la media luna, y cualquier fase ligeramente superior a la media luna se la llama luna jorobada.

PESCA DE CANGREJOS: UNA TABLA DE MAREAS DE CAPE COD

Fecha	Día	Hora	Altura	Hora	Altura	Hora	Altura	Hora	Altura
7/10/07	Lunes	5:18 AM	0.0 L	11:10 AM	2.1 H	5:09 PM	0.4 L	11:24 PM	3.1 H

La tabla anterior muestra una marea baja, lo cual es conveniente para pescar cangrejos y para las olas altas. Las listas iniciales en la columna del *Tiempo* representan la primera marea después de medianoche, sea ésta alta o baja. Debes poner tu despertador porque esa primera marea entra a la 5:18 de la mañana. La columna siguiente, *Altura*, te dice que la altura del agua es 0.0, esto es, el nivel promedio del agua, y que la marea es B, baja. Si no eres una persona madrugadora, busca la segunda marea baja del día. Al leer de izquierda a derecha, verás una marea alta a las 11.10 a.m., y luego otra marea baja a las 5.09 p.m. Esa es la que quieres.

A las 4:00 p.m., dirígete a la playa. Las horas inmediatamente antes y después de la marea baja son especialmente buenas para pescar cangrejos y para las olas altas. La marea baja es también un buen momento para ver aves en la playa. Estarán allí comiendo los pequeños animales y cangrejos que quedan en la playa cuando se retira el agua.

SURFEAR: UNA TABLA DE MAREAS DE COSTA RICA

Esta tabla de Nosara, en la costa Pacífica de Costa Rica, muestra las mareas en tiempo de 24 horas, algo frecuente en todo el mundo, especialmente en los países que no son de habla inglesa. (En los Estados Unidos, el tiempo de 24 horas se llama Tiempo Militar, pues es donde se usa más.)

Las horas 13 a 24 son equivalentes a 1 p.m. a 12 a.m. en el reloj de 12 horas, así que para convertirlas, sólo debes restar 12. Así, la marea alta a las 16:13 es 4:13 p.m., y la marea baja a las 22:21 es a las 10:21 p.m.

Fecha	Día	Alto Hora/Altura	Bajo Hora/Altura	Alto Hora/Altura	Bajo Hora/Altura
19 de febrero, 2007	Lunes	03:49/9.56 pies	09:55/−1.01 pies	16:13/10.05 pies	22:21/−0.96 pies

Los surfistas que viajan por el mundo, inclusive los estadounidenses, deben habituarse al tiempo de 24 horas para poder leer con facilidad las tablas de mareas cuando viajan de un continente a otro, con la tabla bajo el brazo, buscando la ola perfecta. Esta tabla muestra qué tan altas serán las olas. Para el surf, la combinación de marea, viento y altura determina si algún lugar de surf tendrá olas que se pueden cabalgar en una hora determinada.

Por ejemplo, un quiebre de arrecife significa que las olas rompen cuando el agua que entra golpea un arrecife que sale del fondo del océano. Durante la marea baja, un quiebre de arrecife puede ofrecer un momento excelente para surfear con olas rápidas y empinadas. Durante la marea alta, sin embargo, el agua puede ser tan profunda que no hará un impacto fuerte con el arrecife, y entonces prácticamente no habrá oleaje.

Por otra parte, un quiebre de playa significa que se formarán olas en grandes bancos de arena debajo del agua. A menudo, la marea más alta es mejor para surfear porque se necesita la fuerza de una gran cantidad de agua sobre los bancos de arena para producir olas largas y redondeadas.

BARCOS: UNA TABLA DE MAREAS DE CALIFORNIA

Ya eres una experta lectora de tablas. La última tabla viene de la Bahía de Half Moon, California. Incluye la longitud (37.5017° N) y la latitud (122.4866° O), pues querrás conocerla si quieres sacar un barco en el Océano Pacífico y usar tu equipo de navegación para encontrar el camino de regreso a la costa.

La tabla muestra también la hora de la salida y la puesta del sol, para que puedas salir al agua temprano y sepas a qué hora debes regresar antes de la noche. Advierte también que la fecha aparece como año-mes-día; esta es la notación estándar de las tablas de mareas.

Martes 2007-07-03			
Amenecer	5:53 AM	Atardecer	8:34 PM
Amanecer de la Luna	11:04 PM	Puesta de la Luna	9:00 AM
Marea Alta	12:13 AM		5.76 pies
Marea Baja	7:22 AM		-1.00 pies
Marea Alta	2:29 PM		4.59 pies
Marea Baja	7:23 PM		2.93 pies

Fabricar una Red de Cerco

U NA RED DE CORTINA es sólo una red de pesca que se utiliza para sumergir en el mar y recolectar y estudiar la vida marina.

QUÉ SE NECESITA

◆ Malla de cerco. La nuestra tiene 4 pies de profundidad y 15 pies de largo, con una malla de $\frac{1}{8}$ de pulgada, pero estas medidas son flexibles, dependiendo del tamaño de red que desees y lo que puedas conseguir. Es bueno que la red tenga un poco de espuma de polietileno en el borde superior para mantenerla a flote, y algunas pesas de metal en el fondo para ayudarla a sumergirse. En ocasiones la malla de cerco viene así. Puede adquirirse en tiendas de elementos para pescar.

◆ Dos postes o palos de 4 pies de largo para controlar la red y para cerrarla cuando hayas terminado.

◆ Un balde grande, para mantener lo que atrapes dentro del agua y para guardar la red.

Sujeta los lados más cortos de la red a los palos. Para hacerlo, perfora un hueco en el extremo de cada palo (es posible que hagan esto en la tienda de implementos si lo pides). O utiliza una navaja para tallar una ranura en el extremo de cada palo, envuelve la cuerda allí, u olvídate de tallar y sólo envuelve la cuerda con fuerza. Si no hay una cuerda delgada en cada esquina de la red, encuentra un pedazo de soga delgada o cáñamo y úsalo.

Una persona se para en la playa y sostiene uno de los palos. La otra persona sostiene el segundo palo y entra en el agua hasta que la red quede completamente extendida. Mantén la parte superior al nivel del agua y deja que el resto de la red se sumerja. Este es el momento en que resultan útiles las pesas de metal.

Después de un rato, regresa caminando a la playa en un movimiento circular, manteniendo la red completamente extendida para que, cuando llegues a la playa, estés a la misma distancia del amigo que sostiene el otro extremo de la red. A medida que te acerques a la playa, cambia lentamente la dirección de la red de vertical—donde está atrapando peces y otras criaturas—a horizontal—para poder sacarlos y extender la red sobre la arena mojada para ver qué atrapaste.

Si no estás atrapando casi nada, cambia de posición, de ubicación o arrastra un poco la red, caminando con la red extendida, dando a más peces la oportunidad de terminar en tus manos. Tanto tú como tu amigo pueden adentrarse un poco más en el río o en el mar.

Devuelve todo al agua a los pocos minutos para que los cangrejos, estrellas de mar, lubinas, caracoles y los pequeños peces plateados puedan continuar su vida en el mar. En muchos lugares hay reglamentaciones que te indican que debes devolver al mar los animales o serás penalizado. (Algunas playas prohíben las redes comerciales a gran escala, pero por lo general no hay problema con estas redes pequeñas.)

No obstante, si vas de pesca, estos peces pequeños son una buena carnada.

CÓMO LIMPIAR UNA CONCHA

Cuando atrapas conchas en tu red, hay dos maneras de limpiarlas y convertirlas en tesoros perdurables.

1. Entierra las conchas a 12 pulgadas de profundidad en el jardín y deja que los gusanos y las bacterias de la tierra hagan su trabajo. Esto puede tomar varios meses.

2. Déjalas hervir durante cinco minutos en una olla grande, en una solución de mitad agua y mitad blanqueador. Verás cuando las conchas estén limpias. Sácalas con cuidado con pinzas, o pide a un adulto que lo haga, porque el agua estará hirviendo. Enjuágalas con agua fría.

Espías Mujeres
Desde la Guerra de Independencia hasta la Segunda Guerra Mundial

ESPÍAS POCO PROBABLES

Julia Child

Antes de ser una chef famosa, Julia Child era una espía. Trabajó para la Oficina de Servicios Estratégicos, precursora de la CIA, y fue agente encubierta en Sri Lanka (llamada Ceilán en aquella época) con autorización de máxima seguridad. Durante la Segunda Guerra Mundial, ayudó a la armada de los Estados Unidos a resolver los problemas que tenía con los tiburones—que tenían el hábito de detonar explosivos submarinos, frustrando los planes de los Estados Unidos de volar submarinos alemanes, mediante la elaboración de un repelente para tiburones. Conoció al diplomático Paul Child cuando estaba trabajando para la OSS y contrajeron matrimonio. Cuando Paul fue asignado a un cargo en París, Julia se entrenó en la famosa escuela de cocina Cordon Bleu y comenzó su segunda vida como chef.

Hedy Lamarr

Hedwig Eva Maria Kiesler, mejor conocida como Hedy Lamarr, estrella de cine de los años treinta y cuarenta, fue también una inventora que patentó una idea que habría de convertirse en la clave para las comunicaciones modernas. Durante la Segunda Guerra Mundial Hedy, junto con George Antheil, inventaron una manera de hacer seguras las comunicaciones militares a través de saltos de frecuencia, una forma temprana de tecnología llamada espectro de difusión. La posición de Hedy

Hedy Lamarr

como actriz bella y exitosa le daba una pantalla perfecta: podía visitar una serie de países en sus giras e interactuar con muchas personas, ninguna de las cuales sospechaba que esta sensacional estrella pudiera estar escuchándolos con atención y pensando en formas de ayudar a la causa de los Estados Unidos.

Josephine Baker

Josephine Baker

Josephine Baker fue otra artista de la época de la Segunda Guerra Mundial cuya posición de celebridad le ayudó a ocultar su misión como espía. Josephine era una bailarina afro-americana y cantante de St. Louis, Missouri. Tuvo cierto éxito en los Estados Unidos, pero fue obstaculizada debido a los prejuicios raciales. Se mudó a París, donde a los diecinueve años se convirtió en una estrella internacional. Cuando estalló la Segunda Guerra Mundial, comenzó a trabajar como agente encubierto para la Resistencia francesa, llevando órdenes y mapas de la Resistencia a países ocupados por los alemanes. Su fama y renombre le facilitaron pasar inadvertida, pues los funcionarios extranjeros se entusiasmaban de conocer a una actriz tan conocida. Escribía las informaciones secretas con tinta invisible en sus partituras, por si acaso.

Las Chicas Guías

Durante la Primera Guerra Mundial, las chicas guías—la versión inglesa de las chicas exploradoras—fueron usadas por el MI-15, la agencia británica de contra-inteligencia, como correos para llevar mensajes secretos. Se necesitaban mensajeros que trabajaran en el Ministerio de Guerra en aquella época, y primero se utilizó a los niños exploradores. Pero resultaron difíciles de manejar, así que se pidió a las chicas guías que los reemplazaran. Estas chicas, la mayor parte de las cuales tenían entre catorce

y dieciocho años, llevaban mensajes y patrullaban en los tejados; se les pagaba diez chelines por semana, más la comida. Al igual que todos los empleados del MI-15, hacían un juramento de confidencialidad. Pero, a diferencia de muchos de los empleados de esta agencia, eran las espías que menos sospechas despertaban.

ESPÍAS DE LA GUERRA DE INDEPENDENCIA

Durante la Guerra de Independencia, muchas mujeres de la costa este de los Estados Unidos transmitieron información al General Washington en Valley Forge. Lidia Barrington Darragh, de Filadelfia, espiaba a los ingleses para despues informar a los oficiales estadounidenses. Dos partidarias de los ingleses, "Miss Jenny" y Ann Bates, espiaban a los estadounidenses para informar a los ingleses. Ann Trotter Bailey llevó mensajes a través del territorio enemigo en 1774, como lo hizo también Sarah Bradlee Fulton, apodada "la madre de la fiesta de té de Boston;" Emily Geiger cabalgó cincuenta millas a través de territorio enemigo para entregar información al General Sumter. La espía anónima "355"—código numérico que significaba "dama" o "mujer"—fue miembro del Culper Ring, una organización secreta de espías con base en Nueva York. Fue capturada por los ingleses en 1780 y murió siendo prisionera en un barco—pero no sin antes acusar a Benedict Arnold como posible traidor.

ESPÍAS DE LA GUERRA CIVIL

Pauline Cushman fue una actriz que trabajó como espía de la Unión. Fue capturada con papeles incriminadores y sentenciada a muerte, pero fue rescatada sólo tres días antes de ser ejecutada en la horca. El presidente Abraham Lincoln le dio la comisión honoraria de Mayor, y ella recorrió el país durante años, hablando de sus hazañas cuando espiaba para la Unión.

Mary Elizabeth Bowser era una esclava liberada que trabajaba como sirvienta en la Casa Blanca Confederada. Su condición servil—y la presuposición errada de que no sabía leer ni escribir—le permitió estar presente en conversaciones claves sin ser advertida. Pasó de contrabando importante información y papeles al ejército de la Unión.

Sarah Emma Edmonds se disfrazó de hombre para poder servir en el ejército de la Unión, donde se dio a conocer por su valor y habilidad camaleónica para disimularse, tanto como esclavo negro o "disfrazada" de mujer. Luchó con éxito por la Unión como Frank Thompson, hasta que enfermó de malaria. Ingresó a un hospital privado para evitar tener que revelar su verdadera identidad. Pero cuando se enteró de que Frank Thompson aparecía como desertor, confesó su identidad y trabajó como enfermera para la Unión—con su verdadero nombre—hasta el final de la guerra. Escribió sobre sus experiencias en unas memorias tituladas *Nurse and Spy in the Union Army*.

Rose O'Neal Greenhow espió con tanto éxito para la Confederación que Jefferson Davis le dio crédito por la victoria de la batalla de Manassas. Fue hecha prisionera dos veces, una vez en su propia casa, y la segunda vez en compañía de su hija de ocho años en Old Capital Prison de Washington, D.C. Cuando fue liberada de prisión, fue exilada a los estados confederados, donde Jefferson Davis la enlistó como mensajera y la envió a Europa.

Nancy Hart se desempeñó como espía de la Confederación, llevando mensajes entre los ejércitos del sur. A los veinte años fue capturada por la Unión. Consiguió escapar después de matar a uno de sus guardias con su propia arma.

Elizabeth Van Lew espió para el Norte. Advirtió, cuando visitó a los prisioneros de la Unión capturados por los Confederados en Richmond, que eran excelentes fuentes de información, pues habían marchado a través de las líneas de los Confederados. Durante los siguientes cuatro años, trabajó como espía, llevando comida y ropa a los prisioneros de la Unión y sacando información de contrabando. Por sus esfuerzos, fue nombrada Directora de Correos de Richmond por el General Grant.

Dra. Mary Edwards Walker fue abolicionista, prisionera de guerra, feminista y cirujana, que vestía de hombre y trabajaba como médico y espía para la Unión. Es la única mujer que ha recibido la Medalla de Honor del Congreso.

Harriet Tubman es más famosa por su trabajo en la liberación de los esclavos, pero también trabajó para el ejército de la Unión en Carolina del Sur, organizando una red de espionaje y dirigiendo expediciones, además de luchar como soldado, trabajar como cocinera y lavandera, y ayudar a los heridos como enfermera. A través de su experiencia con el Ferrocarril Clandestino, que condujo a más de 300 esclavos a la libertad, llegó a conocer el territorio de cerca y pudo reclutar a antiguos esclavos para que fuesen sus ojos y oídos, y reportaran los movimientos de las tropas Confederadas y la ubicación de los campamentos de los rebeldes. En 1863 participó en una redada en una cañonera con el Coronel James Montgomery y varios soldados negros, que consiguió liberar más de 700 esclavos, gracias a la información de los espías reclutados por Harriet.

Ginnie y Lottie Moon fueron dos hermanas que espiaban para los Confederados durante la Guerra Civil. Lottie comenzó su carrera como espía llevando mensajes para la organización clandestina Confederada a instancias de su esposo. Ginnie también llevaba mensajes al otro lado de las líneas de la Unión, con el pretexto de encontrarse con su novio. Ginnie y su madre corrieron grave peligro cuando aceptaron la misión de recuperar papeles muy importantes y provisiones de los Caballeros del Círculo de Oro en Ohio. Fueron capturadas por agentes de la Unión; Ginnie consiguió tragarse la información escrita más importante que llevaban, pero los suministros médicos fueron descubiertos y confiscados, y tuvieron que cumplir prisión domiciliaria. Lottie se disfrazó para suplicar al General Burnside—un antiguo admirador suyo—que las liberara, pero fue arrestada también con su madre y su hermana. Finalmente se retiraron los cargos. Lottie luego se convirtió en periodista y, en los años veinte, Ginnie se mudó a Hollywood, donde obtuvo pequeños papeles en varias películas—ninguna de ellas con tramas tan excitantes como las aventuras de estas dos hermanas en la vida real.

ESPÍAS DE LA PRIMERA GUERRA MUNDIAL

Dos famosas y controvertidas espías de la Primera Guerra Mundial, ambas ejecutadas, fueron Mata Hari (nacida Margaretha Geertruida Zelle McLeod) y Edith Cavell. Mata Hari era una bailarina que utilizó su vocación como pantalla para su trabajo como espía para los alemanes. Los franceses la fusilaron por espía en 1917. Edith Cavell era una enfermera inglesa que trabajó en Bélgica durante la guerra. Ayudó en secreto a los soldados ingleses, franceses y belgas a escapar desde detrás de las líneas alemanas, y ocultó refugiados en la escuela de enfermería que dirigía. Para 1915, había ayudado a más de 200 soldados ingleses, franceses y belgas, pero los alemanes comenzaron a sospechar de ella y la arrestaron. Fue ejecutada por un pelotón de fusilamiento.

ESPÍAS DE LA SEGUNDA GUERRA MUNDIAL

Virginia Hall, estadounidense oriunda de Baltimore, Maryland, espió para los franceses durante la Segunda Guerra Mundial. Fue perseguida por los nazis por los Pirineos hasta España y consiguió evadirlos, aun cuando tenía una pierna de palo. Después de escapar, se entrenó como operadora de radio y fue transferida a la OSS, la agencia estadounidense de espionaje. En 1943 regresó a Francia como agente encubierto, recogiendo información, ayudando a coordinar los envíos por aire para apoyar el Día-D y trabajando con la Resistencia francesa para infiltrar las comunicaciones alemanas. Después de la guerra, Virginia fue condecorada con la Cruz Americana de Servicios Distinguidos, la única mujer civil estadounidense que recibiera esta distinción. Continuó trabajando para la OSS y luego para la CIA, hasta su jubilación en 1966.

Princesa Noor-un-nisa Inayat Khan fue una escritora y heroína de la Resistencia francesa. La Princesa se entrenó como operadora inalámbrica en Gran Bretaña y fue enviada a la Francia ocupada como espía bajo el nombre de "Madeleine." Se convirtió en el único vínculo de comunicaciones entre su unidad de la Resistencia y la base en Inglaterra, hasta que fue capturada por la Gestapo y ejecutada.

Violette Bushell Szabo fue reclutada y entrenada por la Dirección Inglesa de Operaciones Especiales después de que su esposo, miembro de la Legión Extranjera francesa, muriera en el norte de África. Fue enviada a Francia, donde fue capturada en una balacera. Se negó a entregar información y fue enviada al campo de concentración de Ravensbruck, donde fue asesinada. Se le concedieron la Cruz George y la Cruz de Guerra póstumamente en 1946.

Amy Elizabeth Thorpe, conocida también como Betty Pack y "Nombre de código Cynthia," fue una espía estadounidense reclutada inicialmente por el servicio secreto inglés y luego por la agencia estadounidense OSS. Probablemente es más recordada por haber obtenido los códigos navales franceses, necesarios para la invasión del norte de África por parte de los Aliados, algo que consiguió engañando a un hombre vinculado con la Embajada Francesa de Vichy para que se los diera. No sólo robó los manuales del código naval franchés de su caja fuerte, sino que robó también su corazón: se casaron después de la guerra, y vivieron juntos el resto de su vida.

Cómo Ser una Espía

LA PALABRA "ESPÍA" VIENE de antiguas palabras que significan "mirar u observar." Y, en efecto, a pesar del énfasis que hacen las películas modernas en la tecnología y las máquinas como parte integral de los recursos de un espía, en esencia lo que hace un espía excelente es su capacidad de observar, prestar atención, mirar y aprender.

COMUNICACIONES DE MÁXIMA CONFIDENCIALIDAD

Silbato de chica exploradora y señas de mano

Las chicas exploradoras han utilizado tres señas secretas desde antes de la Primera Guerra Mundial. Puedes usarlas para alertar o para dirigir tu red de espionaje cuando estés trabajando de espía.

Señales con el silbato

- Un largo silbido significa "silencio / alerta / escucha la próxima señal"
- Una sucesión de silbidos largos y lentos significa "sal / aléjate" o "avanza / extiéndanse / dispérsense"
- Una sucesión de silbidos cortos y rápidos significa "agrúpense / acérquense / reúnanse"
- Silbidos cortos y largos alternados significa "alarma / tengan cuidado / prepárense / ocupen sus puestos de alarma"

Señales de mano

- Avancen / hacia delante: balancea el brazo de atrás hacia delante, abajo del hombro.
- Retrocedan: haz un círculo con el brazo sobre la cabeza
- Deténganse: levanta el brazo completamente extendido por encima de la cabeza

Códigos secretos

Un código es una manera de enviar un mensaje manteniéndolo oculto de alguien que no debe enterarse de él. Los códigos pueden ser sencillos o complicados—el truco está en asegurarse que la persona que reciba tu mensaje secreto tenga la clave para descodificarlo sin que sea fácil para otras personas hacerlo. A continuación presentamos algunos códigos sencillos que puedes usar.

◆ Escribe cada palabra de atrás hacia delante
◆ Lee cada segunda letra
◆ Usa números por letras (A=1, B=2, C=3, etc.)
◆ Invierte el alfabeto (A=Z, B=Y, C=X, etc.)
◆ Alfabeto deslizante (mueve el alfabeto una letra: A=B, B=C, C=D, etc.)
◆ Usa tinta invisible (escribe con jugo de limón; después de que seque, sostén el papel delante de una fuente de luz para leer el mensaje).
◆ Código estable: cada letra está representada por la parte del "establo" que la rodea. Si es la segunda letra entre la caja, entonces tiene un punto en el centro.

CÓDIGO ESTABLO

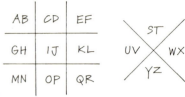

¡MUY SECRETO!

HERRAMIENTAS

En el cine, los espías utilizan a menudo equipos de alta tecnología para llevar a cabo misiones encubiertas, pero todos los espías se basan en lo fundamental: una buena observación a la antigua, con poca tecnología, que puede realizarse sin la ayuda de sofisticados equipos. Durante la Segunda Guerra Mundial, las mujeres espías utilizaron con frecuencia la llamada bufanda de "escape y evasión"—eran bufandas con mapas dibujados en uno de los lados, de manera que cualquier agente que necesitara encontrar una ruta de escape, un pueblo cercano o un camino, tenía un mapa fácil de llevar pero que no era fácilmente detectable por otra persona. Puedes hacer tu propio mapa con una vieja bufanda u otra tela y un marcador (si primero obtienes el permiso para marcar la bufanda).

Otras herramientas que son útiles para un espía son cosas como binóculos; una pequeña libreta y un bolígrafo; un walkie-talkie; una lupa; una navaja; un sombrero o una peluca para un disfraz rápido; zapatillas de tenis u otros zapatos que no hagan ruido para caminar sigilosamente; ropa de colores oscuros. La mejor herramienta de todas, sin embargo, son tus ojos, tus oídos y tu ingenio. Presta atención a todo lo que sucede a tu alrededor, mimetízate con tu entorno para que puedas observar sin ser advertida, busca pistas sutiles que te den más información sobre lo que ocurre, y anótalo todo. Con un poco de suerte, no sólo te convertirás en una gran espía, sino que estarás camino a convertirte en una gran escritora, en caso de que la carrera en el espionaje no salga como lo esperas.

TU RED DE ESPIONAJE

La vida de un espía puede ser solitaria, con tanto secreto y subterfugio y sin nadie con quien compartir, a riesgo de ser descubierta. Es más divertido trabajar dentro de un círculo de espías y actuar como equipo para alcanzar los objetivos. En un equipo, los espías tienen tareas o áreas específicas de conocimiento y, desde luego, utilizan nombres cifrados.

Agente encargado: Este es el espía principal. Es responsable de dirigir, planear y organizar la misión. Todos los miembros del equipo se reportan a él.

La exploradora: Esta es la persona que evalúa el paisaje físico para ver si es seguro para el resto del equipo. Va adelante del equipo cuando están en una misión de campo, y nadie se mueve sin una señal previa de ella. Debe tener una vista y oído excelentes, y debe ser experta en geografía y en actividades al aire libre.

El sabueso: Esta persona actúa como "detonador," como el espía encargado de vigilar al objetivo de la investigación. Sigue al sospechoso y observa sus acciones, y alerta al resto del equipo cuando el sospechoso está al alcance de él.

La técnica: Esta es la especialista del grupo en tecnología. Sabe de computadores, herramientas e implementos; sabe utilizarlos, repararlos y crear nuevos instrumentos. Es ella quien traza los mapas, planes o diagramas, y también quien lleva los apuntes sobre la misión.

La artista del timón: Es la persona que organiza la huída, o que puede utilizar sus neumáticos para realizar cualquier maniobra sigilosa. Si puede conducir un auto es maravilloso, pero no es necesario. El timón puede ser cualquier cosa que saque al equipo de espías de su campo de acción de manera oportuna. Puede supervisar una flota de patinetas, conducir a otro espía a un lugar seguro en su bicicleta, o incluso realizar una misión sensible con la rapidez de un relámpago en su monopatín o en sus patines.

La maestra del sigilo: Esta es una persona pequeña, callada, que puede deslizarse inadvertidamente en lugares con mucha seguridad y, en general, desplazarse sin ser notada. Ayuda también si es una maestra del disfraz, y una ilusionista, capaz de usar cartas y trucos de magia para efectos de distracción.

La ingeniera social: Esta persona es valiente, conversadora, extrovertida y capaz de interactuar con sospechosos y con otras personas para obtener información de ellas. Puede ser la cara pública del equipo mientras otros miembros recolectan evidencias o realizan vigilancia, utilizando sus grandes habilidades sociales para distraer y para persuadir.

Desde luego, independientemente de su especialidad, una espía debe ser capaz de: evaluar una situación, equilibrar, engañar, escalar, ser diplomática, escapar cuando sea necesario, recolectar información, ocultarse, intuir, tener ingenio, saltar, escuchar, moverse en silencio, leer labios y lenguaje corporal, reaccionar con rapidez, transformarse y, ante todo, ser ecuánime.

Después de cada misión, todos los miembros de la red de espionaje deben encontrarse en un lugar acordado de antemano o en un escondite secreto, donde reportarán al agente director e intercambiarán información. Cualquiera que sea su rol en el equipo, una espía debe siempre advertir actividades sospechosas, tratar de no ser vista o escuchada, cubrir sus huellas y nunca revelar su verdadera identidad.

Agente
Persona oficialmente contratada por un servicio de inteligencia. (También agente encubierto: un agente secreto; agente profundamente encubierto: agente permanentemente encubierto, agente doble: agente que trabaja simultáneamente para dos enemigos; agente encargado: agente principal.)

Amigo
Agente o informante que suministra información.

Anillo
Red de espías o agentes.

Basura de bolsillo
Elementos que se encuentran en el bolsillo de un espía (recibos, monedas, etc.) que agregan autenticidad a su identidad.

Bellota
Alguien que realiza una función de inteligencia.

Bona Fides
Prueba de la identidad de una persona.

Buzón
Persona que actúa como intermediario.

Clon
Un señuelo o persona que se asemeja a otra.

Com
Pequeña nota u otra comunicación escrita.

Concentrado para pollos
Información de bajo nivel dada por un agente doble a un adversario para fortalecer la credibilidad del agente doble.

Desnudo
Espía que opera solo, sin un ayudante.

Desconocido
Persona desconocida en una operación de vigilancia.

Detonador
Agente que observa al objetivo y alerta al resto del equipo de vigilancia cuando ve el objetivo.

Durmientes
Espías colocados en un país u organización objetivo, no para que asuman una misión de inmediato, sino para que actúen después.

Encubierto
Ocultar la propia identidad o asumir otra identidad

para descubrir información secreta.

Enterradero
Escondite secreto.

Entradas
Agentes que ofrecen sus servicios.

E&E
Escape y evasión

Fantasma
Otra palabra para espía.

Flotador
Persona utilizada ocasionalmente, o incluso sin que lo sepa, en una operación de inteligencia.

Frente
Negocio de apariencia legítima creado para ofrecer cubierta a los espías y a sus operaciones.

Informante
Persona que suministra información de inteligencia al equipo de vigilancia.

Joaquín
Agente permanentemente encubierto.

Leyenda
Historia de contexto o

documentos que apoyan la pantalla de un agente.

Necrófilo
Agente que busca obituarios y cementerios para hallar nombres que puedan ser usados por los agentes.

Niñera
Guardaespaldas.

Noticia de quemada
Declaración oficial de una agencia de inteligencia diciendo que una persona o grupo no es una fuente confiable.

Objetivo
Persona a la que se espía. (También objetivo difícil: objetivo que se mantiene activamente oculto y no reconoce que es consciente del equipo de vigilancia.)

Oídos solamente
Material demasiado secreto como para ponerlo por escrito.

Ojos solamente
Documentos demasiado secretos para hablar de ellos.

Paroles
Contraseñas que usan los agentes para identificarse entre sí.

Peso muerto
Lugar de encuentro secreto en un sitio público, donde se colocan comunicaciones, documentos o equipo para que otro agente los recoja.

Pote de miel / Trampa de miel
Uso de hombres o mujeres para atrapar a una persona utilizando el afecto o el romance.

Quemar
Ser detectado.

Revés
Consecuencia negativa e inesperada de espiar.

Roce
Breve contacto entre dos agentes que están transmitiendo información, documentos o equipo.

Sanear
"Limpiar" un informe u otro documento para ocultar información secreta.

Toma
Información recolectada mediante espionaje.

Topo
Agente que se infiltra en organizaciones enemigas.

Vitrina
Al igual que la basura de bolsillo, es información adicional incluida en una historia de pantalla para que parezca más real.

Vistazo
Fotógrafo.

Zapatero
Espía que fabrica pasaportes, visas, diplomas y otros documentos falsos.

Trepar

JO MARCH, LA HEROÍNA de Mujercitas, declara que ninguna chica que no sepa trepar a los árboles y saltar sobre una cerca podrá ser amiga suya. Louisa May Alcott escribió este libro en 1868. La escritora inglesa Charlotte Young escribió a fines del siglo diecinueve que las chicas "mostraban un sano deleite en correr a toda velocidad, jugando juegos activos, trepando a los árboles, remando, haciendo pasteles de barro y cosas semejantes." La premiada actriz Beah Richards escribió un poema en 1951 llamado *Sigan trepando, chicas*, en el cual animaba a las chicas a "a trepar hasta la rama más alta del árbol más alto de todos." Para mantenerte al ritmo de tus predecesoras aventureras, presentamos algunas pistas para trepar árboles que Jo March podría haberle sugerido a una nueva amiga, junto con algunas ideas para trepar cuerdas.

ÁRBOLES

La clave para trepar árboles con éxito es comprender que no te estás izando verticalmente; trepar a los árboles es muy difícil si no tratas de desafiar la gravedad. Estás empujando el plano de tu cuerpo con fuerza diagonalmente contra el árbol, mientras tus brazos abrazan el tronco y subes, pulgada a pulgada. Trepar a los árboles no necesariamente causa heridas, pero caer de un árbol ciertamente lo hace. Trepa con precaución.

CUERDAS

Lee estas instrucciones y confía que cuando estés parada delante de una cuerda en una clase de gimnasia te serán de utilidad. Aquí te decimos cómo aproximarte a la hazaña milagrosa de trepar por una cuerda.

♦ Toma la cuerda con las manos, y hala la cuerda hacia abajo cuando saltas hacia arriba.

♦ Esto suena algo extraño, pero funciona: justo después de tomar la cuerda y saltar, aférrate a la cuerda con las piernas, de manera que un tobillo se envuelva alrededor de la cuerda y luego termina en una posición en la cual tus dos pies se apoyen con fuerza contra la cuerda. Ya estás subiendo.

♦ Para trepar: sostente con fuerza con las piernas y estira los brazos, uno después del otro, tan alto como puedas sobre la cuerda. Ahora viene el truco secreto. Utiliza los músculos del estómago, o abdominales, para izar las piernas hacia los brazos. Es posible que no avances mucho, pero sigue subiendo, pulgada a pulgada. Extiende los brazos, sube con el estómago, y agarra la cuerda con los pies. A medida que tu torso se fortalece, y también tus brazos y piernas, trepar por una cuerda será mucho más sencillo y más gratificante.

Los muros para escalar en los gimnasios son un muy buen lugar para practicar. Sigue trepando, pero recuerda que, cuando hayas subido, ¡necesitarás bajar sin lastimarte!

Reinas del Mundo Antiguo III

Cleopatra de Egipto: Reina de Reyes

CLEOPATRA VII FUE LA última de un largo linaje de reinas egipcias de la antigüedad. Gobernó Egipto durante veintiún años, desde el 51 hasta el 30 AC, y fue famosamente vinculada con los generales romanos Julio César y Marco Antonio. Sin embargo, fue el historiador griego Plutarco (46-122 DC) quien convirtió a Cleopatra en una leyenda. Plutarco nos informa que, aun cuando no era convencionalmente bella, la personalidad de Cleopatra era cautivadora e irresistible. El sonido de su voz causaba placer, como un instrumento de muchas cuerdas, y era inteligente, encantadora, ingeniosa y extravagante.

La Ciudad de Cleopatra: Alejandría

Cleopatra nació en 70 AC, y fue uno de los siete hijos del rey Tolomeo XII. Llegó a la mayoría de edad en Alejandría, la capital de Egipto y un floreciente puerto del Mar Mediterráneo. El Faro de Pharos, una de las Siete Maravillas del Mundo, brillaba sobre el puerto de Alejandría y acogía a los barcos y a la gente a esta vibrante y cosmopolita ciudad. El célebre matemático Euclides había vivido allí y publicado los trece volúmenes de sus *Elementos*, que contenían todos los principios conocidos de la geometría y del álgebra. La Biblioteca de mármol de Alejandría era la más grande del mundo, y filósofos de la tradición griega de Platón y Aristóteles se paseaban por sus calles.

Además, Egipto era un país rico. Sus artesanos producían vidrio, metal, hojas de papiro para escribir y telas. El fértil campo producía granos que se enviaban por barco a toda la región del Mediterráneo para hacer pan.

Reina de una Nación Amenazada

A pesar de su grandiosa historia, en la década del 50 AC, Egipto estaba luchando. Los ejércitos romanos ya habían conquistado la mayor parte de los países vecinos. Egipto había conservado su independencia, pero nadie sabía durante cuánto tiempo podría sobrevivir a la expansión romana. El padre de Cleopatra, Tolomeo XII, había hecho una alianza desigual con Roma. Había perdido varios territorios, como la isla de Chipre, y enfrentaba rebeliones políticas encabezadas por sus propios hijos.

Cuando murió su padre en 51 AC, Cleopatra tenía sólo dieciocho años de edad. Sin embargo, fue nombrada como su sucesora, junto con su hermano de doce años, Tolomeo XIII. A lo largo de su prolongado reinado, juró proteger la independencia de Egipto. Lo hizo hasta su amargo final, con la ayuda de una fuerte armada y sus alianzas románticas con los hombres más poderosos de Roma.

Cleopatra y Julio César

Cuando Cleopatra se convirtió en reina, Roma estaba embrollada con su propio drama civil. Desde hacía mucho tiempo, era una república que se enorgullecía de la democracia y del gobierno de su Senado. Ahora, hombres ambiciosos estaban tomando el poder. Tres de estos hombres sedientos de poder—Julio César, Pompeyo y Craso—unieron secretamente sus fuerzas en el Primer Triunvirato en 60 AC para ganar más control. Sin embargo, muy pronto comenzaron a pelear entre sí.

En 48 AC, Julio César conquistó Galia, al norte de Italia. Enardecido por la emoción de la victoria, condujo a sus soldados de regreso a Roma. Según una antigua tradición, los soldados de ningún general podían cruzar el río Rubicón para entrar a la ciudad, pero César no reparó en esta tradición y entró con su ejército a la ciudad. Luchó una guerra civil contra Pompeyo, ahora su enemigo, y contra el Senado, en tierra y en el mar. Pompeyo huyó a Alejandría, con César a sus talones.

Alejandría había caído en la violencia. Cleopatra y su hermano estaban peleando, cada uno intentaba robar el poder al otro, y no había ley ni orden. Los hermanos gobernantes consideraron a los romanos rivales, Pompeyo y Julio César, sabiendo que debían hacer una alianza con Roma, pero sin saber en cuál de ellos podían confiar.

A medida que empeoraba la lucha en Alejandría, Cleopatra huyó de la ciudad con su hermana menor. Al mismo tiempo, uno de los hombres de su hermano, envalentonado, asesinó a Pompeyo. Esperaba que este acto le atrajera la buena voluntad de Julio César, quien entonces se pondría del lado del hermano y lo coronaría como único Faraón de Egipto. No obstante, cuando César vio los restos de Pompeyo, incluyendo su anillo con el emblema de un león sosteniendo una espada entre sus garras, montó en cólera. Los generales romanos tenían su propio sentido del honor, y esta no era manera de terminar con la vida de un renombrado líder romano. Julio César se enojó con el hermano y lo exilió de Egipto.

Así, en 47 AC, Cleopatra se convirtió en la única Reina de Egipto. Julio César la nombró Faraona y Reina de Reyes, y Cleopatra comenzó a presentarse como la encarnación de la diosa-madre egipcia, Isis. Ella y Julio César se enamoraron. El conquistador romano y la reina egipcia tuvieron un hijo. Lo llamaron Tolomeo César, uniendo así los nombres tradicionales de Roma y de Egipto. Su apodo era Cesarión.

Poco después del nacimiento de Cesarión, una cábala de senadores romanos, que temían el poder cada vez más grande de César, lo asesinaron en los tristemente famosos Idus de Marzo (el 15 de marzo de 44 AC). Cleopatra y su hijo habían estado con César en Roma y, después de su muerte, regresaron por barco a Alejandría. Después de haber tenido la oportunidad de observar tan de cerca la política romana, Cleopatra sabía que Roma desempeñaría un importante papel en su futuro, pero no sabía cómo.

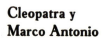

Cleopatra y Marco Antonio

Después de la muerte de César, Roma fue gobernada por un Segundo Triunvirato: Octavio, Lépido y Marco Antonio, este último estaba a cargo de las provincias orientales del imperio y había puesto su mirada en Egipto. En 42 AC, convocó a Cleopatra a una reunión. Cleopatra finalmente aceptó encontrarse con Marco Antonio en la ciudad de Tarso. Hizo una entrada grandiosa, en un barco dorado de brillantes velas púrpura, y exigió que él subiera a bordo para hablar con ella allí. Cleopatra y Marco Antonio también se enamoraron y, nueve meses más tarde, ella dio

tavio temía que Cesarión (el hijo de César y Cleopatra) algún día le disputara el liderazgo de Roma.

Octavio y el Senado romano declararon la guerra a Marco Antonio y Cleopatra. El general de Octavio, Agripa, capturó una de las ciudades griegas de Marco Antonio, Metona. En una mañana de septiembre de 31 AC, Marco Antonio y Cleopatra comandaron una flota de barcos para llegar al Golfo de Actio, en la costa occidental de Grecia, con el fin de recuperar la ciudad.

La Última Reina de Egipto

La batalla sería un desastre para Cleopatra. Antes de finalizar el día, habría de llevar sus barcos de regreso a Alejandría, seguida por Marco Antonio, quien había perdido muchos barcos y muchos hombres. Sus días de suerte habían terminado. Pronto, las fuerzas de Octavio amenazaban a Alejandría. Marco Antonio se quitó la vida; Cleopatra optó entonces por suicidarse antes de ser hecha prisionera y exhibida en la marcha triunfal de Octavio por las calles de Roma.

Considerando todavía que Cesarión era una amenaza para él, Octavio hizo matar al niño de doce años. Llevó a los tres hijos de Marco Antonio y Cleopatra a Roma, donde fueron criados por la hermana de Octavio, Octavia, quien había sido también la esposa romana de Marco Antonio y era ahora su viuda.

Una era terminó, otra comenzó. Cleopatra fue la última reina y faraona del Egipto independiente. Habiendo derrotado a Cleopatra, Octavio declaró a Egipto una provincia romana. Tomó el inmenso tesoro de Egipto para pagar a sus soldados. Habiendo vencido a Marco Antonio, Octavio declaró la Pax Romana, y se convirtió en el primer emperador romano.

a luz a sus mellizos, llamados Alejandro Helios y Cleopatra Selene II.

Marco Antonio estaba agobiado por la vida política de Roma. A pesar de su gran popularidad entre el pueblo romano, perdía terreno político frente a su némesis, el brillante Octavio. Marco Antonio se mudó a Alejandría para vivir con Cleopatra y tuvieron otro hijo.

El destino de Cleopatra sería, en lo sucesivo, inseparable del de Marco Antonio y su enemigo, Octavio. Octavio quería la riqueza de Egipto y el poder de Marco Antonio. Julio César había nombrado a Octavio como su heredero legítimo antes de morir, pero Oc-

Puesto de Limonada

UN PUESTO DE LIMONADA es una manera maravillosa de ganar un poco de dinero y de conocer a tus vecinos. Necesitarás:

- Limonada, en una jarra o un termo grande
- Hielo (y una hielera para mantenerlo congelado)
- Refrigerios
- Vasos y servilletas
- Caja para el cambio o la registradora con la que jugabas en el jardín infantil, si tu hermanito no la ha roto
- Mesa plegable
- Cartel grande y una lista de precios
- Sillas o una banca, si lo deseas
- Opcional: música u otra forma de llamar la atención para que se acerquen al puesto

Limonada y brownies son una combinación clásica. Cocinar los brownies que vienen en caja es fácil, y hemos incluido recetas para otros refrigerios también.

Las artesanías pueden ser buenas también; quizás pulseras de amistad, en las que puedes trabajar mientras llega otro cliente. Puedes dedicar asimismo la mitad de la mesa a una venta, y vender diversos objetos que ya no uses. Es por eso que una mesa grande será muy útil.

RECETAS PARA EL PUESTO DE LIMONADA

Limonada

Si quieres exprimir limones frescos, la receta básica, para cuatro vasos, es la siguiente. Puedes ver que preparar suficiente limonada fresca para tu puesto exigirá que dediques bastante tiempo a exprimir limones.

- 🐦 4 tazas de agua
- 🐦 El jugo de 6 limones
- 🐦 ¾ taza de azúcar, o más, dependiendo si prefieres la limonada dulce o amarga

Mezcla a mano o en una licuadora, ajusta el azúcar y sírvela con hielo.

También puedes preparar limonada con un concentrado de limón, disponible en el supermercado, o con limones secos. No tiene nada de malo utilizar estas opciones, especialmente si la idea es salir a la calle a vender limonada, no pasar toda la mañana en la cocina exprimiendo limones. Sigue las instrucciones de la caja. Siempre puedes cortar unas delgadas tajadas de limón y agregar una a cada vaso.

Dulces de Limón

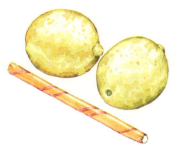

Para preparar esta delicia anticuada, pon una barrita dulce de limón (son huecas por dentro) en la parte abierta de un limón que has cortado por la mitad. La mezcla del limón amargo y de la barrita dulce es perfecta. Para hacerlo con un limón completo, usa un utensilio que sirve para quitar el corazón de las manzanas, un exprimidor de limones o un cuchillo afilado para abrir un hueco para la barrita dulce. Puedes usar también naranjas o limas.

DELICIAS HORNEADAS

Las galletas de mantequilla son una excelente e inesperada adición para cualquier puesto de limonada con servicio completo, al igual que el caramelo blando de chocolate y leche. Ambas recetas son increíblemente sencillas, aun cuando el caramelo necesitará más previsión, pues es preciso dejarlo aproximadamente dos horas en el refrigerador para que cuaje.

Galletas de Mantequilla

- 🐦 1 taza de azúcar
- 🐦 1 taza de mantequilla (dos barras, o ½ libra)
- 🐦 3 tazas de harina de trigo

Calienta el horno a 275 grados Fahrenheit. Mezcla el azúcar y la mantequilla. Agrégale 2½ tazas de harina y mezcla hasta que se integren los ingredientes. Enharina la parte superior de una mesa, una tabla de madera o el mostrador con la ½ taza restante de harina, y amasa hasta que veas grietas en la superficie de la masa. Estira la masa ¼ de pulgada de grueso, y córtala en cuadrados, barras o cualquier forma que quieras. Con un tenedor, perfora las galletas y ponlas sobre papel de hornear. Horneálas durante 45 minutos, hasta que la parte superior esté dorada. Puedes agregar también almendras, nueces o chispas de chocolate a la masa.

Caramelo de Chocolate y Leche

- 2 paquetes, o 16 cuadrados de chocolate para cocinar semidulce
- 1 lata de leche condensada de 14 onzas
- 1 cucharadita de vainilla

Derrite el chocolate con la leche condensada, bien sea en un horno microondas durante 2 ó 3 minutos, o en la estufa. El chocolate debe quedar casi derretido, pero no completamente. Bate y el chocolate se derretirá por completo. Agrega la vainilla. Forra una lata cuadrada (8 pulgadas es un buen tamaño) con papel de cera y vierte la mezcla de chocolate, leche y vainilla. Refrigera durante dos horas o más si es necesario, hasta que solidifique. Corta en barras o cuadrados.

CALCULAR TUS GANANCIAS

Si tienes un puesto de limonada con el fin de reunir dinero para comprar una navaja o un libro especial, debes comprender cómo calcular cuánto ganaste, esto es, tus utilidades. Digamos que hiciste la versión extendida del puesto de limonada. De la venta de la limonada, el caramelo y tres muñecas, ganaste $32.

Primero calcula las ganancias, usando esta ecuación estándar:

Entradas (dinero recibido) menos **Gastos** (comida, bebidas, etc.) igual **Ganancias**

Entradas: vendiste 30 vasos de limonada y 20 trozos de caramelo, cobraste 50 centavos por cada uno y ganaste $25. Además, alguien te pagó $7 por aquellos muñecos que tu tía abuela te regaló cuando cumpliste dos años. Al final del día, recibiste $32.

Gastos:	
3 latas de limonada congelada	2.50
38 vasos de plástico	1.50
Ingredientes para el caramelo	2.00
Total de gastos	6.00

Ahora sustituye los números en la ecuación: 32 menos 6 igual 26. Tuviste una ganancia de $26.

Remar en una Canoa

HAY BOTES MÁS GRANDES, rápidos y complejos que una canoa, un kayak o una balsa, pero ninguno de estos botes más sofisticados te permiten sentir el agua tan cerca, tocar las almejas que se aferran a los cardúmenes de los sauces, o deslizarte por pantanos poco profundos para pasar silenciosamente al lado de cormoranes, águilas pescadoras y cisnes.

Remar es un arte que, como la mayor parte de las actividades, toma tiempo dominar. Es posible que Huck Finn haya flotado en el Mississippi en una balsa, y que navegar en un kayak en los rápidos de un río sea emocionante, pero aparte de esto, nada es mejor que una canoa para una aventura acuática.

En ocasiones necesitas estar sola, y tu canoa está ahí para ti. Otras veces quieres aventurarte con una amiga y remar juntas en una canoa; esta es una lección fantástica sobre el trabajo en equipo.

Para aprender a remar en una canoa, debes conocer las palabras básicas de los botes, los golpes y los conceptos.

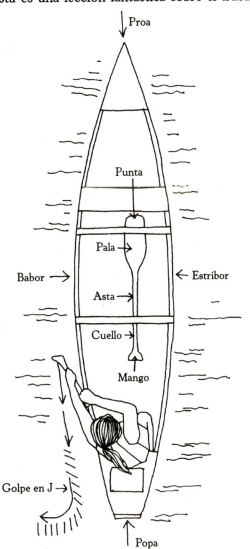

El golpe de remo habitual en las canoas es el golpe *hacia delante*. Para remar a la derecha, toma el mango (o parte de arriba del remo) con la mano izquierda y el asta con la derecha. Pon el remo dentro del agua, perpendicularmente al bote, hálalo hacia atrás y luego sácalo del agua. Mantén los brazos derechos y gira el torso mientras remas. Para remar a la izquierda, sostén el mango con la mano derecha, el asta con la izquierda, y repite el movimiento.

Para cambiar de curso y regresar, gira el bote y luego rema hacia delante en la nueva dirección. El golpe *hacia atrás*, entonces, sólo hace que el bote avance más lentamente o incluso que se detenga. Pon el remo dentro del agua ligeramente hacia atrás, cerca de la línea de tus caderas, hala hacia el frente y luego sácalo.

Es importante recordar que una canoa no es una bicicleta. Si haces girar el manubrio de la bicicleta hacia la derecha, ésta girará hacia la derecha. No sucede lo mismo en una canoa. Cuando remas hacia la derecha, el bote se moverá hacia la izquierda. Lo contrario también es cierto: remar a la izquierda hace girar el bote hacia la derecha. Rota el cuerpo mientras remas, pues la fuerza no viene de tus brazos sino de tu torso. Con la práctica, aprenderás a hacer esto instintivamente, utilizando las caderas y el peso del cuerpo para controlar la dirección del bote.

La canoa para dos personas es una danza delicada donde la persona que está en la popa conduce y da las instrucciones, mientras que la persona que está en la proa rema, cambiado de lado a voluntad para mantener el bote en su curso.

Cuando se rema solo, es esencial conocer el *golpe en J* el cual, mediante un pequeño giro en el extremo, mantiene el bote en una línea recta. El golpe en J es exactamente eso. Cuando remes por el lado izquierdo, traza la letra J (ver la ilustración). Del lado derecho, parecerá como una imagen especular de la J, o un anzuelo. En otras palabras, pon el remo en el agua cerca de la canoa y, antes de terminar el golpe hacia delante, gira el remo hacia el lado externo y lejos del bote; esa es la J. Luego sácalo del agua y prepárate para comenzar de nuevo.

Algunos principiantes mueven constantemente el remo del lado derecho al izquierdo, pero esta es una forma sencilla de cansar los brazos. Usar un *golpe en C* para dar dirección te permitirá remar hacia un lado la mayor parte del tiempo. Comienza con un golpe hacia delante, pero traza una C (a la izquierda, o su imagen especular a la derecha) en el agua. Cuando lo hagas, haz girar la pala de manera que quede casi paralela al agua.

El próximo golpe tiene muchos nombres, *cruzado* es uno de ellos. Es un freno. Arrastra la pala en el agua y mantenla quieta. Realmente sostén el remo con fuerza contra la corriente del agua. Esto detiene el bote. También lo vuelve hacia ese lado, pero esta no es una manera sugerida de girar, puesto que desacelera demasiado el bote.

El golpe final es perfecto para cuando te encuentras en una cala sin más compañía que una familia de nutrias y dos focas que anidan en una roca cercana. *El golpe más silencioso de todos* no romperá el agua y no hará ruido alguno. Pon el remo en el agua y mantenlo allí, haciendo la figura del 8, una y otra vez.

Ahora bien, en el mundo ideal, lo único que necesitas es una canoa y un remo. En la vida real, es necesario tener algún equipo adicional, en primer lugar, un chaleco salvavidas. Pica y es incómodo, y te sentirás tentada a dejarlo en la playa. No lo hagas, por favor. Puede salvarte la vida en una tormenta. En circunstancias menos desesperadas, si resbalas, puede darte un apoyo mientras tomas el remo y te izas dentro de la canoa.

Agua potable es necesaria y, finalmente, pero no lo menos importante, lleva una cuerda. Las cuerdas son la clave para las aventuras en canoa. Es posible que encuentres una canoa que necesita que la remolques a la playa, o que necesites la cuerda para atar la canoa a un árbol mientras exploras la ribera de un río. Quizás la marea ha salido de un arrecife y necesitas salir del bote y arrastrar la canoa hasta aguas más profundas. Chaleco salvavidas, agua, cuerda, y estás preparada.

Pistas finales: en general, entre más cerca del bote remes, más derecho avanzará. Para girar, rema lejos del bote. Agáchate en el bote al entrar y al salir. Lee las tablas de las mareas para que sepas dónde está el agua.

Respira profundo, rema con inteligencia y disfruta el viaje.

El Mejor Monopatín

Monopatín con Manubrio

ESTE MONOPATÍN NO ES sólo para correr calle abajo y volar por las esquinas; es también una oportunidad para desarrollar un proyecto impresionante de madera y tornillos.

A continuación presentamos un plan detallado para construir un monopatín con manubrio de tres ruedas. Es igual a los monopatines de metal, excepto que no se dobla y la plataforma está un poco inclinada. Para que no tengas que inventar de nuevo la rueda, por decirlo así, debes saber que encontramos estos pedazos de madera y tornillos con más facilidad en pequeñas madereras y ferreterías.

Ten la seguridad de que, incluso si los materiales tienen el tamaño perfecto, habrá problemas. Es posible que entiendas mal las instrucciones, que midas mal un hueco, que compres el tornillo incorrecto. El secreto del trabajo en madera es experimentar con los problemas y encontrar la solución. Mide de nuevo. Taladra de nuevo el hueco un poco más lejos. Corta un nuevo pedazo de madera. Los carpinteros profesionales resuelven problemas como estos y peores todo el día. Si algo sale mal, no te preocupes, estás en buena compañía. Enfrenta el problema y soluciónalo.

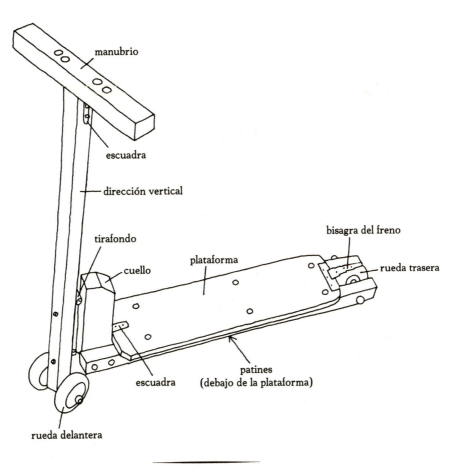

manubrio

escuadra

dirección vertical

tirafondo

bisagra del freno

cuello

plataforma

rueda trasera

escuadra

patines
(debajo de la plataforma)

rueda delantera

LO QUE NECESITAS

◆ Tres ruedas para monopatín de 4 pulgadas o 100 mm de diámetro, con un hueco de ¼ de pulgada para el eje. Estas se consiguen donde se venden repuestos para los monopatines. O toma las ruedas prestadas de dos monopatines de metal.

◆ Madera de 2 × 2, de 104 pulgada de largo (si se vende por pies, un pedazo de diez pies es lo ideal). Corta dos pedazos de 40 pulgadas de largo, un pedazo de 32 pulgadas de largo, y un pedazo de 12 pulgadas de largo. El pino es bueno, pero si usas madera de pino que no haya sido tratada, no debes dejar el monopatín a la intemperie. El pino de alta calidad, sin nudos, "claro," hace que el monopatín sea más fuerte y es muy recomendado.

◆ Madera de 2 × 3, un pedazo de 10 pulgadas de pino u otra madera.

◆ ¾ de triplex, cortado $5\frac{3}{4} \times 22\frac{1}{2}$ pulgadas.

Pide en el sitio donde compres la madera que la corten en estos tamaños; en muchos sitios lo harán por una pequeña suma de dinero. Estas son medidas estándar de madera en los Estados Unidos, que miden ½ pulgada menos de su tamaño (así, 2 × 2 en realidad mide $1\frac{1}{2} \times 1\frac{1}{2}$, y 2 × 3 mide $1\frac{1}{2} \times 2\frac{1}{2}$.)

IMPLEMENTOS DE FERRETERÍA

◆ Dos tornillos de ¼″, de 3″ de largo, con un hueco de ⅝″.

◆ Dos tornillos de ¼″, de 4″ de largo, con un hueco de ⅝″. Nota: el hueco de ⅝″ es importante, porque estos tornillos entran en una tuerca de ½″.

◆ Cuatro tirafondos de $\frac{1}{4}″ \times 1\frac{3}{4}″$ con cuatro arandelas y cuatro tuercas. Usa tuercas de tope si las encuentras.

◆ Seis tirafondos de $\frac{1}{4}″ \times 2\frac{1}{2}″$ con seis arandelas y seis tuercas. Usa tuercas de tope si las encuentras. Nota: el tamaño de tornillo preferido es $\frac{1}{4}″ \times 2\frac{3}{4}″$, pero este es un tamaño especial que no se consigue con facilidad.

◆ Dos tirafondos de ½″ × 6″ con dos arandelas y dos tuercas.

◆ Un tirafondo de ½″ × 8″ con dos tuercas.

◆ Dos tornillos hexagonales de $\frac{1}{4}″ \times 1\frac{3}{4}″$ con dos tuercas. Usa tuercas de tope si las encuentras.

◆ Dos tornillos hexagonales de ¼″ × 5″ con seis tuercas y diez arandelas.

◆ Tres escuadras angulares de 2″ × 2″ y cuatro tornillos de madera.

◆ Una bisagra de 4″.

Finalmente, compra un surtido de tuercas de ½″ y arandelas de ½″ y espaciadores de nylon, así como unas tuercas adicionales de ¼″ para asegurar y porque invariablemente se caen y desaparecen. Los protectores plásticos para los tornillos son buenos para proteger los tobillos desnudos de los tornillos que sobresalen, pero sólo sabrás qué más necesitas cuando hayas terminado.

Montar en el monopatín causa vibraciones y, con el tiempo, las vibraciones aflojarán los tornillos. Dos tuercas juntas, llamadas tuercas cerradas, impedirán que esto suceda. O puedes usar las tuercas de tope, que tienen una cubierta interior que les impide vibrar. Sólo puedes usar las tuercas de tope una vez, así que una opción es armar el monopatín con tuercas corrientes y, cuando veas que todo se ajusta, reemplázalas con tuercas de tope. Cuando lo montes, aprieta las tuercas cada cierto tiempo.

Adicionalmente, debido a diferencias en el tamaño de las maderas, dependiendo de dónde vivas, es posible que necesites tornillos más cortos, más largos, más gruesos o más delgados, o que decidas correr los huecos una o dos pulgadas.

HERRAMIENTAS

Sierra de mano o sierra de puñal; taladro con puntas de $\frac{1}{4}''$ y $\frac{1}{2}''$; lápiz, metro; escuadra de borde recto o escuadra de carpintero (la de 3 pies es la mejor); llave inglesa; martillo; área de trabajo y caballete para aserrar (o cualquier cosa que sirva para cortar y taladrar madera).

Paso Uno: Cortar la Madera

Si no te entregaron la madera cortada, saca la sierra y corta las seis piezas. Pista: cuando cortes el pedazo de 2 × 2, mide y corta las 32 pulgadas de la dirección vertical primero, desde el final de la madera cortada en la tienda, y marca este extremo "arriba." Esto puede parecer algo fastidioso, pero luego te ahorrará mucho tiempo porque sabrás cuál es el extremo más limpio y plano. Puedes cortar un ángulo en el cuello, como en la ilustración. Marca los puntos en ambos extremos del corte y usa la sierra entre ellos. No exageres, y deja mucho espacio para los huecos del taladro. Pide a un adulto que te ayude si lo necesitas.

Paso Dos: Marcar los Huecos para el Taladro

Mide con precisión. Dibuja las instrucciones en la madera con el lápiz, para recordar cuál de los paneles va al frente, al lado, arriba o atrás.

Centrar es importante, así que dibuja primero el centro de la línea y señala los sitios para taladrar sobre esa línea. En los cuatro pedazos cortados de la madera 2 × 2, la línea central está a $\frac{3}{4}$ de pulgada de cada lado. Dibuja esta línea en todos los lados, sí, en *todos* los lados, aun cuando parezca una exageración. Esta línea guiará los huecos del taladro, ayudará a alinear las partes con precisión, y te mostrará si has taladrado un hueco derecho a través de la madera.

Estas instrucciones suponen que la escuadra y el metro estén alineados, y que has señalado los sitios de una hilera todos al mismo tiempo, desde el lado con el que comenzaste; en otras palabras, no agregues la segunda y la tercera medida a la primera; cuéntalas todas de una vez. Cuando tengas dudas, consulta la ilustración.

Sobre los patines de 30 pulgadas, los huecos se marcarán tanto arriba como al lado.

Parte superior: Marca los huecos desde la izquierda, a las 6, 16 y 24 pulgadas.

Lado: Marca tres huecos: desde la izquierda a $\frac{1}{2}$ pulgada y 2 pulgadas, y desde la derecha a 2 pulgadas.

La dirección vertical de 32 pulgadas va debajo del manubrio y se conecta con el resto del mo-

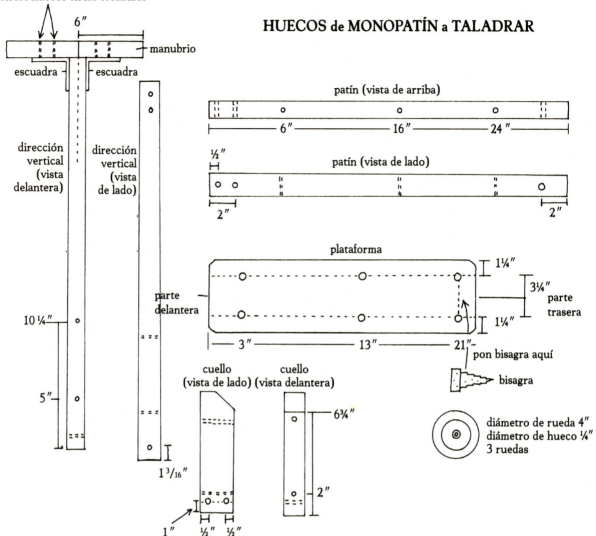

Marca estos huecos para alinearlos
con los huecos en las escuadras

6″

manubrio

escuadra — escuadra

HUECOS de MONOPATÍN a TALADRAR

dirección
vertical
(vista
delantera)

dirección
vertical
(vista
de lado)

patín (vista de arriba)

6″ ——— 16″ ——— 24″

½″

patín (vista de lado)

2″   2″

10¼″

5″

parte
delantera

plataforma

1¼″

3¼″ parte
trasera

1¼″

3″ ——— 13″ ——— 21″-
pon bisagra aquí

bisagra

cuello
(vista de lado)

cuello
(vista delantera)

6¾″

2″

1³/₁₆″

1″ ½″ ½″

diámetro de rueda 4″
diámetro de hueco ¼″
3 ruedas

nopatín a través de la ingeniosa columna conocida también como tirafondo de 8 pulgadas.
Mira dónde escribiste "arriba" cuando cortaste la madera. Señala los huecos en la parte
de atrás, de adelante y en el lado.

Atrás/frente: Marca los huecos desde la
parte inferior a 5 pulgadas y a 10¼ pulgadas.

Lado: Marca un hueco desde la parte inferior a ¹³/₁₆ de pulgada. En la parte de arriba,
alinea la escuadra de dos pulgadas contra la
madera, y marca los huecos para la escuadra.
En algunas escuadras, los dos huecos están un

poco descentrados, así que no pienses que la
tuya está mal fabricada.

El manubrio de 12 pulgadas está conectado
con la dirección vertical.

Lado: Dibuja una línea vertical en el centro de 6 pulgadas, de arriba abajo. Alinea esta
marca de 6 pulgadas con la línea central de ³/₄
de pulgada en la dirección vertical cuando estés preparada para marcar y taladrar los huecos para las escuadras.

Parte inferior: Sostén cada escuadra en su

lugar y señala los sitios para taladrar. Haz esto a la derecha y a la izquierda del lugar donde se encuentran la vertical y el manubrio, cuatro huecos en total.

El cuello es la pieza de madera más gruesa.

Frente: Es el lado más delgado. En el lado que quedará al frente de la dirección vertical, desde la parte inferior, señala las 2 pulgadas y luego las $6^3/4$ pulgadas. Estos tornillos se alinearán con otros dos tornillos en la dirección vertical, y el tirafondo de 8 pulgadas caerá en ellos para formar el mecanismo para la dirección, pero aún no hagas esta parte.

Lado: Este es el pedazo más largo. Traza una línea horizontal a una pulgada desde la parte inferior. Sobre esta línea, marca $1/2$ pulgada a cada lado. Lo que va allí son los tornillos grandes que unen el cuello con los patines.

La plataforma de cubierta es donde te paras para correr calle abajo. Dibuja dos líneas a $1^1/4$ pulgadas de cada lado, a todo lo largo de la cubierta (el espacio entre éstas debe medir $3^1/4$ pulgadas). En caso de que la madera haya sido mal medida, lo más importante es advertir que los huecos deben estar a $3^1/4$ pulgadas de distancia. A lo largo de cada línea, mide los sitios para taladrar desde el frente / izquierda a 3 pulgadas, 13 pulgadas y 21 pulgadas.

Paso Tres: Taladrar

Antes de encender el taladro, verifica de nuevo todas las medidas, aun cuando esto sea tedioso y tu dedo esté listo para disparar. Alinea las piezas de madera para asegurarte que todas encajan y luego taladra.

Usa una punta de $1/4$ de pulgada para todos los huecos, excepto los dos huecos del frente en el lado de ambos patines, y los huecos correspondientes en la parte inferior del cuello; éstos se deben perforar con una punta de $1/2$ pulgada. La punta de $1/2$ pulgada puede ser difícil de manejar, especialmente sobre pino suave y tan cerca del borde de la madera. Para impedir que la madera se astille, comienza el hueco con una punta de $1/4$ de pulgada, luego amplíalo con una punta de $5/16$ de pulgada y luego con una de $3/8$ de pulgada. Usar todas estas puntas antes de ensayar con el monstruo de la de $1/2$ pulgada debe ser suficiente.

Puede ser difícil trabajar con las escuadras que conectan el manubrio con la dirección vertical. Si es así, pon las escuadras en su lugar y taladra los huecos a través de ellas, sin hacer las marcas preliminares. Taladra y atornilla las escuadras en la dirección vertical primero y luego coloca el manubrio encima y haz el resto.

Paso Cuatro: Ensamblar

Extiende las piezas de madera y los tornillos en el suelo y mantén estas instrucciones y las ilustraciones a la mano.

Usa los dos tornillos hexagonales de $1/4 \times 1^3/4$ pulgadas para sujetar las dos escuadras a la dirección vertical, y luego une el manubrio a la parte superior de las escuadras con los cuatro tirafondos de $1/4 \times 1^3/4$ pulgadas. Pista: no aprietes los tornillos completamente en las escuadras hasta que todos estén en su lugar. Maravíllate de haber tenido la previsión de dejar a un lado el borde más plano.

Sujeta la plataforma de cubierta sobre los dos patines con los seis tirafondos de $1/4 \times 2^1/2$ pulgadas. Si son demasiado cortos y no puedes encontrar los tirafondos especiales de $2^3/4$ de largo, ensaya con los de 3 pulgadas. Se recomienda usar tuercas de tope.

Atornilla los patines al cuello usando dos tirafondos de $1/2 \times 6$ pulgadas, con una arandela y una tuerca en cada uno. Si hay un espacio flojo entre ellos, usa tuercas, arandelas y espaciadores en el interior para llenarlo.

Sujeta los dos tornillos de 3 pulgadas a la

dirección vertical, con la parte de arriba de cara al cuerpo del monopatín, y luego sujeta los tornillos de 4 pulgadas al lado del frente del cuello.

Alinea los dos pares de tornillos y deja caer el tirafondo de $^{1}/_{2}$ × 8 pulgadas a través de los cuatro. Esa es la columna de la dirección. Asegúrate de que pueda girar libremente. Luego une dos tuercas juntas en la parte de abajo del tornillo.

Ahora las Ruedas

El eje frontal entra en el hueco que hay en la parte inferior de la dirección vertical. Encuentra los tornillos hexagonales de $^{1}/_{4}$ × 5 pulgadas. Pon una arandela en ambos lados de ambas ruedas e introduce el eje por una de las ruedas, a través de la dirección vertical y a través de la otra rueda. Asegúrate de que todo pueda girar, y termina con un par de tuercas o una tuerca de tope.

La rueda de atrás va entre los dos patines, lo cual la hace difícil de colocar. Usa el otro tornillo hexagonal de $^{1}/_{4}$ × 5 pulgadas, con arandelas en ambos lados de la rueda, para que pueda girar con facilidad y no quede atrapada en la madera.

Cuando hayas fijado el espacio de la rueda, cierra el eje con dos tuercas o una tuerca de tope.

Paso Cinco: Toques Finales

Si eres el tipo de persona que detiene el monopatín arrastrando un pie calzado con zapatillas de tenis a su lado, olvida este paso. De lo contrario, una bisagra triangular de 4 pulgadas es un buen freno. Sujétala con tornillos en la parte de atrás de la plataforma de manera que la bisagra se apoye sobre la rueda trasera. El cuello y la plataforma pueden asegurarse más, si lo deseas, con una escuadra y tornillos de madera, aun cuando omitimos este paso en nuestro monopatín.

Ajusta y aprieta todas las tuercas, pon cubiertas plásticas en la parte de debajo de los tornillos, borra las líneas de lápiz y limpia las herramientas. ¡Estás lista para salir!

Patineta Plana

LO QUE NECESITAS

◆ Tabla laminada de $^3/_4''$ cortada en un cuadrado de $12'' \times 12''$.
◆ Cuatro rodachinas de goma, que puedes comprar en la ferretería. Encuentra aquellas que van sujetas a una lámina, con cuatro huecos para los tornillos.
◆ Dieciséis tornillos pequeños con tuercas ($^3/_{16}''$ y $1''$ de largo). La caja de rodachinas sugerirá tornillos, pero esta opción supone que serán sujetadas a una silla o a un escritorio, no para patinar a gran velocidad en una patineta. Sugerimos tornillos pequeños, que son más fuertes porque los sostienen las tuercas. Si tienes dudas, pregunta en la ferretería. Mira lo que sigue porque podrías necesitar también dieciséis arandelas.

Herramientas

◆ Taladro con punta de $^3/_{16}''$
◆ Sierra o sierra de puñal
◆ Llave inglesa o llave de $^3/_{16}''$
◆ Lija. Envuelve la lija alrededor de un pequeño bloque de madera y sujétala con clavos o tachuelas.

Corta la madera del tamaño indicado y lija los bordes y la parte superior. Con la sierra, redondea los cuatro bordes.

Las rodachinas se colocan en cada una de las cuatro esquinas, a media pulgada del borde. Te ayudará dibujar líneas de media pulgada en todos los lados y colocar las rodachinas en el sitio donde se encuentran las líneas. Pon cada rodachina en la posición correcta y señala los huecos para los tornillos a través de la placa. Usa una punta de taladro de $^3/_{16}''$ para perforar los huecos.

Introduce los tornillos y apriétalos. Dependiendo de las ruedas, es posible que sea necesario hacer algunos ajustes. Hay dos consideraciones. La primera es que las tuercas deben estar apretadas. La segunda es que el espacio entre la placa y la rueda puede ser limitado, y apretar las tuercas puede estorbar el giro de las ruedas. Hemos ensayado varias soluciones; la mejor fue agregar una arandela bajo la cabeza del tornillo, en la parte de arriba de la patineta.

La Observación de Aves

OBSERVAR AVES PUEDE PARECER difícil (e incluso aburrido), pero podemos asegurarte que no lo es. Las aves están en todas partes; es fácil verlas y es divertido observarlas. La mayor parte de quienes las observan llevan un diario de listas toda la vida, una especie de diario de aves, donde anotan los pájaros que ven. Cuando empiezas a observar aves, puedes usar un pequeño cuaderno de espiral para hacer un diario de listas, escribiendo los nombres de las aves que encuentres o esbozando sus rasgos distintivos para poderlas buscar en un libro de identificación de aves cuando regreses a casa. Lo único que necesitas para observar aves es un par de binoculares, una buena guía para las aves, ropa cómoda, tu diario, y un poco de paciencia. Observar aves exige cierto tipo de presencia de parte del observador: debe formar parte de la naturaleza y no observarla desde afuera. A continuación presentamos ocho pájaros comunes para que comiences tu búsqueda de toda la vida.

Petirrojo norteamericano

El petirrojo americano es una de las especies de aves más popular, un visitante habitual en los patios y jardines. Puede verse en todo Norteamérica y se reconoce por su cabeza gris, vientre naranja (usualmente más brillante en el macho), y medialunas distintivas alrededor de los ojos. Durante la época de cría, a los machos adultos les crecen atractivas plumas negras en la cabeza; cuando termina la época, las plumas caen (al igual que les sucede a sus contrapartes humanas masculinas en la edad madura). La canción del petirrojo suena como una frase musical silbada, descrita en ocasiones como "alégrate, alégrate, alégrate."

Hechos interesantes:
El petirrojo norteamericano es el ave representativa de los estados de Connecticut, Michigan y Wisconsin. Y hay un color de crayones que toma su nombre del color de sus huevos: Azul Huevo de Petirrojo.

Urraca de América

La urraca, un pájaro de alta cresta, es reconocible de inmediato por su característico color azul. Las urracas son inteligentes, recursivas y adaptables. Pueden imitar los sonidos que producen los halcones, espantando a sus rivales en conseguir alimento, y tienen la reputación de robar los huevos y los nidos de aves más pequeñas durante la época de cría.

Las urracas macho y hembra lucen igual. Las urracas en cautiverio han demostrado ser capaces de usar herramientas y tomar tiras de papel de periódico para hurgar en bolsas de comida afuera de sus jaulas.

Herrerillo

Hay cinco especies de herrerillo en Norteamérica: la más común, llamada capa negra, se encuentra en todo Norteamérica; el herrerillo de Carolina se encuentra en el sureste; el herrerillo de monte se encuentra en las Montañas Rocosas; el herrerillo de espalda castaña en la costa del Pacífico; y los herrerillos mexicanos se encuentran en Arizona, Nuevo México y en el occidente y centro de México. Los herrerillos son más pequeños que los gorriones y muy acrobáticos. El herrerillo tiene dos trinos característicos: uno que suena como "chiiiiiiiiisburgers" y otro que les da su nombre en inglés "chick-a-dee-dee-dee-dee."

Hechos interesantes:

El herrerillo de capa negra oculta semillas para comerlas más tarde y puede recordar miles de escondites. Los trinos aparentemente sencillos de este ave en realidad se usan para comunicar en ocasiones información compleja, tal como su identidad o alertas de predadores a otros herrerillos.

Colibrí de garganta de rubí

Estas diminutas aves son la única especie de colibrí que vive en el este de Norte América y

se encuentran incluso tan al norte como New Brunswick, Canadá. Rondan las flores y su nombre en inglés se deriva del sonido de murmullo que emana de sus alas.

En el invierno, este colibrí vuela sobre el Golfo de México hasta América Central. Para prepararse para el viaje, come tanto que duplica su masa corporal los días antes de su partida. Su parte de atrás es verde iridiscente; los machos tienen una garganta rojo rubí, y las hembras una garganta blanca. También son más grandes que los machos.

Hechos interesantes:

El colibrí garganta de rubí bate sus alas 53 veces por segundo. Sus patas son tan cortas que no puede caminar ni saltar, sólo arrastrarse; pero consigue rascarse la cabeza levantando la pata sobre su ala.

Halcón de cola roja

El halcón de cola roja es aproximadamente del tamaño de un pequeño gato (22 pulgadas de largo y pesa de 2 a 4 libras). Clasificados como aves de rapiña, son carnívoros, esto quiere decir que comen carne. Tienen picos curvados; sus patas tienen tres dedos que apuntan hacia delante y uno hacia atrás; y sus garras son lar-

PISTAS PARA OBSERVAR AVES DE PETER CASHWELL

(autor de *The Verb "To Bird"*)

1. Levántate temprano. Es bueno salir antes del amanecer, si quieres ver y escuchar a las aves con las menores distracciones posibles (tráfico, ruido de las fábricas, etc.). Puedes observar aves todo el día, desde luego, pero temprano en la mañana es el mejor momento.

2. Aprende bien la apariencia de unas pocas aves corrientes. Esto te dará algo con qué comparar el ave que veas. Si reconoces de inmediato a un petirrojo, puedes saber si el pájaro que ves es más pequeño, tiene un vientre más blanco o un pico más grueso.

3. Pon un alimentador o un baño para aves. Esto atraerá a las aves a tu jardín, donde puedes observarlas de cerca y durante largo tiempo. Probablemente atraerás también diferentes tipos de aves, lo cual te ayudará con el # 2.

4. Observa con otras personas. Los observadores más experimentados pueden mostrarte toda clase de cosas que probablemente no advertirías si estás solo, y a la mayor parte de ellos les agrada enseñar a otros menos experimentados. Incluso si sólo salen tú y un amigo que no sepa mucho sobre aves, dos pares de ojos ven más que uno (y dos pares de marcas de campo te ayudarán a descubrir qué viste).

5. Observa en todas partes. No es necesario estar en un Parque Natural para ver aves raras o interesantes. Algunas estarán en la playa, otras en un parque de la ciudad, otras en tu jardín, otras en aquel lote vacío al otro lado de la carretera. Sigue mirando y las verás en todas partes.

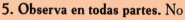

gas, curvadas y muy afiladas. Pueden llegar a vivir veintiún años, aun cuando su tiempo de vida más típico es cerca de diez años. Esta variedad de halcón se encuentra en todo Norteamérica, desde el centro de Alaska y el norte de Canadá hasta las montañas de Panamá. Tiene un chillido áspero que emite más comúnmente cuando se remonta en el aire.

Hechos interesantes:
La vista del halcón de cola roja es ocho veces más poderosa que la de los seres humanos. Un halcón mata a su presa utilizando sus largas garras; si la presa es demasiado grande para tragarla entera, la desgarra en trozos más pequeños con el pico.

Ánade real
El ánade real se encuentra en todo Norteamérica y partes de Euroasia, especialmente en los estanques de los parques urbanos. Es el antepasado de casi todas las especies de patos domésticos. Los machos tienen la cabeza de un verde iridiscente, el pecho rojizo y el cuerpo gris; el de las hembras es de manchas marrón.

Hechos interesantes:
El ánade real es monógamo y se aparea mucho antes de la época de cría en la primavera. Los machos son fieles, pero sólo las hembras incuban los huevos y cuidan de las crías.

Zapadores de savia petirrojos
El zapador petirrojo es común en los bosques de la costa oeste, pero rara vez se lo ve en el

este. Se reconoce por sus características distintivas; cabeza y pecho rojo, y una línea blanca que se destaca en sus alas negras. Tanto los machos como las hembras se asemejan; los más jóvenes tienen manchas marrón, pero líneas blancas en las alas blancas, al igual que los adultos. Estas aves reciben su nombre por la forma como comen: buscan comida taladrando hileras horizontales en los troncos de los árboles y se alimentan de la savia y de los insectos atraídos por ella.

Hechos interesantes:
Los colibríes a menudo usan los huecos hechos por los zapadores, haciendo sus nidos cerca de ellos y siguiéndolos durante el día para alimentarse de los pozos de savia que mantienen abiertos.

Gorrión de los árboles americano
El gorrión americano en realidad no está relacionado con los árboles, pues en realidad busca comida y anida en el suelo. Es un ave común "de jardín" que se encuentra en el sur de Canadá y el norte de los Estados Unidos. Es una

pequeña ave canora, de sólo 6 pulgadas de largo, con una cresta y una franja marrón sobre los ojos, de cabeza gris y con una mancha blanca en el centro del pecho.

Hechos interesantes:
Durante los meses de verano, el gorrión americano sólo come insectos. En el invierno sólo come semillas y otros alimentos vegetales.

Y ahora, un poema sobre aves para inspirarte:

UN PÁJARO VINO POR EL CAMINO
Por Emily Dickinson

Un pájaro vino por el camino
No sabía que yo veía
Cómo un gusano de la tierra partía
Y crudo se lo comía.

Y luego bebía el rocío
De un césped más bajo
Y saltaba hacia el lado, contra el muro,
Dejando pasar un escarabajo.

Miró a su alrededor con ojos rápidos
Que todo su entorno apresuraban
Como temerosos abalorios
Pensé—
Movió su aterciopelada cabeza,

Como alguien en peligro, con cautela
Le ofrecí una migaja,
Desenvolvió sus plumas
Y remó a casa con más suavidad

Con la que dividen el mar los remos
Demasiado plateada para ser costura—
O con la que las mariposas, en los bancos del mediodía
Saltan nadan sin hacer espuma.

Mujeres Líderes Modernas

MIENTRAS QUE A LOS Estados Unidos todavía les falta elegir una mujer como presidente, muchos otros países en los últimos 100 años sí han tenido mujeres líderes.

País	Nombre	Años en el gobierno
Alemania	Canciller Angela Merkel	Elegida en 2005
Argentina	Presidenta Isabel Martínez de Perón	1973-1976
Bangladesh	Primera Ministra Sheik Hasina	1996-2001
Bangladesh	Primera Ministra Khalida Zia	1991-1996 2001-2006
Bosnia-Herzegovina	Presidenta Borjana Krišto	Elegida en 2007
Botswana	Jefa Principal Muriel Mosadi Seboko	Elegida en 2003
Burundi	Primera Ministra Sylvie Kinigi	1993-1994
Canadá	Primera Ministra Kim Campbell	1993
Chile	Presidenta Michelle Bachelet Jeria	Elegida en 2006
Corea del Sur	Primera Ministra Han Myung-sook	2006-2007
Dominica	Primera Ministra Mary Eugenia Charles	1980-1995
Filipinas	Presidenta Corazón Aquino	1986-1992
Filipinas	Presidenta Gloria Macapagal-Arroyo	Elegida en 2001
Finlandia	Presidenta Tarja Halonen	Elegida en 2000
Francia	Primera Ministra Edith Cresson	1991-1992
Guyana	Presidenta Janet Jagan	1997-1999
Haití	Primera Ministra Claudette Werleigh	1995-1996
Indonesia	Presidenta Megawatu Sukarnoputri	2001-2004
Irlanda	Presidenta Mary McAleese	Elegida en 1997
Irlanda	Presidenta Mary Robinson	1990-1997
Islandia	Presidenta Vigdís Finnbogadóttir	1980-1996
Israel	Primera Ministra Golda Meir	1969-1974
Jamaica	Primera Ministra Portia Simpson-Miller	Elegida en 2006
Latvia	Presidenta Vaira Vije Freiberga	Elegida en 1999
Liberia	Presidenta Ruth Perry	1996-1997
Liberia	Presidenta Ellen Johnson-Sirleaf	Elegida 2005
Lituania	Primera Ministra Kazimiera Danutė Prunskienė	1990-1991
Malta	Presidenta Ágata Barbara	1982-1987
Mozambique	Primera Ministra Luisa Días Diogo	Elegida en 2004
Nación Cherokee	Jefa Wilma Mankiller	1985-1995
Nación Seminole	Jefa Betty Mae Jumper	1967-1971

País	Nombre	Años en el gobierno
Nicaragua	Presidenta Violeta Barrios de Chamorro	1990-1997
Noruega	Primera Ministra Gro Harlem Brundtland	1981, 1986-1989 1990-1996
Nueva Zelanda	Primera Ministra Jenny Shipley	1997-1999
Nueva Zelanda	Primera Ministra Helen Clark	1999-2007
Pakistán	Primera Ministra Benazir Bhutto	1988-1990 1993-1996
Panamá	Presidenta Mireya Moscoso	1999-2004
Perú	Primera Ministra Beatriz Merino	2003
Polonia	Primera Ministra Hanna Suchocka	1992-1993
Portugal	Primera Ministra María de Lourdes Pintasilgo	1979-1980
Reino Unido	Primera Ministra Margaret Thatcher	1979-1990
República Democrática Alemana	Presidenta Sabine Bergamann-Pohl	1990
República de África Central	Primera Ministra Elisabeth Domitien	1975-1976
Ruanda	Primera Ministra Agathe Uwilingiyimana	1993-1994
Santo Tomé y Príncipe	Primera Ministra María do Carmo Silveira	2005-2006
Santo Tomé y Príncipe	Primera Ministra María das Neves Ceita Baptista De Sousa	2002-2003
Senegal	Primera Ministra Mame Madior Boye	2001-2002
Sudáfrica	Reina de la Lluvia Mokope Modjadji V	1981-2001
Sri Lanka	Presidenta Chandrika Kumaratunga	1994-2005
Sri Lanka	Primera Ministra Sirimavo Bandaranaike	1960-1965, 1970-1977, 1994-2000
Suiza	Presidenta Micheline Calmy-Rey	2007-2008
Suiza	Presidenta Ruth Dreifuss	1999-2000
Turquía	Primera Ministra Tansu Çiller	1993-1996
Yugoslavia	Primera Ministra Milka Planinc	1982-1986

Reglas del Juego: Dardos

LOS DARDOS SON OTRO juego con una larga historia. Se cree que este juego fue inventado por soldados que lanzaban flechas a troncos de árbol o toneles de madera. Los tableros modernos de dardo se fabrican usualmente de cerdas de jabalí o fibras de cabuya (o, en el caso de los juegos de dardos Velcro, de fieltro). Jugar a los dardos requiere alguna práctica, y algunas habilidades matemáticas, pero principalmente lo divertido es lanzar algo al otro lado de la habitación. Asegúrate de mantener a hermanos molestos y pequeños animales a una distancia segura y lejos del tablero.

Poner el tablero

Un tablero reglamentario tiene un diámetro de 18 pulgadas y está dividido por un delgado alambre de metal en 22 secciones. Asegúrate de montar el tablero de forma que el centro doble de la diana esté a 5 pies 8 pulgadas del suelo. Marca la línea de los dedos de los pies, llamada oche, a 7 pies 9¼ pulgadas del tablero.

Reglas básicas

Para determinar el orden de lanzamiento, cada jugador lanza a la diana. El jugador que se acerque más lanza primero. Cada turno consiste en tres dardos, que deben lanzarse desde atrás del oche. Para que un lanzamiento se cuente, la punta del dardo debe tocar el tablero. Si un dardo rebota del tablero o no le pega, no obtiene puntaje (y no puede ser lanzado de nuevo).

Puntaje

El tablero de dardos está dividido en cuñas, que tienen el valor de los puntos marcados en el borde exterior del círculo. Dos aros se sobreponen en la zona de juego; al atinar por fuera de estos aros, el jugador obtiene los valores nominales de esa zona del tablero. Atinar entre el primer aro interior y el segundo aro interior duplica los puntos de la sección. Atinar entre el segundo aro interior y el ojo de toro triplica los puntos. Atinar fuera del alambre exterior no da puntos.

Cómo lanzar

Primero, apunta. Mira el objetivo que deseas alcanzar. Levanta el brazo, doblado en el codo para que el extremo afilado del dardo quede al frente del tablero. El dardo debe estar ligeramente inclinado hacia arriba. Verifica tu objetivo y alinea el dardo con la línea de tu mirada. Mueve la mano que sostiene el dardo hacia atrás, hacia tu cuerpo y luego lanza el dardo hacia delante, soltándolo y asegurando que sigas el movimiento con tu brazo. El movimiento de seguimiento óptimo terminará con tu mano señalando el objetivo (no con la mano caída a tu costado). Cuando lances, trata de no mover el cuerpo, la acción de lanzar debe venir del hombro.

JUGAR: EL 301

El objetivo de este juego, que es aquel que más comúnmente se juega entre dos personas, es comenzar con un puntaje de 301 y contar hacia abajo hasta llegar exactamente a cero. Cada jugador tiene un turno de tres lanzamientos, y el valor de sus jugadas se resta de 301. Un jugador sólo puede comenzar a restar cuando "dobla," esto es, atina a uno de los dobles del tablero. Una vez que lo hace, los puntos comienzan a contar. Si el puntaje total de los tres lanzamientos sobrepasa el puntaje que le queda a este jugador, el puntaje regresa a los puntos que tenía al comenzar el turno. Debe hacerse un doble para terminar el juego.

JUGAR: LA VUELTA AL RELOJ

En este juego, los jugadores se turnan para atinar a cada número, del 1 al 20. Cada jugador tiene un turno de tres lanzamientos; los jugadores avanzan al número siguiente en el tablero atinando a cada número en orden. La primera persona que llega a 20 gana.

JUGAR: CRÍQUET

Este juego de estrategia se juega usualmente con dos jugadores o dos equipos de dos jugadores cada uno. Para ganar, un jugador debe "cerrar" los números del 15 al 20 y la diana antes que cualquier otro jugador, y debe tener también el mayor número de puntos. "Cerrar" un número significa atinarle tres veces en uno o más turnos (atinar un sencillo cierra un número en tres lanzamientos; atinar un doble y luego un sencillo lo cierra en dos lanzamientos; y atinar un triple cierra un número en un solo lanzamiento). No es necesario cerrar los números en un orden determinado, pero sí cerrarlos antes que los otros jugadores.

Para llevar el puntaje, se necesitará un cartel de puntaje (un tablero en la pared o un lápiz y una libreta). Escribe los números verticalmente para cada jugador, de 20 hasta 15, y luego "D" para la diana. El turno de cada jugador tiene tres lanzamientos, y sólo cuentan los números que atinen a los números de 15 a 20 o a la diana. (No se obtienen puntos por atinar a los números 1 a 14.) Los puntos comienzan a acumularse cuando se cierra un número, y se cuentan de la siguiente manera: el centro de la diana vale 50 puntos y el aro exterior de la diana vale 25; los números 15 a 20 valen su valor nominal, pero atinar al aro de los dobles duplica el valor del número, y atinar al aro de los triples (el aro interior entre el aro de los dobles y la diana) lo triplica.

Cuando un jugador le atina a un número una vez, colocas una barra (/) al lado del número. Cuando el jugador le atina por segunda vez, conviertes la barra en una X. Cuando el número se cierra, o se le atina por tercera vez, dibujas un círculo alrededor de la X. Cuando un número está cerrado, si otro jugador le atina, los puntos van al jugador que lo cerró originalmente. Una vez que todos los jugadores han cerrado un número, no se dan puntos por ese número durante el resto del juego. Suma todos los puntos después de que un jugador haya cerrado todos los números y la diana, y la persona o equipo que tenga el mayor número de puntos gana.

JERGA DE LOS DARDOS

Botado: Jugador indiferente

Duplicar: Comenzar con un doble

Salida doble: Ganar el juego con un doble

Falla: Atinarle a un número diferente del que se quería

Flechas: Dardos

Pierna: Un juego de una competencia

Pies mojados: Pararse más allá de la línea

Reloj: Tablero de dardos

Trombones: Puntaje total de 76 puntos en un turno

Truco del sombrero: Tres dianas

Volarse: Atinar a un número más alto del que se necesitaba para salir

Trucos Matemáticos

ACOMIENZOS DEL SIGLO PASADO, entre 1911 y 1918, un académico y matemático hindú descubrió unas antiguas escrituras hindúes que esbozaban una serie de fórmulas matemáticas. Esta sección hasta entonces inexplorada de los antiguos Vedas Hindúes, el texto sagrado escrito alrededor de 1500-900 AC, había sido ignorada por los académicos que no habían podido descifrar las matemáticas que había en él. Pero Sri Bharati Krishna Tirhaji se dedicó a traducir y a estudiar los textos y, después de años de estudio, pudo reconstruir lo que resultó ser un sistema único de aforismos, o reglas de fácil recordación, utilizadas para resolver una serie de problemas matemáticos, desde sencillos problemas aritméticos hasta problemas de trigonometría y de cálculo. Lo llamó "matemáticas védicas," jugando con los dos significados de la palabra veda que significa esencialmente "conocimiento," pero se refiere también a la antigua literatura sagrada del hinduismo, que se remonta a 4,000 años. Hay en total dieciséis *sutras* o dichos en la matemática védica. Los tres que presentamos a continuación te ayudarán con los problemas matemáticos cotidianos: "Por uno más que el anterior" (*Ekadhinkina Purvena*); "Todos desde el 9 y el último desde el 10" (*Nikhilam Navataschcaramam Dashtah*) y "Verticalmente y cruzado" (*Urdhva-Tiryabyham*).

"Por uno más que el anterior"

Recordar este sutra cuando se elevan al cuadrado los números terminados en 5 puede ayudarte a descubrir rápidamente la respuesta, sin necesidad de escribir nada.

Por ejemplo, tomemos el número 35^2. Para hallar la respuesta de la manera habitual, multiplicaríamos 35 por 35 escribiendo los números, haciendo la multiplicación y la suma, y finalmente obtendríamos 1225. Usando el primer sutra, "Por uno más que el anterior," podemos resolver mentalmente este problema. La respuesta tiene dos partes: puesto que el número que estamos elevando al cuadrado termina en 5, los dos últimos números siempre serán 25, porque 5×5 es 25. Para encontrar los dos primeros números, utilizamos el sutra multiplicando "por uno más que el anterior." En "35," el número "anterior" al último número es 3. "Uno más" que 3 es 4. Entonces multiplicamos 3 por 4 y obtenemos 12. Sabemos que los dos últimos dígitos de la respuesta serán 25. Entonces 1225 es la respuesta.

Ensayemos otro ejemplo: 15^2
Sabemos que la última parte de la respuesta será 25. Siguiendo la regla "por uno más que el anterior," debemos multiplicar el primer número de "15" por uno más que sí mismo. Entonces es 1 (nuestro primer número) multiplicado por 2 (uno más que nuestro primer número, 1), lo cual es igual a 2. La respuesta es entonces 225.

Otro ejemplo: 105^2
Sabemos que la última parte de la respuesta será 25. Siguiendo la regla "por uno más que el anterior," debemos multiplicar 10 por 11 (uno más que 10), obteniendo 110. La respuesta es entonces 11025.

"Todos desde el 9 y el último desde el 10"

Esta es una regla sencilla para restar números de 100, 1000, 10000, etc.

En la ecuación "10,000-6347" podemos descubrir la respuesta utilizando "Todos desde el 9 y el último desde el 10": restamos cada uno de los dígitos de 6347 de 9, excepto el último dígito, que lo restamos de 10. Entonces es 9 menos 6 (3), 9 menos 3 (6), 9 menos 4 (5) y 10 menos 7 (3), lo cual nos da la respuesta 3653. Esta regla funciona cuando tienes un cero por cada dígito que se resta; ni más ni menos. A continuación presentamos algunos ejemplos:

$$100 - 47 \qquad 1000 - 345 \qquad 10,000 - 4,572$$
$$\boxed{53} \qquad\qquad \boxed{655} \qquad\qquad \boxed{5,428}$$

"Verticalmente y cruzado"

Esto puede utilizarse para multiplicar números, y también para sumar y restar fracciones. Ensayemos primero con las fracciones, sumando $^6/_7$ y $^5/_3$. La forma como se nos ha enseñado tradicionalmente a calcular esto puede ser un poco complicada. Pero al usar "verticalmente y cruzado," podemos hacerlo mentalmente.

$$\frac{6}{7} \times \frac{5}{3} = \frac{18 + 35}{21} = \frac{53}{21}$$

Para obtener la parte "superior" de la respuesta, multiplicamos 6 por 3 y 7 por 5. Esto nos da 18 y 35. Los sumamos para obtener nuestro número superior final, 53. Para la parte inferior, multiplicamos los dos números inferiores de nuestra ecuación, 7 y 3. Esto nos da 21, así que la respuesta es $^{53}/_{21}$.

Ensayemos otro ejemplo: $^3/_2 + {}^5/_6$

$$\frac{3}{2} \times \frac{5}{6} = \frac{18 + 10}{12} = \frac{28}{12}$$

Para llegar al número superior de la respuesta, multiplicamos 3 X 6 (18) y 2 × 5 (10), y luego sumamos estos dos números (28). Para obtener la cifra inferior, multiplicamos los dos números inferiores de la ecuación, 2 y 6. Esto nos da 12. Entonces la respuesta es $^{28}/_{12}$.

Esta regla funciona también cuando se restan fracciones. Utilicemos nuestro segundo ejemplo, esta vez restando en lugar de sumar: $^3/_2 - {}^5/_6$

$$\frac{3}{2} \times \frac{5}{6} = \frac{18 - 10}{12} = \frac{8}{12}$$

Para obtener la cifra superior, multiplicamos 3 × 6 (18) y 2 × 5 (10), luego restamos en lugar de sumar: 18 – 10 = 8. Esta es la cifra superior. Multiplicamos los dos números inferiores de la ecuación, 2 ts 6, y esto nos da la cifra inferior, 12. Nuestra respuesta es $^8/_{12}$, que puede reducirse a $^2/_3$.

"Verticalmente y cruzado" funciona también al multiplicar números. Si has memorizado las tablas de multiplicar, es posible que conozcas algunas multiplicaciones básicas de memoria. Pero la matemática védica ofrece una manera creativa de llegar a las respuestas de largos problemas de multiplicación que hacen que multiplicar sea aún más divertido.

Multiplicar 21×23 de la manera habitual nos da como respuesta 483, pero usar la matemática védica nos ayudará a obtener este resultado con mayor rapidez. Imagina que 23 está colocado debajo de 21, y multiplica verticalmente y de forma cruzada, utilizando los tres pasos siguientes para llegar a la respuesta:

1. Multiplica verticalmente a la derecha para obtener el dígito final de la respuesta. En este caso, es 1×3, igual a 3.

2. Multiplica cruzadamente y luego agrega para obtener el dígito del medio de la respuesta. En este caso es 2×3 agregado a 1×2, lo que nos da 8. (Si multiplicar cruzadamente y sumar da 10 o más, tendrás que llevar el primer dígito del número y agregarlo a la respuesta en el paso 3.)

3. Multiplica verticalmente a la izquierda (y agrega el número que llevaste, si es necesario) para obtener el primer dígito de la respuesta. En este caso es 2×2, igual a 4.

Otro ejemplo: 61×31

Multiplica verticalmente a la derecha (1×1) para obtener el dígito final de la respuesta (1); multiplica cruzadamente (6×1 y 1×3) y luego suma para obtener el dígito del medio (9); y multiplica verticalmente a la izquierda (6×3) para obtener el primer dígito de la respuesta (18). El resultado es 1891.

Con cifras de dos dígitos que se aproximan a 100, puedes usar "verticalmente y cruzado" de la siguiente manera. Ensayemos 88×97. Escribe la ecuación y luego resta 88 y 97 de 100, escribiendo los resultados a la derecha, como se muestra a continuación. ($100 - 88$ es 12, y $100 - 97$ es 3, así que escribe 12 a la derecha de 88 y 3 a la derecha de 97.)

Ahora usa "verticalmente y cruzado": multiplica los dos números de la derecha para obtener los dos últimos dígitos de la respuesta—en este caso 36 (12 × 3 = 36). Resta cruzadamente, 88 – 3 o 97 – 12 (no importa cuál uses, ¡pues ambos darán la misma respuesta!) para llegar a los primeros dos dígitos de la respuesta: 85. La respuesta es entonces 8536.

En algunos casos, será necesario llevar el resto. Ensayemos, por ejemplo, 90 × 76. Escríbelo como lo hiciste antes, con 90 sobre 76. Puedes usar la regla "Todos desde el 9 y el último desde el 10" para restar 90 y 76 de 100. Escribe las respuestas correspondientes a la derecha, como se muestra a continuación.

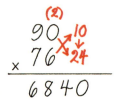

Multiplica los números de la derecha para obtener los dos últimos dígitos de la respuesta. Sin embargo, en este caso, 10 × 24 nos da 240: una cifra de tres dígitos. El 2 de 240 es el dígito adicional y debe ser llevado. Escribe 40 debajo del 10 y 24, y lleva el 2, escribiéndolo encima del 90 para que no olvides sumarlo después. Ahora resta cruzadamente, 76 – 10 o 90 – 24. De ambas formas la respuesta es 66. Súmale el dos que llevaste. Esto nos da 68, los primeros dos dígitos de la respuesta. La respuesta final es entonces 6840.

Palabras para Impresionar

STRUNK Y WHITE, EN *The Elements of Style,* nos hablan de palabras sesquipedales: "No te veas tentado por una palabra de veinte dólares, cuando hay una palabra de diez centavos a la mano, lista e idónea." Pero las chicas atrevidas nunca temen lanzar una bomba multisilábica cuando sea necesario. A continuación te presentamos algunas que puedes usar cuando falla el vocabulario cotidiano.

Abstruso
complejo y difícil de comprender
Patricia expuso otra vez sus abstrusas teorías, pero nadie entendió lo que quería decir.

Aleatorio
que depende de la suerte o de un proceso al azar, como un lance de dados
Aurora sólo rió cuando quienes dudaban le atribuyeron la victoria sobre los piratas a influencias aleatorias.

Cotidiano
de todos los días, común, corriente, ordinario
Diana suspiró, cansada de la igualdad cotidiana de todo.

Crepuscular
oscuro, que se asemeja al ocaso o se relaciona con él
El hábito que tenía Juana de planear sus mejores bromas inmediatamente después de la cena llevó a su madre a declarar que tenía una naturaleza completamente crepuscular.

Diáfano
casi completamente transparente o translúcido
La fiesta de disfraces había sido un éxito, pensó Belinda, aun cuando los niños pequeños se estrellaban todo el tiempo con las diáfanas alas de su disfraz de hada.

Ecolalia
repetir o hacer eco a lo que dice otra persona, a menudo de manera patológica
La curiosa ecolalia del bebé sonaba casi como una verdadera conversación.

Estrafalario
extravagante en el modo de pensar o en las acciones
Lidia impresionaba a todos con su estrafalario modo de vestir.

Foráneo
extranjero
Sus oídos no se habían habituado todavía a estos acentos foráneos.

Gustativo
perteneciente al sabor
Raquel se abalanzó sobre su cena con gustativa felicidad.

Hagiografía
literatura que trata de las vidas de los santos; el santoral
El diario de Julia era prácticamente una hagiografía de las bandas de chicos.

Huero
inmaduro, poco interesante, aburrido
Liza decidió usar un vocabulario interesante, para evitar parecer huera.

Ineluctable
inevitable, ineludible
(De la palabra latina *luctari,* "luchar")
Sara no pudo escapar a la ineluctable mirada de su madre.

Lánguido
falto de espíritu o vivacidad; soñador, perezoso
Amelia pasó un día lánguido al lado de la piscina.

Melifluo

lleno de dulzura o miel; suave y dulce

Ana siempre disfrutó de los coros; sabía que tenía una voz meliflua.

Miasma

vapores fétidos emitidos por materia en descomposición; aire o atmósfera malsana

Lilí se tapó la nariz mientras pasaba por el miasma de lo que su hermanito llamaba "el apestoso aparcadero."

Misógino

persona que odia o desprecia a las mujeres.

Beatriz temía ir a esa reunión, pues sabía que la mayoría de los hombres que estarían allí eran misóginos.

Natalicio

relativo al día del cumpleaños

María diseñó sofisticadas invitaciones para anunciar la fiesta de su natalicio.

Némesis

fuente de daño; oponente que no puede ser derrotado; diosa mitológica griega de la venganza

En un día bueno, el hermano de Cristina era su aliado; en un día malo, era su némesis.

Obsequioso

atento de manera aduladora

Ansiosa por obtener la aprobación de sus padres, Vanesa era educada hasta el punto de ser obsequiosa.

Quiescencia

serenidad, silencio, inactividad

Estela se complacía en la extraordinaria quiescencia de la mañana cuando despertaba antes que todos.

Risible

que causa risa

Las chicas sabían que podían contar con Jasmine para un comentario risible.

Truculento

beligerante, feroz

Cuando a Nancy se la molestaba mucho, se ponía truculenta.

Viciar

debilitar, invalidar, dañar

El debate de Penélope durante la clase vició el argumento de Delia.

Xenófobo

persona que teme u odia a los extranjeros

Fue un momento tenso cuando en la fiesta el vecino xenófobo llegó con la ensalada de papa.

Columpio en un Árbol

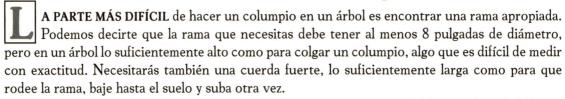

LO QUE NECESITAS

◆ Madera, 2 × 8, 2 pies de largo
◆ Cuerda
◆ Dos tornillos, de 8" de largo, con hilo de ³⁄₈", dos tuercas y cuatro arandelas.
◆ Una pelota de tenis, un calcetín y un pedazo de cáñamo
◆ Taladro con punta de ³⁄₈

LA PARTE MÁS DIFÍCIL de hacer un columpio en un árbol es encontrar una rama apropiada. Podemos decirte que la rama que necesitas debe tener al menos 8 pulgadas de diámetro, pero en un árbol lo suficientemente alto como para colgar un columpio, algo que es difícil de medir con exactitud. Necesitarás también una cuerda fuerte, lo suficientemente larga como para que rodee la rama, baje hasta el suelo y suba otra vez.

El columpio no debe colgar de un abedul blanco, pues sus ramas se doblan con facilidad. Busca un roble o un arce. El lugar de la rama donde cuelgues el columpio debe estar lo suficientemente alejado del tronco para que nadie se lastime al mecerse, pero lo suficientemente cerca para que la rama sea fuerte.

La segunda parte más difícil es rodear la rama con la cuerda. Para evitar estar varias horas con la cuerda en la mano y cerrando los ojos por el sol, te sugerimos la siguiente estrategia:

☞ Pon una pelota de tenis dentro de un calcetín viejo. Ata un pedazo de cáñamo al calcetín y haz un nudo para que la pelota no se salga, y asegúrate de tener suficiente cáñamo para que pueda pasar por encima de la rama del árbol y baje otra vez.

☞ Párate debajo del árbol y lanza la pelota de tenis dentro del calcetín para que pase sobre la rama. Puede que debas hacerlo varias veces, pero será más fácil que tratar de pasar la cuerda sobre la rama.

☞ Una vez que pase sobre la rama, la pelota aterrizará cerca de tus pies, seguida por un largo pedazo de cáñamo. Ata el cáñamo a la cuerda que utilizarás para el columpio. (Intenta hacerlo con el tipo de nudo que se usa para atar cuerdas de diferentes tamaños.) Hala el cáñamo hasta que la cuerda quede sobre la rama. Es posible que quieras lanzar la pelota sobre la rama otra vez, para hacer dos lazadas a la cuerda. Cuando todo esté en su lugar, desata el cáñamo. La cuerda quedará lista.

La parte más sencilla es hacer el asiento y conseguir un nudo largo. Encuentra o corta una pieza de 2 pies de largo de madera de 2 × 8. Traza una línea en el centro, a lo largo, y mide 2 pulgadas a cada

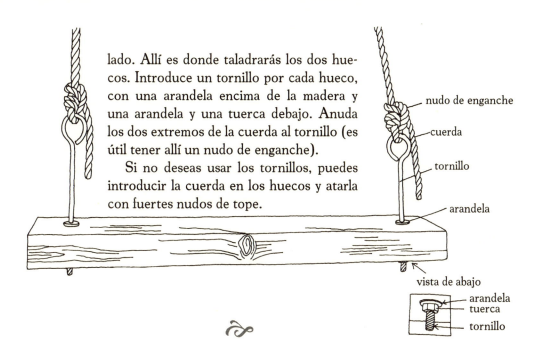

lado. Allí es donde taladrarás los dos huecos. Introduce un tornillo por cada hueco, con una arandela encima de la madera y una arandela y una tuerca debajo. Anuda los dos extremos de la cuerda al tornillo (es útil tener allí un nudo de enganche).

Si no deseas usar los tornillos, puedes introducir la cuerda en los huecos y atarla con fuertes nudos de tope.

nudo de enganche

cuerda

tornillo

arandela

vista de abajo

arandela
tuerca
tornillo

Yoga: Saludo al Sol
(surya namaskara)

LA PALABRA *YOGA* VIENE de la raíz sánscrita "uncir" o "unir," y se remonta aproximadamente al 5000 AC según los textos védicos. En el Saludo al Sol, como con todas las posiciones dinámicas o que fluyen del yoga, lo que se une es el movimiento y la respiración. El Saludo al Sol—*surya namaskara* en sánscrito—se hace de manera diferente dependiendo del tipo de yoga que se siga, pero en su forma más básica, es una serie de 12 posiciones (*asanas*) que conectan el movimiento con la inhalación y la exhalación. A continuación presentamos la versión del Ashtanga yoga del Saludo al Sol más sencillo,

Lo más importante que debes tener en mente cuando practiques cualquier tipo de yoga es la respiración; inhalar con cada extensión o estiramiento, y exhalar cuando te dobles o te contraigas. La mejor manera de respirar durante este ejercicio es primero meter el estómago hasta que sientas que el ombligo se hala hacia atrás, hacia la columna vertebral. Mantenlo allí y respira, a través de la nariz, con la boca cerrada, profundamente dentro del pecho. Tu pecho debe levantarse y caer con la respiración mientras mantienes el estómago firme, y debes respirar de esta manera durante toda la serie de movimientos.

Tradicionalmente, el Saludo al Sol se realiza al amanecer; si eres realmente ortodoxo, se hace justo antes de la salida del sol, mirando hacia el oriente, con mantras y libaciones en honor al dios sol, pero no es necesario ir tan lejos. Si es lo primero que haces en la mañana, con el estómago vacío, esto es suficiente. De hecho, el Saludo al Sol puede practicarse en cualquier momento cuando sientas que necesitas un tiempo para respirar, moverte y llenarte de energía. Puede ser la base de tu práctica de yoga o puede ser una práctica en sí misma. De cualquier manera, el Saludo al Sol es algo que puedes hacer el resto de tu vida.

LO QUE NECESITAS

Si tienes una estera o alfombra para hacer yoga, úsala; de lo contrario, usa una toalla grande de playa y colócala sobre el suelo al aire libre o en el piso de tu habitación. (Si lo haces dentro de la casa y usas una toalla, asegúrate de no ponerla sobre una superficie resbalosa.)

❶ Párate en *tadasana,* la "posición de la montaña." Tus pies y los dedos de los pies deben estar apoyados firmemente en el suelo, los brazos a los costados, los hombros hacia atrás y el cuello estirado. Respira algunas veces para prepararte (recuerda respirar por la nariz, con el ombligo hundido hacia la columna vertebral).

❷ Inhala y levanta los brazos hacia los costados y hacia afuera, con las palmas hacia arriba, levantándolos por encima de la cabeza hasta que las palmas se toquen. Esta posición es *hasta uttanasana,* la posición de los brazos levantados. Levanta la mirada para mirar tus pulgares. Intenta no inclinar la cabeza hacia atrás ni arrugar las cejas cuando mires hacia arriba, y también trata de no subir los hombros hasta las orejas.

❸ Exhala y baja los brazos al frente del cuerpo, y avanza doblándote (*uttanasana*). Si puedes poner las manos en el suelo delante de los pies, genial. Si no, pon las manos sobre los tobillos o sobre las rodillas. Intenta mantener la espalda derecha, no curvada; si sientes demasiada presión en la parte baja de la espalda, puedes doblar ligeramente las rodillas.

❹ Inhala mientras miras hacia arriba, con los hombros hacia atrás y las puntas de los dedos tocando todavía el suelo (o los tobillos o las rodillas). Tu espalda debe estar recta, y debes sentirte como un nadador que se dispone a clavarse en el agua.

❺ Pon las palmas de las manos sobre la estera, con los dedos extendidos, y exhala mientras saltas o caminas hacia *chaturanga dandasana,* una posición de flexión baja. A diferencia de una flexión corriente, en esta postura tus codos deben permanecer muy cerca del cuerpo, y los antebrazos contra

❶
tadasana
(montaña)

❷
hasta uttanasana
(posición con brazos
levantados)
inhala

❸
uttanasana A
(doblarse de pie)
exhala

❹
uttanasana B
(doblarse de pie con
espalda recta)
inhala

❺
chaturanga dandasana
(posición recta de cuatro
extremidades)
exhala

❻
urdhva muhka svanasana
(perro que mira
hacia arriba)
inhala

YOGA: SALUDO AL SOL

las costillas. El peso del cuerpo debe estar sobre las manos y los dedos de los pies. Ten cuidado de no dejar caer las caderas; tu cuerpo debe formar una línea recta. Si te cuesta mucho, mantén las manos y los dedos de los pies donde están, y baja las rodillas al suelo para ayudarte a sostenerte.

❻ Desde allí, inhala mientras te impulsas a *urdhva muhka svanasana* (perro que mira hacia arriba). Empújate desde los dedos de los pies mientras ruedas desde una posición de flexión del pie hacia una posición en la que los dedos de los pies estén estirados. Tus manos y la parte de arriba de los dedos de los pies deben ser las únicas partes de tu cuerpo que toquen el suelo. Mira hacia arriba mientras arqueas la espalda, e intenta mantener los hombros abajo (y las cejas también).

❼ Exhala mientras te levantas de nuevo en *adho muhka svanasana* (perro que mira hacia abajo), rodando sobre los dedos de los pies hasta los talones y manteniendo las palmas en el suelo. Permanece allí durante cinco respiraciones profundas. Cuando miras tus pies mientras respiras en esta posición, no debes ver los talones. Mueve los talones para que queden alineados con los tobillos, e intenta pensar que las suelas de los pies se mueven hacia el piso. Mirar hacia arriba hacia el estómago te ayudará a no extender demasiado tu espalda y caja torácica. Piensa en mover el pecho hacia los pies y la cabeza hacia el suelo.

❽ Mira hacia tus manos mientras doblas las rodillas, o salta o camina poniendo los pies en las manos.

❾ Inhala mientras miras hacia arriba con la espalda derecha, las puntas de los dedos en el suelo (*uttansasana* B).

❿ Exhala mientras te doblas hacia delante en una inclinación completa (*uttansasana* A). Piensa en tener el estómago y el pecho sobre los muslos, en lugar de curvar la espalda.

⓫ Inhala mientras te levantas completamente hasta llegar a *hasta uttansasana*, mirando hacia los pulgares mientras tus palmas se tocan.

⓬ Exhala mientras regresas a *tadasana*, la posición de la montaña.

❼ adho mukha svanasana (perro que mira hacia abajo) exhala, mantenla por cinco ciclos de respiración

❽ salta adelante

❾ uttanasana B inhala

❿ uttanasana A (doblarse de pie) exhala

⓫ hasta uttanasana (posición con brazos levantados) inhala

⓬ tadasana exhala

Tres Bromas Tontas

PIENSAS QUE SON SÓLO los chicos los que saben hacer buenas bromas? ¡Piensa de nuevo! A continuación presentamos tres bromas clásicas para chicas atrevidas.

BOMBITAS DE OLOR
A la antigua, hechas con valeriana

Sal al aire libre con lo siguiente:
- ☞ Un frasco pequeño con tapa de rosca
- ☞ Cucharas de medir
- ☞ Cualquier tipo de vinagre que puedas tomar de la cocina
- ☞ Polvo de raíz de valeriana; este es el ingrediente principal de la bomba que apesta. Puedes hallarlo en cualquier tienda naturista donde vendan vitaminas y hierbas medicinales. Vienen en cápsulas que pueden abrirse y vaciarse. Si sólo encuentras té de valeriana, macéralo hasta hacer un polvo.

Mezcla una o más cucharadas del polvo con 2 cucharaditas de vinagre. Cierra el frasco rápidamente y agítalo. Cuando estés preparada para lanzar la bombita de olor, abre el frasco (no lo lances), grita "¡Mofeta!" y corre.

CAMAS CON SÁBANAS DEMASIADO CORTAS

Para esta broma, debes conocer la antigua habilidad de tender una cama, a la manera sofisticada, doblando las sábanas debajo del colchón.

Para recordarte: pon la sábana sobre el colchón. Dóblala por la parte inferior de la cama debajo del colchón y a los costados. Pon la sábana de arriba sobre ésta, luego la cobija y dóblala también debajo del colchón. Dobla con cuidado el borde de arriba de la sábana sobre la cobija, cerca de seis pulgadas. Ya está. Retrocede y observa tu obra, porque querrás que la cama con sábanas demasiado cortas luzca igual.

Para las sábanas demasiado cortas, basta con poner la sábana de encima en otra posición. En lugar de doblarla en la parte inferior de la cama, dóblala en la parte superior. Extiende la sábana y, a la mitad de la cama, dóblala hacia las almohadas. Pon la cobija encima y dobla unas pocas pulgadas del borde, para que parezca una cama recién hecha. Esta cama parece normal, pero ¡sólo trata de estirar las piernas!

Importante: No le hagas esta broma a nadie que pueda sentir que has herido sus sentimientos; sólo a quienes se rían cuando vean lo que has hecho.

SANGRE FALSA
Engaña a tus amigos con este truco que se prepara fácilmente.

Necesitas:
- ☞ Sirope de maíz
- ☞ Maicena
- ☞ Colorante de comida rojo
- ☞ Frasco con una tapa apretada
- ☞ Una cuchara
- ☞ Un gotero

El colorante de comida puede manchar, así que usa ropa vieja, aun cuando lavarla con agua muy caliente y un jabón fuerte puede sacar la mancha. Es mejor hacer todo esto al aire libre.

Mezcla 4 gotas de colorante de comida, 2 cucharaditas de agua y agrega 1 a 2 cucharaditas de maicena en el frasco, tápalo y agítalo. Agrega dos cucharadas de sirope de maíz. Tapa y agítalo de nuevo.

Usa un gotero o una cuchara para dejar caer la sangre falsa donde quieras. Inventa una buena historia al respecto.

¿Qué Es la Declaración de Derechos?

EN LOS DÍAS DESPUÉS de que los Estados Unidos obtuvieran su independencia de Inglaterra en la década de 1780, se debatió cuánto poder necesitaba el gobierno para gobernar, y cuál era la mejor manera de proteger los derechos de la gente para que el gobierno no los sofocara. Los documentos ahora famosos de los Federalistas y los anti-Federalistas fueron publicados originalmente como cartas en los diarios y, en lugar de usar sus nombres verdaderos, los escritores de las cartas a menudo utilizaban pseudónimos tales como "Bruto," "Agripa" y "Catón," figuras conocidas de la época de la República Romana. En su esfuerzo por crear una sociedad libre, después de haber conocido únicamente la vida como súbditos del rey, los primeros estadounidenses se volvieron hacia la antigua sociedad romana para hallar inspiración.

Las diez primeras enmiendas a la Constitución, llamadas la Declaración de Derechos, fueron la respuesta al debate entre el poder del gobierno y la libertad personal. Estas enmiendas conforman el sentido básico de lo que significa ser estadounidense. Estas son las disposiciones que ahora protegen la libertad de cultos y de expresión, la prensa independiente, y el derecho a reunirse pacíficamente para protestar. Entre otras cosas, la Declaración de Derechos establece el derecho a portar armas y a ser juzgado justa y rápidamente, y a estar protegido de castigos crueles e inusuales.

El Preámbulo a la Declaración de Derechos

El Congreso de los Estados Unidos reunido en la Ciudad de Nueva York, el miércoles cuatro de marzo de mil setecientos ochenta y nueve.

La Convención de una serie de estados que, en el momento de adoptar la Constitución, manifestaron el deseo, para impedir la mala interpretación o abuso de sus poderes, de que se añadieran cláusulas adicionales declarativas y restrictivas, y que, al extender el terreno de la confianza pública en el gobierno, aseguraran mejor los benéficos fines de esta institución.

Resolvieron, a través del Senado y de la Cámara de Representantes de los Estados Unidos de América, en el Congreso reunido, con la asistencia de dos tercios de ambas Cámaras, que los siguientes artículos serían propuestos a las legislaturas de los diferentes estados, como enmiendas a la Constitución de los Estados Unidos; todos los cuales, cuando fuesen ratificados por tres cuartas partes de dichas legislaturas, serían válidos para todo efecto como parte de tal Constitución, a saber:

Ratificada el 15 de diciembre de 1791

ENMIENDA I

El Congreso no expedirá ninguna ley respecto al establecimiento de una religión, ni prohibiendo el libre ejercicio de ella; no limitando la libertad de expresión, o de la prensa, ni el derecho de la gente para reunirse pacíficamente con el fin de pedir al gobierno la reparación de agravios.

ENMIENDA II

Al ser necesaria una milicia bien reglamentada para la seguridad de un Estado libre, el derecho de la gente a guardar y portar armas no será violado.

ENMIENDA III

Ningún soldado será, en tiempos de paz, acuartelado en ninguna casa sin el consentimiento de su dueño, como tampoco en tiempos de guerra, sino según la forma legalmente prescrita.

ENMIENDA IV

El derecho de las personas a estar seguras en su integridad, casas y papeles, contra búsquedas y confiscaciones irrazonables, no debe ser violado, y sólo pueden expedirse órdenes de allanamiento o de arresto sustentadas por juramento o declaración, que describan específicamente el lugar que debe ser registrado y las personas o cosas que serán aprehendidas.

ENMIENDA V

Ninguna persona será tenida como responsable de un delito capital o infausto, a menos de haberse presentado ante un jurado de acusaciones y éste haya levantado cargos contra ella, excepto en casos que se presenten en las fuerzas terrestres o navales, o en la milicia, durante el servicio en tiempos de guerra o en peligro público; tampoco será sujeta ninguna persona a poner en peligro su vida dos veces por el mismo delito; tampoco será obligada en un juicio penal a declarar contra sí misma, ni será privada de la vida, la libertad o alguna propiedad sin el debido proceso jurídico; tampoco se confiscará una propiedad privada para uso público sin justa compensación.

ENMIENDA VI

En todo juicio penal, el acusado tendrá derecho a un juicio rápido y público, a ser juzgado por un jurado imparcial del estado y distrito donde se hubiera cometido el crimen, distrito que haya sido previamente establecido por ley, y a ser informado de la naturaleza y causa de la acusación, a confrontar a los testigos que haya en su contra; a solicitar un proceso obligatorio para obtener testigos a su favor, y a disponer de la asistencia de un abogado defensor.

ENMIENDA VII

En juicios de derecho consuetudinario, donde el valor de la controversia exceda veinte dólares, el derecho al juicio por jurado se preservará, y ningún hecho juzgado por un jurado debe ser revisado por ningún tribunal de los Estados Unidos salvo de acuerdo con las reglas del derecho consuetudinario.

ENMIENDA VIII

No se exigirá una fianza excesiva, ni se impondrán multas excesivas, ni se inflingirá castigo cruel o inusual.

ENMIENDA IX

La enumeración de ciertos derechos en la Constitución no debe ser interpretada como si negara o menospreciara otros derechos que tiene el pueblo.

ENMIENDA X

Las facultades que no han sido delegadas a los Estados Unidos por la Constitución, ni prohibidas por ella a los estados, están reservadas a los estados respectivamente, o al pueblo.

Diecisiete enmiendas siguen a las descritas anteriormente. La última, ratificada en 1992, hacía más difícil que los Senadores y Representantes aumentaran sus propios salarios. Esta enmienda tiene una larga e intrigante historia; fue presentada por primera vez en 1779, como parte de un candente debate sobre los derechos de los estados. Las enmiendas son aprobadas primero por una mayoría de dos tercios del Congreso en pleno: el Senado y la Cámara de Representantes. Luego deben ser aprobadas o ratificadas por las legislaturas del setenta y cinco por ciento de los estados. Esto significa a menudo largos años de vivas discusiones cada vez que se propone una nueva enmienda.

La historia de las enmiendas resalta los debates más apasionados de los Estados Unidos. En 1868, la enmienda décimo tercera abolió la esclavitud. Dos años más tarde, la enmienda decimoquinta garantizó que el derecho al voto no pudiese ser negado por razones de raza, color o por haber sido anteriormente un esclavo. La enmienda décimo octava declaró ilegal la fabricación de alcohol, e inauguró los años de la prohibición (que terminaron dos años después, cuando la enmienda fue abolida).

En 1920, la enmienda decimonovena señaló un acontecimiento importante para las chicas y mujeres estadounidenses cuando, después de 141 años de elecciones exclusivamente masculinas, a las mujeres se les concedió el derecho al voto. Justo después, Alice Paul, una de las sufragistas o activistas a favor del voto femenino, presentó al Congreso una enmienda dirigida a conceder igualdad de derechos a las mujeres. Sin embargo, fue sólo en la década de 1970 que ambas Cámaras del Congreso enviaron esta enmienda a los estados para su ratificación. Aun cuando la Enmienda sobre Igualdad de Derechos estuvo cerca de ser aprobada por treinta y ocho de los cincuenta estados, los tres cuartos necesarios, finalmente fue derrotada.

Las Tres Hermanas

LAS TRES HERMANAS EN realidad no son chicas verdaderas, pero se apoyan las unas a las otras, como debieran hacerlo las hermanas. Llamadas así por los innovadores Iroqueses (la tribu nativa estadounidense llamada también los Haudenosaunee), las tres hermanas son el maíz, los fríjoles y la ahuyama.

Los Iroqueses descubrieron que, cuando se cultivan juntos, estas tres plantas se fortalecen mutuamente. Los robustos tallos del maíz actúan como postes para sostener los fríjoles. Las hojas excesivamente grandes y suaves de la ahuyama abonan perfectamente la tierra y alejan la maleza. Esta combinación de vegetales de jardín ha sido una tradición norteamericana durante siglos. Puedes ensayarla en tu jardín.

PREPARACIÓN

Antes de sembrar las semillas de maíz, fríjol y ahuyama (puedes reemplazar la ahuyama por la calabaza), hay tres estrategias que debes conocer.

1. Abonar una Tierra Sana

Como lo dice el viejo adagio, mugre bajo las uñas, tierra bajo los pies. La verdad sobre la jardinería es que lo esencial es preparar la tierra con proporciones fértiles de agua, aire y abono orgánico. El humus y la boñiga agregan también nutrientes a la tierra, así como el mantillo que debes poner encima. Apila las hierbas y otros desechos del jardín; estos se descompondrán en la tierra y la nutrirán desde dentro.

¿Cómo sabes si la tierra es sana? La tierra buena es, en ocasiones, algo que puedes sentir, se deshace con aire entre los dedos, y contiene gusanos.

2. Experimenta con Abono Orgánico

Los jardineros hablan con elocuencia sobre el abono orgánico. Deberías escucharlos hablar del té de abono orgánico, que consiste en mezclar abono orgánico con agua y rociar con esta mezcla las plantas para fertilizarlas. Puedes comprar bolsas de abono orgánico en el vivero local.

El abono orgánico puede ser también un proyecto de jardín, llamado "una sencilla pila de verde y marrón." El verde es la basura vegetal de la cocina, ¡pero nunca carne! El marrón son hojas caídas de los árboles, agujas de pino, e incluso periódicos, cortados en tiras. Mezcla todo esto, agrega agua y espera algunos días; revuélvelo con una horqueta de vez en cuando.

En unos pocos meses, el proceso natural de descomposición convierte esta pila en abono orgánico, lleno de vitaminas para tus plantas. Agrega un poco de este abono a la tierra del jardín. (Debemos reconocer que, a pesar de la elocuencia de los jardineros, en ocasiones las pilas de mantillo no funcionan. Si esto ocurre, no te preocupes.)

3. Conoce la Fecha de la Última Helada

Muchas semillas no deben ser sembradas al aire libre sino después de la fecha de la última helada, y éstas incluyen maíz, fríjol y ahuyama (otras, como las de lechuga y arveja, son cultivos de clima frío y pueden sembrarse a mediados de la primavera). La mejor forma de conocer esta fecha mágica es preguntar a algún jardinero experimentado del vecindario. Esto se llama "hablar por encima de la cerca" y es, sin lugar a dudas, la mejor manera de aprender sobre jardines.

SIEMBRA LAS HERMANAS

Ahora estás preparada, la tierra es oscura y floja y está llena de abono orgánico, y la última helada es un recuerdo distante. Para sembrar las tres hermanas, prepara un lugar de tres a cinco pies de diámetro, y haz túmulos con la tierra de aproximadamente un pie.

En el centro del túmulo haz cinco huecos, cada uno de una pulgada de profundidad, y siembra dos semillas de maíz en cada hueco.

En dos semanas: Saldrán los brotes de maíz. Poda el más pequeño, el más débil de cada hueco; quedarán cinco tallos de maíz en el túmulo. (Este truco de las dos semillas puede ser utilizado cada vez que siembres; es la mejor manera de saber cual de las semillas tendrá probablemente más éxito). Luego siembra las semillas del fríjol en siete huecos alrededor del maíz, sembrando dos semillas en cada hueco, a sabiendas de que podarás la más débil después.

Dos semanas después de esto: Saldrán los brotes de fríjol. De nuevo, poda los más pequeños.

Una semana más tarde: Los fríjoles deben estar lo suficientemente altos como para enredarse en los tallos de maíz; ayúdales a encontrar su camino. Siembra entonces las semillas de la ahuyama o calabaza en once huecos alrededor del maíz, repitiendo el método de sembrar dos semillas que ya conoces tan bien.

Durante todo el verano: Rocía muy bien las plantas cada día.

En el otoño: Tendrás una fiesta de maíz, fríjol y ahuyama (o calabaza) que llenaría de orgullo a los Iroqueses, y a tus hermanas.

Anillos de Corazón de Durazno

ES DIVERTIDO LO QUE solían hacer las chicas. Esta tradición de las chicas, frotar el corazón de un durazno para hacer un anillo, es en realidad un pretexto para estar con tus amigas en una tarde de verano. Así es como se hace.

1. Come un durazno.

2. Raspa el durazno sobre la acera o el asfalto hacia delante y hacia atrás por un lado y luego por el otro. Creerás que no ha sucedido nada, pero en realidad se están desprendiendo las microscópicas fibras del corazón del durazno.

3. Con el tiempo los lados comenzarán a aplanarse y se asomará el interior.

4. Una vez que los lados estén planos, falta poco para tener el anillo. Sólo alisa la parte superior e inferior, y frota el interior con un palo hasta que esté suave.

Si no deseas hacer un anillo con el corazón del durazno, puedes sembrarlo. Límpialo y ponlo en una bolsa de plástico en la parte de atrás del refrigerador. A fines de septiembre, siémbralo a una profundidad de cinco pulgadas en tierra abonada. En la primavera, si tienes mucha suerte—y la zona tiene la temperatura adecuada—el durazno crecerá, lentamente. Rocíalo, y en dos o tres años es posible que de frutos.

Primeros Auxilios

LOS PRIMEROS AUXILIOS SON cuidados básicos en caso de una enfermedad, accidente o lesión, que pueden ser realizados por cualquier persona hasta cuando se realiza un tratamiento médico profesional. Quienes primero los pusieron en práctica fueron los Caballeros Hospitalarios; ellos inventaron la expresión "primeros auxilios" y fundaron la Orden de San Juan en el siglo XI, para entrenar a los caballeros en el tratamiento de heridas comunes en los campos de batalla. En una vida de aventuras, es probable que ocurran accidentes, y las chicas atrevidas necesitan saber primeros auxilios, incluso si no está dentro de sus planes ser heridas en una batalla.

La información que presentamos a continuación no debe ser utilizada para sustituir asesoría o tratamientos médicos profesionales. Tomar una clase de primeros auxilios te dará una formación más completa. Pero estas son medidas que puedes tomar para ayudar en caso de una lesión, y a continuación presentamos algunas técnicas y consejos que debes recordar.

RECUERDA LO BÁSICO

Cuando ocurre un accidente, en ocasiones la primera víctima es el sentido común. Es fácil entrar en pánico y olvidar lo importante, pero estos ejercicios mnemotécnicos pueden ayudarte a recordar qué debes hacer. Los ejercicios mnemotécnicos son fórmulas, habitualmente en forma de rimas, frases o acrónimos, para ayudarte a recordar. Algunas de las más comunes en primeros auxilios son: las tres "P", RSH; el ARC y RCP; y RHCE.

Las Tres "P"
(Preservar la vida, prevenir mayores lesiones; promover la recuperación)
Recordar las tres "P" te ayuda a recordar cuál es tu objetivo al reaccionar ante un accidente o lesión: asegurarte de que la persona permanezca con vida, que no se haga nada que pueda lesionarla aún más y adoptar medidas para ayudarla a sanar.

RSH
(Respirar, sangrar, huesos)
Estas tres letras recuerdan a quien presta los primeros auxilios que lo más importante cuando hay un herido es recordar el orden del tratamiento y verificar: ¿Está respirando? ¿Está sangrando? ¿Tiene algún hueso roto?

ARC
Estas letras representan Aire, Respiración y Circulación. Recordarlas te ayuda a verificar si la persona herida tiene un paso de aire despejado (no se está ahogando), puede respirar y tiene pulso. Abre el paso de aire levantando la barbilla de la persona con los dedos, inclinando suavemente su cabeza hacia atrás. Escucha los sonidos de la respiración, mira si el pecho se mueve, y siente si hay movimientos de respiración. Verifica si tiene pulso colocando dos dedos sobre el cuello de la persona, entre la laringe y el músculo del lado del cuello. Si la persona no está respirando y no tiene pulso, llama al número de emergencias y comienza RCP.

RCP

RCP significa resucitación cardio-pulmonar, que es un procedimiento que se practica en personas cuyo corazón o cuya respiración se ha detenido. Una vez que hayas verificado ARC, si la persona no responde, llama al número de emergencias. Comienza la RCP apretando la nariz de la persona mientras le das respiración en la boca. Con dos dedos, verifica el pulso en la arteria carótida (en el cuello, justo debajo de la mandíbula, entre la laringe y el músculo del lado del cuello) de 5 a 10 segundos. Si no hay pulso, asegúrate de que la persona esté acostada sobre la espalda; coloca una mano encima de la otra en la parte baja del pecho. Oprime para darle 15 compresiones, una cada segundo. Dale dos respiraciones más, apretando la nariz y respirando directamente en su boca. Continúa con 15 compresiones más, con 2 respiraciones cada 4 ciclos. Después de un minuto, verifica de nuevo el pulso y la respiración. Si la persona ha recuperado el pulso, deja las compresiones. Si la persona aún no está respirando, continúa dándole respiración cada 5 segundos hasta que llegue ayuda.

Cuando practiques RCP en un bebé, usa dos dedos en lugar de toda la mano, y comprime el esternón, justo debajo de la línea de los pezones. En los niños, usa las dos manos para comprimir el pecho. En bebés y niños, alterna cinco compresiones y una respiración lenta, para un total de doce ciclos.

RHCE

Usa RHCE (Reposo, Hielo, Compresión y Elevación) para lesiones agudas como un tobillo desplazado o lesiones debidas a un exceso de ejercicio, como tensiones musculares.

✔ R: REPOSO
Deja descansar la zona afectada hasta que el dolor y la hinchazón desaparezcan (por lo general de 1 a 3 días).

✔ H: HIELO
15 minutos después de una lesión, aplica hielo colocando una toalla húmeda sobre la zona afectada y poniendo una bolsa con hielo o una bolsa de vegetales congelados sobre ella. Deja el hielo de 10 a 30 minutos y luego retíralo de 30 a 45 minutos. Repite tan frecuentemente como sea posible de uno a tres días.

✔ C: COMPRESIÓN
Usa una venda para aplicar una presión suave pero firme hasta que baje la hinchazón. Comenzando unas pocas pulgadas debajo de la zona afectada, envuelve la venda en una espiral ascendente; si usas la compresión además del hielo, envuelve la venda sobre la bolsa de hielo.

✔ E: ELEVACIÓN
Trata de mantener la zona afectada por encima del nivel del corazón para drenar el exceso de líquido de uno a tres días.

PARA QUEMADURAS, CORTES Y RASPONES

Las quemaduras se clasifican por grados. Las quemaduras de primer grado son aquellas en las que la piel se enrojece, como en una quemadura leve de sol. En las quemaduras de segundo grado la piel se ampolla. En las quemaduras de tercer grado, la piel se carboniza. El tratamiento para quemaduras de primer y segundo grado es sumergir en agua fría durante 15 minutos, luego aplicar vendas estériles. Para una quemadura de tercer grado, cubre la quemadura con vendas estériles y haz un tratamiento para el shock (calmar y tranquilizar a la persona herida, ayudarle a mantener una temperatura corporal cómoda con una cobija o retirarla del viento y del sol, o acostarla y hacer que eleve las piernas de 8 a 10 pulgadas). NUNCA apliques hielo, mantequilla ni ninguna otra sustancia a una quemadura.

Para los cortes y raspones, enjuaga la zona afectada con agua fría. Aplica presión firme pero suave, usando gasa, para detener cualquier sangrado. Si la sangre se filtra, agrega más gasa, manteniendo la primera capa en su lugar, continúa aplicando la presión.

PARA EL AHOGAMIENTO

El símbolo universal para ahogarse es poner las manos alrededor de la garganta. Si te estás ahogando y no puedes hablar, haz este signo para alertar a quienes te rodean. Si alguien que se está ahogando aún puede hablar o toser, anímalo a toser más para expeler el objeto. Si no puede hablar, o si la tos es débil o no tiene efecto, realiza la maniobra de Heimlich.

La Maniobra de Heimlich

Párate por detrás de la persona que se está ahogando y pon tus brazos alrededor de su cintura, debajo de la caja toráxica. Haz un puño con una mano, poniendo el pulgar justo encima del ombligo, y toma el puño con la otra mano. Aprieta con fuerza hacia arriba para tratar de levantar el diafragma, obligando a salir el aire de los pulmones y provocando tos. La tos debe mover y expulsar lo que esté bloqueando el paso del aire. Si no lo hace, realiza la maniobra de nuevo para desplazar el objeto. Si el ahogamiento persiste, llama al número de emergencias.

EMERGENCIAS

Cualquier explorador experimentado puede decirte que, en una emergencia, lo que más ayuda es estar preparado. Haz una lista de teléfonos importantes y ponla en la pared al lado del teléfono o en un papel pegado del refrigerador. De esta manera, en caso de que ocurra un accidente, encontrarás con facilidad los números para llamar al médico de la familia, al número de emergencias, a los bomberos o a la policía.

El número más importante, desde luego, es el de Emergencias, que en los Estados Unidos es 911. Puede resultarte desagradable llamar a Emergencias, especialmente si no estás segura de que sea realmente una emergencia, pero es lo mejor cuando alguien está gravemente herido, no está respirando o no reacciona. Una buena regla es, si tienes dudas, llama.

Qué Hacer Cuando Llamas a Emergencias
✔ Habla tan tranquilamente como puedas
✔ Da la dirección del lugar desde donde llamas

✔ Di cuál es la naturaleza de la emergencia
✔ Escucha a la operadora y sigue las instrucciones que te dé
✔ No cuelgues hasta cuando la operadora te lo diga

BOTIQUÍN DE PRIMEROS AUXILIOS

Siempre es una buena idea mantener un botiquín de primeros auxilios en casa, y hacer uno para tu familia puede ser un proyecto divertido. Para el botiquín mismo puedes usar una bolsa plástica u otra cosa que esté limpia, sea amplia, fácil de llevar y de abrir. La Asociación Estadounidense de Médicos de Emergencia recomienda incluir las siguientes cosas en el botiquín de primeros auxilios:

✛ Venditas adhesivas de diferentes tamaños

✛ Vendas

✛ Ganchos para vendas y ganchos de nodriza

✛ Gasa y cinta adhesiva

✛ Tijeras afiladas de punta redonda

✛ Pañitos antisépticos

✛ Ungüento antibiótico

✛ Peróxido de hidrógeno

✛ Bolsas de hielo instantáneas

✛ Pinzas

✛ Jeringa para administrar medicamentos orales (para niños)

✛ Medicamentos prescritos

✛ Medicamentos, incluyendo aspirina, ibuprofeno, acetaminofén, jarabes para la tos, antiestamínicos y descongestionantes

✛ Una hoja en la que aparezcan los contenidos del botiquín, para verificarlos con facilidad, la lista de teléfonos de emergencia, y una lista de las alergias y medicamentos de tu familia.

Primeros auxilios para llevar: puedes hacer un mini-botiquín (con venditas adhesivas, ungüento antibiótico, pinzas y vendas) para llevarlo contigo cuando hagas alpinismo o cuando cuides niños.

Mujeres Importantes en Primeros Auxilios

FLORENCE NIGHTINGALE
Nacida en 1820 en una familia adinerada, no se esperaba que Florence Nightingale trabajara en la profesión de enfermera, poco respetable en aquella época. Creció estudiando griego, latín, francés, alemán, italiano, historia, gra-

mática, filosofía y, a pesar de las objeciones de sus padres, matemáticas. No obstante, en 1837, Florence escuchó lo que creyó ser la voz de Dios que le decía que tenía una misión en la vida. Cuatro años más tarde, descubrió esta misión—la enfermería—y abandonó la vida de una joven de sociedad.

Se entrenó en Alemania y en París y, para 1853, era superintendente de la Institución para el Cuidado de las Damas Enfermas de Londres. Cuando estalló la guerra de Corea y ella escuchó hablar de las terribles condiciones en las que se encontraban los soldados heridos, se ofreció como voluntaria para ir al frente en Turquía, y llevó a 38 mujeres más como enfermeras. Durante aquella época que pasó en los hospitales militares ingleses en Turquía, estableció nuevos criterios de salubridad y para las provisiones; seis meses después de su llegada, la tasa de mortalidad había bajado del 60 por ciento al 2 por ciento. Su condición de ser la única mujer en los pabellones por las noches llevó a que la llamaran "La dama de la lámpara."

Al final llegó a ser superintendente general de la Institución de Enfermeras de los Hospitales Militares del Ejército, contribuyó a crear la Comisión Real de Salud en el ejército y, en 1860, fundó la Escuela y Hogar para Enfermeras Nightingale.

Sin embargo, además de ser una pionera de la enfermería y una reformadora de la atención en el campo de la salud, Florence Nightingale fue también una notable matemática. Sus innovaciones en el análisis estadístico la llevaron a inventar el "diagrama de la zona polar"—mejor conocido por nosotros como el gráfico de la torta—y revolucionó el uso de las estadísticas para analizar la enfermedad y la mortalidad.

En 1858 fue la primera mujer elegida en la Sociedad Real de Estadística, y luego fue miembro de la Asociación Americana de Estadística. En 1907, fue la primera mujer en recibir la Orden del Mérito. Aun cuando permaneció en cama durante muchos años antes de su muerte, continuó trabajando en el campo de la planeación hospitalaria. Murió en 1910.

CLARA BARTON

Clara Barton, quien nació en 1821 y vivió hasta 1912, fue la primera presidenta de la Cruz Roja Americana. Era la menor de cinco hermanos y comenzó a enseñar en la escuela a la edad de 15 años; luego fue funcionaria de la Oficina de Patentes de Estados Unidos. Después de que estalló la Guerra Civil y ella se enteró de que los heridos sufrían por falta de atención médica, estableció un servicio de provisiones para los soldados y trabajó en campamentos del ejército y en el frente, con lo cual se ganó el nombre de "Ángel del Campo de Batalla." Durante tres años se ocupó de las víctimas de la guerra en Virginia y Carolina del Sur y, en 1865 el Presidente Lincoln la nombró para que organizara un programa dirigido a ubicar a las personas desaparecidas en acción. Viajó a Europa en 1870 cuando estalló la guerra franco-prusiana, y trabajó detrás de las líneas alemanas para la Cruz Roja Internacional. Después de regresar a los Estados Unidos, organizó la Cruz Roja Americana, de la cual fue Directora hasta 1904.

Reinas del Mundo Antiguo IV
La Rebelión de Beodicea contra Roma

BEODICEA ERA UNA REINA guerrera con un aire feroz y un cabello rojo brillante que le caía hasta la cintura. Como reina de la tribu celta de los Iceni en el siglo I DC, Beodicea organizó una rebelión contra los romanos, con la esperanza de recuperar y proteger la independencia de su pueblo.

En el año 43, los soldados romanos marcharon hasta el borde francés del continente europeo, cruzaron el Canal de la Mancha y comenzaron a invadir Inglaterra. El Emperador Claudio, cuyo reino había comenzado en el año 41 y habría de prolongarse hasta el año 54, soñaba con conquistar a la misteriosa isla británica. Roma estaba en la cúspide de su poder. Su enorme ejército contribuyó a extender las fronteras de Roma en todas direcciones. Inglaterra representaba un reto especial. Se encontraba al otro lado de un canal de aguas tormentosas y era el lugar más distante hacia el norte occidental que hubieran imaginado los romanos, con un mar insondable y aterrador detrás.

LA REBELIÓN DE BEODICEA CONTRA ROMA

Inglaterra era el hogar de las tribus celtas y de los druidas, con sus tradiciones místicas y bosquecillos. En Roma, la vida de las mujeres y de las chicas era tan controlada como las apretadas trenzas y rizos que estaban de moda en esa época. Allí los hombres dominaban la vida pública y las mujeres, especialmente aquellas que pertenecían a familias ricas y poderosas, llevaban una vida más privada. Contrario a ellas, las mujeres celtas tenían muchos más derechos. Podían gobernar y expedir leyes, casarse con más libertad, tener propiedades y, al lado de los hombres, podían trabajar y participar en los mercados de su comunidad. Sus cabellos mostraban también su libertad: la moda era dejarlo crecer largo y dejarlo suelto, para que volara con el viento.

Boadicea pertenecía a la tribu Iceni, que habitaba en la parte oriental de Inglaterra, y se había casado con Prasutagus, el rey de la tribu. A medida que las legiones romanas invadían y se apoderaban de la tierra de los celtas, Boadicea los observaba, incrédula. Los romanos declararon gran parte de Inglaterra como la provincia romana de Britania. Fundaron las ciudades de Londinium—ahora llamada Londres—y Camulodunum, a la que convirtieron en su capital. Allí construyeron un templo al estilo romano en honor al Emperador Claudio, y una enorme estatua de mujer que representaba la Victoria.

Al enfrentar tropas con mejores armas, los Iceni y las tribus celtas cercanas siguieron la senda de muchas tribus locales. Temían que la oposición activa significara la muerte para muchos y la esclavitud para el resto, así que se sometieron. Cuando los romanos llegaron al reino de Iceni, decidieron que Prasutagus debía continuar gobernando a su pueblo. Los Iceni podrían permanecer semi-independientes si eran leales a Roma. Muchas veces los romanos hacían arreglos como este, dejando a los gobernadores locales mantener la paz y recolectar los impuestos para el Imperio. El pequeño reino de Prasutagus permaneció así por casi veinte años, hasta que él murió en el año 60 dejando a Boadicea y a sus dos hijas.

Casi todo lo que sabemos de la vida de Boadicea proviene del historiador romano Tácito quien, en 109 AD, escribió los *Anales,* en los que detallaba las hazañas de Roma en el siglo primero. Tácito cuenta que bajo el gobierno romano, Prasutagus y Boadicea permanecieron prósperos. Sin embargo, después de la muerte de Prasutagus se conoció que él había estado negociando con los romanos, y esto incluía tomar prestada una gran cantidad de dinero del gobernador romano. El testamento de Prasutagus ordenaba que la mitad de su reino fuera entregado a los romanos para pagar su deuda. La otra mitad se la dejó a sus dos hijas para que gobernaran como reinas.

Prasutagus esperaba que las indicaciones de su testamento sirvieran para proteger a su familia, pero esto no sucedió así. El gobernador romano Suetonio ya había decidido que cuando Prasutagus muriera, desarmaría a la gente Iceni, confiscaría sus flechas, arcos y dardos y anexaría todo su territorio a la provincia romana de Britania.

Los soldados romanos llegaron rápidamente al palacio de Boadicea para saquear la riqueza de Prasutagus y reclamar su reino como suyo. Capturaron a Boadicea y la torturaron junto con sus dos hijas frente a los hombres y las mujeres de la tribu Iceni. Sus primos, tías y tíos fueron convertidos en esclavos.

A finales de ese mismo año, el gobernador romano Suetonio decidió conquistar Gales, en la costa oeste de Inglaterra. A medida que los soldados de su temible Legión marcharon hacia el oeste, dejaron las ciudades de Camulodunum y Londinium sin defensas.

Boadicea sintió que era su oportunidad. Reclamó su liderazgo y agitó a su gente para reclamar su libertad. Les recordó el horror y la crueldad del gobierno romano y los reunió para ganar de nuevo su territorio.

Boadicea trazó un plan. Suetonio estaba en Gales, sacando a los druidas de la Isla de Mona. A la cabeza en su carruaje tirado por caballos, con 100,000 soldados ingleses tras ella, atacaría primero Camulodunum. Por todas partes, premoniciones milagrosas anunciaban el éxito de Boadicea; informes antiguos dicen que la estatua de la Victoria en la ciudad cayó de su base al suelo sin causa alguna, como si Roma ya estuviera cediendo.

Las tropas de Boadicea tomaron las puertas de la ciudad. Al final del día, la ciudad estaba en llamas. Un grupo pequeño de soldados y líderes romanos se encerraron en el Templo de Caludius, resistiendo durante dos días, hasta que Boadicea incendió el Templo.

Después de conocer la victoria de Boadicea en Camulodunum, el gobernador romano Suetonio partió de Gales y se dirigió a proteger Londres de los feroces soldados de Boadicea.

Viendo el deseo de Boadicea de incendiar ciudades, decidió abandonar Londres a las llamas. Los soldados de Boadicea mataron a 25,000 personas en Londres antes de avanzar hasta Verolamium, la tercera ciudad más grande de Inglaterra, donde mataron a todas las personas que habían ayudado a los romanos y después destruyeron la ciudad.

El ejército de Boadicea comenzó a debilitarse. En la medida en que los hombres de Suetonio se acercaban, quemaron las cosechas en el campo, redujeron a humo el maíz y los fríjoles, dejando a los soldados de Boadicea sin nada de comer. Boadicea había destruido con éxito ciudades inermes, pero Suetonio y sus legiones profesionales eran muy fuertes para los celtas ingleses, relativamente poco entrenados, y a quienes la suerte les cambió. Boadicea luchó una última batalla en un lugar desconocido. Sus tropas tuvieron que pelear desde la parte de abajo de una colina y enfrentar a los romanos que se encontraban situados estratégicamente en la parte de arriba. Flechas y picas romanas llovieron sobre los celtas. Los guerreros de Boadicea fueron vencidos y muchos murieron en la batalla.

La rebelión había terminado. En la noche, Boadicea abandonó su gloriosa carroza de bronce. Tomó a sus dos hijas adolescentes de la mano y corrieron en la oscuridad para regresar a su palacio por caminos ocultos y senderos poco transitados. Una vez en casa, sabían que serían capturadas y llevadas a Roma para ser encadenadas y exhibidas ante la muchedumbre en el Coliseo. En lugar de esto, Boadicea decidió terminar con su vida tomando una copa de veneno, al igual que sus dos hijas. Se dice que cuando sus parientes más cercanos entraron al palacio, encontraron a Boadicea con su túnica legendaria de brillantes colores, cubierta con un manto castaño oscuro y su ondulante cabello rojo todavía sin domar.

Patinaje

LOS PRIMEROS PATINES, INVENTADOS en el siglo dieciocho, se asemejan a los patines en línea de hoy: una línea única de ruedas metálicas. Incluso en el siglo siguiente, el primer diseño patentado de patines seguía la alineación de tres ruedas en línea. Fue sólo hasta 1863 cuando un hombre llamado James Plimpton revolucionó el diseño inventando unos patines con dos pares de ruedas a cada lado. Estos nuevos patines rápidamente se convirtieron en el estándar, por su mejor control y facilidad de movimiento y se incluyeron más refinamientos: salineras y conos ayudaron a mejorar el manejo de los patines, y el freno de pie patentado en 1876. El patinaje aumentó su popularidad y alcanzó su clímax en Estados Unidos en 1970 y en los años ochenta y noventa, un moderno diseño de patines en línea, los Rollerblades, tomaron la delantera en la medida en que las pistas de patinaje dieron el paso al patinaje al aire libre. Pero estos patines todavía se fabrican y el placer de estar sobre unos patines continúa siendo el mismo.

Si nunca has patinado—e incluso si lo has hecho—, es una buena idea acostumbrarte a tus nuevos patines. Encuentra un lugar liso, plano, seguro y sin tráfico para patinar y, antes que nada, practica las habilidades de empezar, girar y detenerte. Y aunque no seas una principiante, utiliza equipo de protección como rodilleras, muñequeras, coderas y un casco.

AL COMENZAR

Antes de comenzar a patinar, encuentra tu equilibrio y siéntete cómoda con tus patines caminando en una superficie plana, con césped o con tapete. Primero, solo ponte de pie, sintiendo la sensación de tu peso distribuido homogéneamente en la mitad de tus patines más que en los dedos de los pies o los talones. No cierres tus rodillas. Después, ponte de pie con tus pies en posición de "V," tus talones juntos y los dedos de los pies separados. Dobla un poco las rodillas, extiende los brazos a los lados y luego camina lentamente, derecha, izquierda, derecha, izquierda, para sentir tus patines. Cuando te sientas cómoda con esto, pasa a una superficie pavimentada y trata de equilibrarte en tus patines. Dobla solo las rodillas, nunca la cintura.

AL CAER

Suena divertido, porque una caída debería evitarse, pero caerse es una de las cosas más importantes de practicar. Cuando te caes hacia delante en tus patines, los patines se detienen pero la parte superior de tu cuerpo sigue moviéndose. Practicar la caída hacia delante en tu cama o en otra superficie acolchonada te preparará para saber lo que se siente al caerse, así en el caso de que te caigas, tu reacción pueda ser reflexiva y puedas minimizar el golpe. Cuando caigas hacia delante, cae de rodillas (que siempre deben estar protegidas con rodilleras) y siéntate en el trasero y en los muslos; trata de evitar parar el golpe con los brazos o caer hacia delante sobre tus manos. Cuando caigas hacia atrás, trata de recuperar el equilibrio apoyándote hacia delante y resiste el impulso de agitar tus brazos o poner tus brazos para detener la caída.

PATINAR HACIA DELANTE

Comienza con tus pies en posición de "V," los talones juntos y los dedos de los pies separados. Con las rodillas ligeramente dobladas y tus brazos extendidos para darte equilibrio, inclínate en tu pie derecho y avanza, empujando suavemente con tu pie izquierdo. Trae tu pie izquierdo al lado de tu pie derecho, de nuevo en una "V" con los talones juntos, y, en la medida en que pones tu pie izquierdo en el suelo, inclínate hacia la izquierda, deslizándote en tu pie izquierdo y empujando levemente con tu pie derecho. Repite este movimiento, alternando los pies. Recuerda relajarte, mantener las rodillas dobladas e inclinar tu cuerpo en la dirección del pie que lleva tu peso.

PARA DETENERTE

Es posible usar el freno del dedo del pie para detenerse apuntando el dedo y arrastrando el freno de goma sobre el piso, pero esto puede ser difícil. Una manera más segura es el freno en T de cuatro ruedas: deslizándote en el patín delantero, levanta el trasero y llévalo detrás del delantero en un ángulo de 45 grados, formando una "T." Gradualmente, deja que el patín trasero toque el suelo y forme un arrastre para desacelerarte hasta que te detengas. Otro método de detenerte es sencillamente inclinarte haciendo un giro. Si sigues inclinándote en la misma dirección, gradualmente te detendrás.

PARA DESLIZARTE

Comienza con los pies muy juntos, pasa el peso al pie derecho y empújate hacia el lado con el izquierdo. Deslízate hacia delante en el pie derecho sin poner el pie izquierdo en el suelo. Ten cuidado de no doblarte en la cintura, girar o torcer los hombros, o balancear los brazos. Trae el patín izquierdo al lado del derecho y ponlo en el piso. Ahora pasa el peso al pie izquierdo y deslízate hacia delante de igual manera. Repite estos movimientos, balanceándote a la derecha y luego a la izquierda, y recuerda mirar al frente a la distancia, no a los pies. Gradualmente, haz cada movimiento más largo mientras aumentas la velocidad.

DIRIGIR / GIRAR

Para dirigirte en una curva, inclínate en la dirección de la curva. Para girar a la izquierda, inclínate a la izquierda; para girar a la derecha, inclínate hacia la derecha,

CRUCE AL FRENTE

Cuando ya te sientas cómoda deslizándote, puedes practicar el cruce al frente. Deslízate hacia delante, con el peso en el pie izquierdo, las rodillas dobladas y juntas. Balanceándote desde la cadera, cruza la pierna derecha sobre la izquierda y pon el pie derecho tan cerca del izquierdo como puedas. Cruzar continuamente al frente es una forma de navegar un turno.

PATINAR HACIA ATRÁS

Comienza con el pie en una "V" invertida, con los dedos de los pies juntos y los talones separados. Oprime hacia abajo sobre la parte interna del pie izquierdo mientras levantas el pie derecho del suelo. Apunta el dedo del pie derecho hacia abajo y pasa el peso a la derecha. Inclínate levemente hacia delante, dobla las rodillas y mira sobre el hombro mientras te impulsas con el pie derecho y te deslizas hacia atrás en el izquierdo. Trae tu pie derecho hacia atrás y al lado del izquierdo. Impúlsate con el pie izquierdo y deslízate hacia atrás con el derecho. Tu pie de equilibrio está delante de ti. Trae el pie izquierdo al lado del derecho y comienza de nuevo. Otra técnica para patinar hacia atrás es mover los patines en la forma de un reloj de arena sin levantar los pies del suelo. Comienza con una posición amplia, los patines distanciados entre sí, luego aplica presión en los bordes interiores de los patines y ruédalos cerca uno del otro. Cuando estén cerca, aplica presión a los bordes externos, haciendo que los patines rueden lejos el uno del otro. ¡Ensaya esto también cuando avances hacia adelante!

PATINAR EN FIGURA DE OCHO

Adquiere velocidad deslizándote y luego patina únicamente en el pie derecho e inclínate hacia el círculo; cuando completes el círculo, pasa del pie derecho al pie izquierdo e inclínate para terminar.

Los Chicos

SIN DUDA HAS RECIBIDO ya muchos mensajes confusos sobre lo que debes hacer con los chicos, si es que debes hacer algo. A algunas chicas les hacen creer que el hecho de gustarle a los chicos es lo más importante de todo. A algunas chicas se les dice que los chicos son diferentes, y que las chicas deben adaptarse a ser como los chicos que les gustan, o tener cuidado de no ser demasiado complacientes; aprender acerca de los deportes si a un chico le agradan los deportes, o fingir ser tonta en temas en los que a un chico le agrada sobresalir. A algunas chicas se las anima a pensar en los chicos como sus protectores o, por otro lado, como criaturas que necesitan protección. Puede parecerle a algunas chicas que los chicos de repente importan más de lo que deberían; otras se preguntan a qué se debe tanto escándalo.

Se dicen muchas cosas de los chicos: a los chicos les gustan los deportes, los chicos son desordenados, los chicos no tienen sentimientos, a los chicos les gustan los camiones, a los chicos no les gustan las chicas, a los chicos les gusta correr por todas partes y comer cosas horribles. Cualquiera que sea la generalización específica, el punto de estas ideas acerca de los chicos es separarlos de las chicas como si fuesen completamente diferentes.

Análogas afirmaciones se hacen sobre las chicas: a las chicas les gusta el color rosa, a las chicas les gustan las flores, las chicas son limpias y ordenadas, las chicas son frívolas, las chicas son emocionales. ¿Es cierta cualquiera de estas cosas de todas las chicas? Desde luego que no. Pero es más sencillo pensar que los chicos y las chicas son completamente diferentes que pensar que tienen una cantidad de cosas en común.

En lo que respecta a los chicos mismos, tienes varias opciones. La primera, desde luego, es ignorarlos hasta que tú (y ellos) tengan 19 años, ó 21, ó 25.

Alternativamente, puedes ser la mejor amiga de un chico. Los chicos pueden ser excelentes amigos. En general, les agrada hacer cosas y esto los hace divertidos.

Desde luego, una tercera opción es el romance. Algunas chicas pueden estar interesadas en este tipo de cosas (las reconocerás por la forma como dibujan su nombre y el del chico dentro de un corazón en los cuadernos de ciencias); otras chicas pueden pensar que es demasiado repugnante incluso imaginarlo. Si te encuentras dentro de este grupo, no te preocupes, tienes mucha compañía.

Si estás en este último grupo, hay dos cosas principales que debes recordar. Uno, si a un chico no le agrada tu forma de ser, el problema lo tiene él, no tú. Y, dos, no trates que un chico cambie por ti; es importante apreciar a la gente como es.

Sea cual fuere el lugar del espectro de cómo te sientes sobre los chicos, trata a todos tus amigos, chicos y chicas, con amabilidad. Esto ha pasado de moda, y es un triste error.

En general, la verdad es que los chicos no son un gran misterio. Los chicos son personas y, como todas las personas, son complicados. Y eso es lo que hace interesante tener amigos: aprendes acerca de cómo piensan y actúan otras personas y, en el proceso aprendes un poco más sobre ti misma.

Las Reglas de Robert

EN 1863, **HENRY M.** Robert había sido ingeniero durante la Guerra Civil, fortaleciendo las defensas de los puertos de Washington, Filadelfia y de toda Nueva Inglaterra. Había mejorado los ríos en Oregón, desarrollado los puertos de Green Bay y Oswego, y construido represas en los ríos Tennessee y Cumberland. Pero su mayor reto fue cuando se le pidió que presidiera una asamblea de la iglesia. Sin tener conocimiento alguno de cómo debía presidir una asamblea, valientemente intentó hacerlo, sólo para terminar avergonzado y sentirse completamente humillado. Decidió no asistir nunca a otra asamblea de la iglesia hasta no saber algo más acerca de los procedimientos parlamentarios: el conjunto de reglas de una asamblea que permite que se adopten decisiones con justicia y sin confusión. Su *Pocket Manual of Rules of Order for Deliberative Assemblies* (Manual de bolsillo para las agendas de las asambleas deliberativas) publicado por primera vez en 1876 y conocido actualmente como *Las Reglas de Robert*, es el resultado de ello. Tú y tus amigos pueden usar estas reglas para sus clubes y reuniones.

LAS REGLAS BÁSICAS DEL PROCEDIMIENTO PARLAMENTARIO

- ✍ Los derechos de la organización están por encima de los de los miembros individuales.
- ✍ Todos los miembros son iguales y sus derechos (de asistir a las reuniones, presentar mociones, hablar en el debate, nominar, votar, ocupar cargos) son iguales.
- ✍ Es necesario que haya quórum para adelantar cualquier actividad.
- ✍ La mayoría decide.
- ✍ Silencio es consentimiento.
- ✍ Una pregunta a la vez y un orador a la vez.
- ✍ Las mociones debatibles deben ser objeto de un debate completo.
- ✍ Una vez decidida una cuestión, no debe presentarse la misma moción o una esencialmente igual durante la misma reunión.
- ✍ Difamaciones, comentarios y observaciones personales en los debates están siempre fuera de lugar.

DIRIGIR UNA ASAMBLEA

SER EL PRESIDENTE

El presidente está a cargo de la asamblea y tiene un mazo, como los jueces. Debe preparar una agenda, un esbozo de la asamblea que enumera los puntos que serán discutidos y con base en los cuales se actuará. A continuación presentamos un ejemplo típico, con un libreto básico para seguir:

1. Llamar por lista a todos los miembros presentes
Esto se hace para determinar si hay quórum, para asegurarse que hay suficientes miembros presentes para realizar la asamblea. El secretario lee los nombres de los miembros de una lista y los miembros responden.

EL VOCABULARIO DE LAS REGLAS DE ROBERT

Actas: *Registro escrito oficial de una asamblea*

Agenda: *Lista de asuntos que serán discutidos en una asamblea*

Apelación: *Moción para objetar una decisión*

Asuntos pendientes: *Asuntos de una asamblea anterior que fueron pospuestos para una asamblea posterior*

Ceder la palabra: *Ceder el turno de hablar cuando se le ha sido concedido*

Debate: *Discusión formal de una moción*

División: *Pedir el recuento de una votación*

Estatutos: *Reglas escritas para el gobierno de una organización*

Fuera de lugar: *Algo que no es correcto desde el punto de vista parlamentario*

Moción: *Propuesta para que se actúe de determinada forma u opinión expresada por el grupo*

Moción de orden: *Objeción presentada por procedimiento impropio*

Nuevos asuntos: *Nuevos asuntos que se presentan a consideración de los miembros*

Nominar: *Nombrar formalmente a una persona como candidato para elección o cargo*

Pendiente: *Asuntos que están bajo consideración*

Quórum: *Número de miembros que deben estar presentes para realizar la asamblea*

Receso: *Corto descanso durante la asamblea*

Resolución: *Moción formal escrita*

Tácticas de dilación: *Abuso de un procedimiento parlamentario (tal como usar repetidamente la división o apelar decisiones anteriores)*

Uso de la palabra: *Obtener autorización para hablar en una asamblea*

Voto por papeleta: *Voto secreto escrito en una papeleta*

Iniciar la sesión

envenidos. Habiendo quórum para la asamblea, da por comenzada la sesión." (Golpea con el zo una vez, para hacer un buen efecto.)

Leer las actas de la última asamblea

primer punto de la agenda es aprobar las actas la asamblea anterior. ¿Puede el secretario (que quien lleva las actas) leer las actas de la última amblea? ¿Hay alguna observación concerniente as actas? Dado que no hay ninguna observación, aprueban las actas tal como se leyeron." (Si hay rrecciones u observaciones éstas deben ser ano-las y registradas por el secretario.)

Informe de los funcionarios

siguiente punto de la agenda son los informes de s funcionarios." Debes llamar a aquellos funcio-rios que presentarán un informe.

Informe del tesorero

tesorero (di su nombre) presentará su informe." espués de leído el informe: "¿Hay alguna pre-nta? Dado que no hay preguntas, el informe será chivado para auditoría."

Informes de comités

siguiente punto de la agenda son los informes de s comités." Después de que se han presentado s informes: "Gracias. El informe será archivado n las actas de esta asamblea."

7. Puntos especiales

Cualquier asunto designado previamente para considerarse en esa reunión.

8. Asuntos pendientes

Sólo se hace este anuncio si hay asuntos que ha-yan sido pospuestos en la asamblea anterior para ser tratados en la asamblea que se lleva a cabo. "El siguiente punto de la agenda será tratar (los asun-tos pendientes) que fueron pospuestos para esta reunión."

9. Nuevos asuntos

"El siguiente punto de la agenda será tratar los asuntos nuevos: ¿Hay algún asunto que deba pre-sentarse ante el grupo?"

10. Anuncios o programa

Si hay anuncios para hacer pero no hay programa para la asamblea: "Si no hay nuevos asuntos para proponer al grupo, el secretario leerá los anun-cios."

Si hay un programa en la asamblea: "Si no hay nuevos asuntos para proponer al grupo, (el pre-sidente del programa) presentará al conferencista de hoy."

11. Finalizar la sesión

"Si no hay asuntos ulteriores y no hay objeción, se levantará la sesión. Puesto que no hay objeciones, se levanta la sesión."

SER EL SECRETARIO

El secretario del grupo está encargado de varias cosas: enviar notificaciones para las próximas reuniones; mantener los registros de la organización, incluyendo la lista de los miembros, listas de todos los comités y de los miembros que los integran; una versión actualizada de los estatutos de la organización; y, lo más importante, redactar las actas de la organización. Las actas deben ser escritas de la manera más concisa y precisa posible, pues constituyen el registro oficial de todo lo que sucede dentro del grupo.

El formato para escribir las actas es el siguiente:

- ✍ PRIMER PÁRRAFO
  Incluye el tipo de asamblea (ordinaria o extraordinaria), el nombre de la organización, la fecha y lugar de la asamblea, la presencia del presidente y el secretario, si hay quórum, la hora en que se dio inicio a la sesión, y si las actas de la asamblea anterior fueron aprobadas o corregidas.

- ✍ CUERPO
  Enumera los informes presentados, incluyendo el nombre de la persona que lo presentó y cualquier medida que se haya adoptado; todas las mociones; todos los puntos de la agenda; los anuncios importantes, si hay un programa, el nombre del conferencista y el tema del programa.

- ✍ PÁRRAFO FINAL
  Registra la hora en que se levanta la sesión, la fecha y firma el documento.

Cuando redactes las actas, asegúrate de registrar todas las mociones adoptadas y negadas, el nombre de la persona que presenta la moción, los nombres de todos los miembros que presentan informes, los nombres de todos los que son elegidos o nombrados, y el número de votos para cada bando en un voto por balota o contado. No escribas tus opiniones personales sobre cualquier discusión, mociones que se retiran o informes que se presenten en la asamblea. En lugar de transcribir el informe, escribe: (nombre y título de la persona) informó sobre (tema). El informe se anexa al original de estas actas.

Después de redactar las actas (algo que deberás hacer tan pronto como sea posible), fírmalas y pon la fecha; envía una copia a la presidente de la organización, alertándola sobre cualquier asunto pendiente. Cuando hagas correcciones, no borres ni elimines el original. Haz las correcciones en tinta roja y anota la fecha de la corrección.

SER EL TESORERO

El tesorero es la persona encargada del dinero en una organización. Su función es recibir y desembolsar dinero de acuerdo con las reglas de la organización, y pasar las cuentas y recolectar las anualidades. Mantiene un registro permanente de todo el dinero recibido y pagado; cualquier corrección está claramente indicada en rojo, como sucede con las actas del secretario. El tesorero presenta un breve informe en cada reunión en el que se sintetizan los recaudos y gastos y se presenta cualquier asunto inusual. Una vez al año, se hace una auditoría de los libros del tesorero; esto significa que son verificados y se revisan todas las cifras. El informe de auditoría está fechado por el comité de auditoría, que lo firma.

El informe del tesorero debe incluir:

- ✍ La fecha de la asamblea
- ✍ El balance a la fecha de la última asamblea
- ✍ Recibos (dinero recibido)
- ✍ Desembolsos (dinero pagado)
- ✍ Fondos de reserva (si los hay)
- ✍ Balance a la fecha del informe (balance original, más recibos, menos desembolsos, más fondo de reserva)

El tesorero debe firmar el informe.

SER UN MIEMBRO

El punto del procedimiento parlamentario es que todos tengan la oportunidad de que se los escuche, incluso aquellos miembros que no son funcionarios o presidentes. Un miembro se da a conocer y da a conocer sus ideas a través de algo que se llama moción. Una moción es un método para introducir asuntos en una asamblea, y hay dos clases de mociones; mociones principales y mociones secundarias.

Una moción principal es una propuesta para que se realice una acción (o se exprese una opinión) por parte del grupo, este tipo de moción no puede presentarse cuando cualquier otra moción está siendo discutida y siempre cede su lugar a las mociones secundarias. Las mociones principales exigen un "segundo" (una segunda persona que apoye la moción) a menos de que sean presentadas por un comité. Las mociones principales pueden debatirse y enmendarse, y siempre requieren una votación mayoritaria.

Una moción secundaria es la moción que puede hacerse mientras se debate una moción principal, incluso antes de que ésta sea decidida. Hay tres clases de moción secundaria: subsidiarias, privilegiadas e incidentales. Las subsidiarias se refieren a la moción principal que se discute y su propósito es cambiar o modificar la forma como se maneja la moción principal. Se votan antes de la moción principal. Las mociones privilegiadas son mociones de urgencia, tales como un receso o el levantamiento de la sesión, que no están relacionadas con los asuntos pendientes. Las mociones incidentales se refieren a procesos y procedimientos—corregir errores, verificar votos—y deben ser consideradas antes de la otra moción.

Presentar una Moción

Primero, se pide la palabra poniéndose de pie y dirigiéndose a la presidenta: "Señora presidenta." Una vez que la presidenta te de la palabra, introduce la moción diciendo: "Propongo que...." formulando luego la propuesta. Otro miembro (que no necesita ponerse de pie ni que le sea concedida la palabra) apoya tu moción diciendo, "Secundo la moción." Si tu moción no es apoyada, la presidenta puede desecharla, diciendo, "Puesto que no hay apoyo, la moción no se pone a consideración de la asamblea." Si tu moción es apoyada, la presidenta lo anuncia y formula de nuevo tu moción, diciendo, "Se ha propuesto y apoyado (tu propuesta)." Ahora la moción está "pendiente," esto es, será debatida, votada y luego terminada. La presidenta pregunta, "¿Hay alguna discusión?" La presidenta da la palabra a los miembros que desean debatir la moción. Una vez terminada la discusión, somete la moción a votación, diciendo, "La cuestión es acerca de la moción que (tu propuesta). Todos los que estén a favor, digan "sí." Todos los que estén en contra digan "no." La presidenta anuncia entonces los resultados de la votación.

Puedes modificar o retirar la moción antes de que haya sido formulada por la presidenta. Después de haber sido anunciada, si quieres modificarla, puedes proponer una enmienda; si quieres retirarla, debes pedir la autorización de la asamblea para hacerlo. Recuerda que tu moción puede ser declarada "fuera de lugar" (incorrecta o inapropiada) si: va en contra de los estatutos de la organización, repite un asunto o moción presentada el mismo día, entra en conflicto con otra moción que ya ha sido adoptada, o es banal o grosera.

Votar una Moción

Cómo vota el grupo depende de la política de la organización, pero en general hay cinco métodos que son los más utilizados: votar oralmente, por lista, por consentimiento general, por división y por papeleta. La presidente cuenta los votos.

En la votación oral, la presidenta pide que quienes estén a favor digan "sí" y quienes estén en contra digan "no." En la votación por lista, cada miembro responde "sí" o "no" cuando se dice su nombre. En una votación por consentimiento general, cuando es probable que se acepte la moción, la presidenta dice, "Si no hay objeción…." y los miembros manifiestan su acuerdo permaneciendo en silencio; pero si un solo miembro dice "Objeto," la moción debe ser sometida a votación. En un voto por división, un voto oral es aclarado por los miembros levantando la mano o poniéndose de pie para indicar su voto. Y en un voto por papeleta, los miembros escriben su voto en una papeleta.

La asamblea puede también presentar una moción en lugar de votar: puedes presentar una moción de "postergar"; esto significa que se pospondrá la moción a una fecha posterior. (Una moción "postergada" puede siempre ser puesta de nuevo a consideración.) O puedes proponer la moción de "postergar indefinidamente."

REDACTAR LOS ESTATUTOS

Los estatutos son los principios y reglas fundamentales que gobiernan una organización. Deben ser claros y concisos, pues su finalidad es ayudar al grupo a definir y proteger su propósito. Una organización no existe oficialmente hasta cuando se redactan sus estatutos. A continuación presentamos un formato típico para redactar los estatutos de tu grupo.

ARTÍCULO I: Nombre del grupo

ARTÍCULO II: Propósito del grupo

ARTÍCULO III: Miembros

Clases de miembros (activos, honorarios, etc.)

Elegibilidad o condiciones que debe tener un miembro

Cuotas de membresía

Derechos de membresía

Renuncia y acciones disciplinarias

ARTÍCULO IV: Funcionarios

Enumerados en orden de rango (presidente, vicepresidente, etc.)

Deberes (lo que hace cada funcionario)

Término del cargo (por cuánto tiempo son funcionarios)

Nominaciones y elecciones (cómo se nominan y eligen nuevos funcionarios)

ARTÍCULO V: Asambleas

Asambleas ordinarias

Asambleas anuales

Asambleas extraordinarias

Quórum (cuántos miembros deben estar presentes para realizar la asamblea)

ARTÍCULO VI: Junta Directiva

Composición (quién la integra)

Facultades (qué puede hacer)

Reuniones (con qué frecuencia se reúne)

Quórum

ARTÍCULO VII: Comité ejecutivo

Comité dentro de la Junta Directiva

ARTÍCULO VIII: Comités

Enumera todos los comités, incluyendo el nombre del comité, el número de miembros, la forma de seleccionarlos y sus deberes. Luego enumera los "comités especiales," permitiendo la conformación "de tantos comités especiales como sean necesarios para llevar a cabo el trabajo de la organización."

ARTÍCULO IX: Autoridad parlamentaria

ARTÍCULO X: Modificación de los estatutos

Describe los procedimientos para modificar los estatutos (por lo general se requiere un voto de los dos tercios).

ARTÍCULO XI: Disolución

Describe qué sucederá con los activos si se disuelve la organización.

Lectura Adicional sobre las Reglas de Robert
Robert's Rules in Plain English (segunda edición), por Doris P. Zimmerman

Pintura con Acuarela

UNA DE LAS MANERAS más agradables de iniciarse en la pintura con acuarela es trabajar al aire libre, cuando el clima es placentero y hay buena luz. Trabajar al aire libre es maravilloso también porque la naturaleza es un tema fabuloso para los principiantes. A diferencia de tratar de pintar, por ejemplo, un retrato de familia o el retrato de un amigo, un paisaje es un tema que te puede ayudar: incluso si no eres capaz de capturar las colinas y las coloridas flores perfectamente, tu pintura aun puede asemejarse a una escena al aire libre. (¡Y siempre la puedes llamar "impresionista" si no lo hace!) A continuación te decimos lo que necesitarás para tu caja de acuarelas de viaje:

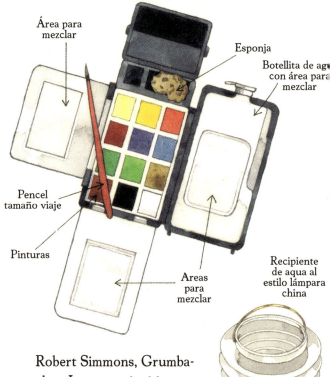

Área para mezclar

Esponja

Botellita de agu con área para mezclar

Pencel tamaño viaje

Pinturas

Areas para mezclar

Recipiente de aqua al estilo lámpara china

❦ Pinceles
Lleva un surtido de pinceles para acuarela redondos y planos, de varios tamaños (0, 2, 4, 8, 12). Las mejores marcas son Winsor Newton Sceptre Gold,

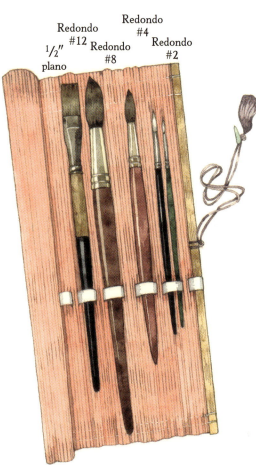

Redondo #12
1/2″ plano
Redondo #8
Redondo #4
Redondo #2

Robert Simmons, Grumbacher. La marta sintética es una alternativa económica y durable a los pinceles de pura marta, más costosos.

❦ Estuche para pinceles
Un pedazo de bambú plano que puede enrollarse y atarse con una cinta o un cordel. Teje un pedazo de banda elástica blanca a través de la parte inferior e introduce los pinceles. ¡Enróllalo y átalo!

❦ Paleta tamaño viaje
Asegúrate de que el espacio para mezclar los colores sea lo suficientemente grande, y que haya una buena variedad de colores (rojo, naranja, amarillo, verde, azul, violeta, amarillo ocre).

❦ Contenedores de agua

Dos contenedores de agua plegables (parecen faroles chinos) o frascos plásticos, uno para el agua limpia y uno para el agua sucia.

❦ Agua embotellada

Si no estás cerca de una fuente de agua o de un aguamanil, lleva tu propia agua embotellada.

❦ Papel o un bloque de papel para acuarela, de $8\frac{1}{2}'' \times 11''$ (las buenas marcas incluyen Arches, Fabriano o Strathmore).

❦ Una herramienta afilada para retirar las hojas del bloque de papel.

❦ Un lápiz No. 2 y un borrador.

❦ Una toalla para sentarte o una pequeña silla de playa.

CONSEJOS

Nunca dejes el pincel dentro del agua; eso dañará las cerdas. Deja los pinceles siempre en el pedazo de bambú. Déjalos secar al aire.

Limpia los pinceles antes de agregar un nuevo color (especialmente cuando pases de tonos oscuros a tonos claros).

Si quieres trabajar en una hoja suelta y no en un bloque de papel, usa cinta de enmascarar para acuarelas para asegurar todos los lados y bordes del papel sobre una tabla. Si no lo haces el aire entrará por debajo y doblará el papel.

¡No trabajes excesivamente la pintura! Aguarda a que una parte se seque completamente antes de añadir más agua o pigmento. Demasiada agua puede romper las fibras del papel y hacer que luzca "frotado." Al igual que con tantas cosas en la vida, menos es más.

Menos agua te dará un color más oscuro, más opaco. Más agua dará un color más transparente, claro.

Esboza levemente el paisaje en lápiz antes de comenzar; siempre puedes borrar las marcas de lápiz, cuando el papel esté completamente seco, con un borrador de nata. Las líneas más oscuras y pesadas son más difíciles de eliminar.

GRANDES ACUARELISTAS

Beatrix Potter (acuarelista inglesa del siglo XIX-XX)

Sara Midda (acuarelista y diseñadora inglesa contemporánea)

Winslow Homer (acuarelista estadounidense, siglo XIX-XX)

Andrew Wyeth (acuarelista estadounidense, siglo XX)

John Singer Sargent (acuarelista estadounidense, siglo XIX-XX)

Charles Demuth (acuarelista estadounidense, comienzos del siglo XX)

Carl Larsson (ilustrador sueco, siglo XIX-XX)

Charles Reid (acuarelista estadounidense contemporáneo)

J.M.W. Turner (acuarelista inglés, siglo XIX)

Albrecht Durer (alemán renacentista)

Phansakdi Chakkaphak (acuarelista botánico tailandés contemporáneo)

Charles Rennie MacIntosh (acuarelista escocés, fines del siglo XIX)

Fabricar un Tablero de Clavijas

PERFECTO PARA LOS VIAJES en auto, este antiguo juego de lógica es sorprendentemente fácil de hacer, pero difícil de dominar. Tradicionalmente, se trata de un tablero triangular con catorce clavijas y quince huecos. El objetivo es saltar una clavija sobre otra hasta que sólo quede una.

Se necesita:

- Una tabla plana de madera, de 6″ × 6″ (al menos de una pulgada de ancho). Cualquier forma sirve, no es necesario que sea triangular.
- 14 espigas acanaladas, de $^5/_{16}$″ × 1$^1/_2$″. Disponibles en cualquier ferretería.
- Regla
- Taladro eléctrico con punta de $^5/_{16}$″.

Haz un punto en la parte superior del tablero para comenzar. Dibuja levemente una línea diagonal y luego la otra, marcando el triángulo sobre la tabla. Además del punto superior, marca cuatro puntos en un lado del triángulo, cuatro del otro lado, y tres puntos en la parte inferior. Marca también los huecos de la mitad. Usa la regla para que las distancias sean iguales.

Necesitarás ayuda de un adulto con el taladro para el paso siguiente.

Taladra un hueco de $^1/_2$″ donde has marcado cada punto. Algunas personas miden $^1/_2$″ en la punta del taladro y ponen cinta de enmascarar para poder medir con facilidad el hueco, aunque cuando hayas hecho varios sabrás la medida. Ensaya cada hueco con un espigo, asegurándote de que entre y salga con facilidad. Cuando hayas hecho los 15 huecos, sacude el aserrín y estarás lista para jugar.

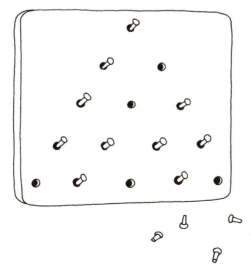

Finanzas: Intereses, Acciones y Bonos

TODOS HEMOS ESCUCHADO LOS adagios, "El tiempo es oro," "Pon el dinero donde está tu boca." A pesar de su reputación de ser "la raíz de todos los males," el dinero es, básicamente, cualquier cosa que se utilice como medio de pago. En la actualidad usamos papel, monedas y tarjetas plásticas; en el pasado la gente usó piedras, hojas de tabaco, cigarrillos, oro y plata. Con el dinero compramos todo, desde comida hasta diversión, y es importante pensar en el dinero ahora porque pronto tendrás tu propio dinero y, en cuanto más entiendas acerca de él, mejor lo podrás utilizar. Parte de aprender acerca del dinero incluye saber donde guardar tus ahorros, que es el dinero que no gastas. El valor de tus ahorros aumenta de formas diferentes, dependiendo de lo que hagas con ellos.

INTERESES

Cuando pones el dinero en una cuenta de un banco, en realidad le estás prestando tu dinero al banco. Por el privilegio de hacerlo, el banco te paga una pequeña suma de dinero cada año por "alquilar" tu dinero. Esto se llama interés. Puedes sacar el dinero del banco si lo necesitas, pero mientras esté allí, el banco te paga intereses, habitualmente un porcentaje fijo por cada dólar que guardas en tu cuenta, llamado tasa de interés. Así, si la tasa de interés anual es del 5% y pones $100 en tu cuenta de ahorros, al final del año tendrás $105.

INTERÉS COMPUESTO

Gracias a algo que se llama interés compuesto, tu dinero puede convertirse en más dinero. Si dejas los $105 en el banco un año más, estás ganando intereses sobre $105. En otras palabras, dos años después, los $100 con los que comenzaste se convertirán en $110.25. Y lo único que hiciste fue no gastarlos. Si ahorras estos $100 durante veinte años, con el interés compuesto cada año, terminarás con $265.33. Sin el interés compuesto, los $100 sólo se convertirían en $200 veinte años después.

El interés compuesto es la razón por la cual ahorrar un poco de dinero puede sumar mucho más tarde. Sin embargo, el interés compuesto es desfavorable si eres tú quien pide prestado

dinero, que es lo que haces cuando usas una tarjeta de crédito. (Puede parecerte que es dinero gratuito, ¡pero no lo es!) Cuando compras algo con una tarjeta de crédito, eres tú quien pide prestado el dinero, así que es a ti a quien cobran intereses, un interés compuesto. Así que si gastas dinero usando tu tarjeta de crédito y no pagas tu deuda cada mes cuando llega la cuenta, los $100 que gastaste te costarán mucho más.

INVERSIONES: ACCIONES, BONOS Y FONDOS MUTUOS

Poner el dinero en una cuenta de ahorros es una manera de invertirlo o de hacer que el dinero gane más dinero. Hay otras formas de invertirlo, pero son más riesgosas; esto significa que, aun cuando puedes ganar más dinero, también puedes perder un poco (o todo tu dinero). Manejar el dinero significa calcular cuánto riesgo quieres tener por diferentes tipos de recompensa posible.

Acciones

Las acciones son la propiedad de una compañía. Cuando compras acciones en una compañía, esto hace de ti un accionista, y entre más acciones tengas, más interés tendrás en la compañía. Tener acciones significa que eres dueño de una pequeña parte de la compañía; así que cuando a la compañía le va bien y gana dinero, tú también ganas dinero.

El precio de las acciones puede variar desde centavos hasta miles de dólares, dependiendo de la compañía. Tú decides cuándo comprar acciones y cuándo venderlas. Lo haces a través de un comisionista de bolsa o directamente a través de la compañía, la idea es comprar barato y vender caro: comprar acciones cuando tienen un precio bajo y luego venderlas a un precio más alto es una manera de ganar dinero con las inversiones en acciones. Las acciones se compran y se venden—se negocian—en mercados de valores, como la Bolsa de Nueva York, el American Stock Exchange o NASDAQ. Puedes seguir el desarrollo de tus acciones en los diarios, en la televisión o en el Internet.

La otra manera de ganar dinero con las acciones es cuando las compañías pagan dividendos: el dinero que se paga a los accionistas cada año. Esta suma depende de cuánto gana la compañía.

Bonos

Un bono es, básicamente, un recibo de pago. Cuando compras un bono, le estás prestando tu dinero a una compañía o a un gobierno, que te lo pagará después. Los bonos te dan una tasa de interés que es generalmente más alta de la que puedes obtener en una cuenta de ahorros. El interés está incluido en el precio del bono, y te dan tanto el interés como el dinero en la "fecha de vencimiento."

Fondos Mutuos

Los fondos mutuos son otra manera de invertir dinero. En los fondos mutuos, un gerente de finanzas—una persona cuyo trabajo es saber de inversiones—decide qué acciones y bonos comprar y vender. Cuando entras a un fondo mutuo, compras acciones en el fondo de la misma forma como las compras en una única compañía, pero en realidad estás poniendo tu dinero en una gran colección (el "fondo") que el gerente utiliza para comprar y vender inversiones con el fin de ganar más dinero para ti. Desde luego, se queda con una pequeña parte al final.

Los fondos mutuos son una manera de equilibrar el riesgo, pues implican diversificación. Cuando diversificas tu inversión, haces el esfuerzo de no poner todo tu dinero en algo riesgoso, ni todo en algo seguro. Pones, más bien, un poco en algo más riesgoso, un poco en algo seguro, y un poco en el medio.

Marco Polo y Waterpolo

TENER ACCESO A UNA piscina, un lago, un estanque, un arroyo, el mar o un jardín, es fundamental en un día caluroso de verano. Las competencias siempre son divertidas: de natación (¡en sus marcas, listos, ya!), de clavados y ver quién hace los saltos más divertidos. Las balas de cañón son siempre entretenidas; corres por el trampolín, saltas al aire, sostienes las piernas y salpicas a todos. Los trucos debajo de agua como pararse en las manos y saltar hacia atrás son también una manera agradable de refrescarte, así como los intentos por imitar las complejidades del nado sincronizado. En un día lluvioso, puedes mirar viejas películas en las que aparece la estrella del ballet acuático, Ester Williams, para inspirarte.

Con los juegos acuáticos, el reto por lo general no es el juego mismo, al menos si ya estás en camino de dominar la natación, sino la nariz, y cómo evitar que le entre el agua. Tienes tres opciones:

1. Exhala con fuerza por la nariz cuando saltes o te metas debajo del agua. El aire que sale mantendrá el agua afuera.

2. Usa una mano para tapar la nariz.

3. Encuentra un tapón antiguo de nariz, del tipo que va sujeto a la parte de delante de un collar de goma. Pon el clip en la nariz.

Cuando estés preparada de esta manera, hay un par de juegos acuáticos para quienes tienen acceso a una piscina o a otro cuerpo de agua que se mueva lentamente.

MARCO POLO

El célebre explorador, Marco Polo, tenía diecisiete años cuando salió de Venecia, Italia, para unirse a su padre y a su tío en un viaje a caballo a la China. No regresó a casa durante más de veinte años. Durante su travesía, entabló amistad con el Emperador Kublai Khan y fue uno de los primeros viajeros occidentales de la Ruta de la Seda. Se fascinó con el uso que hacían en la China del papel moneda y su complicado sistema de entrega postal, innovaciones que superaban por mucho el desarrollo de Europa en aquella época.

Cómo se vinculó su nombre con el juego acuático conocido internacionalmente nadie lo sabe, pero a continuación presentamos sus reglas.

Necesitas al menos tres personas, y todos comienzan en el agua. Una persona la lleva, y su objetivo es tocar a los otros chicos. Cierra los ojos o puedes ponerle una bandana para taparlos. Cuenta hasta cinco o cualquier número que se acuerde de antemano. Para hallar a los otros chicos sin mirar, debe escucharlos. Cuando quiera, grita "Marco." Todos los otros deben responder de inmediato "Polo." La chica que la lleva usa el sonido de los movimientos y voces de los otros chicos para encontrarlos. El que toque la lleva.

VARIACIONES

Hay algunas variaciones que puedes usar para hacer el juego más divertido y difícil. Si quieres, puedes permitir "pez sale del agua." Esto significa que los otros chicos que no la llevan pueden salirse de la piscina. Sin embargo, en cualquier momento, el que la lleva puede gritar "pez sale del agua" y si alguien está fuera de la piscina, la persona de inmediato la lleva. Si nadie está fuera del agua, los otros jugadores gritan "no." (Pista: esto puede ayudarlo a orientarse para encontrarlos.)

Puedes jugar también "sirena en las rocas," similar a "pez fuera del agua." Si alguien es "sirena en las rocas," está sentada en el borde de la piscina o del lago con los pies en el agua. De nuevo, si la que la lleva grita "sirena en la roca," cualquiera de las sirenas la lleva. Para cada una de estas variaciones fuera del agua, si el que la lleva grita peces o sirenas y nadie está fuera del agua, debe comenzar a contar de nuevo como al principio del juego.

Otra variación divertida es "ojos de cocodrilo." Cuando el que la lleva lo grita, (o grita "submarino") puede nadar debajo del agua con los ojos abiertos por una brazada. Habitualmente, sólo se le permite hacer esto una vez. He escuchado que en algunos lugares el que la lleva puede nadar debajo de agua con los ojos abiertos todo el tiempo, pero no se puede mover hasta cuando está arriba con los ojos cerrados o vendados. No hemos jugado esta versión, pero puedes ensayarla.

Otras versiones de Marco Polo son populares en diferentes lugares del mundo. En Argentina se juega una versión en la que la lleva debe decir el nombre de la persona a la que toque. Si acierta, la otra persona la lleva, pero si no acierta debe comenzar a contar de nuevo. En California juegan "Tiburones y sardinas" (llamado "Testigo silencioso" en otros lugares), lo cual significa que no hay llamados y respuestas, sólo el sonido de los chicos que se mueven en el agua.

WATERPOLO

Aun cuando Marco Polo puede agradecer al verdadero Marco Polo por su nombre, el nombre del waterpolo viene de la pelota de goma del juego, que viene de la India, donde la palabra para pelota es *pulu*.

El waterpolo fue inventado en Inglaterra en la década de 1870, incluso cuando un juego similar se jugaba en los ríos de África, y en los arrozales anegados de China muchos siglos antes. Aun cuando se dice que el waterpolo se asemeja al rugby, en la práctica se asemeja más a la lucha debajo del agua, donde los jugadores golpean y se agachan bajo el agua con gran regularidad. Los jugadores protegían la pelota poniéndola dentro de su traje de baño y nadando hasta la portería debajo de agua. Una de las hazañas favoritas del waterpolo, pero que es extremadamente peligrosa, es que uno de los jugadores salte sobre la espalda de los otros jugadores de su equipo y vuele por los aires, con la pelota en la mano, hacia la portería contraria.

Por fortuna, las reglas "escocesas," más civilizadas, reemplazaron las anteriores "todos contra todos." Las nuevas reglas establecieron faltas por empujar y golpear a los oponentes, declararon que la pelota debe permanecer por encima del agua (¡no más trucos con los trajes de baño!) y que sólo el jugador que lleva la pelota puede ser derribado (disminuyendo así el número de jugadores que terminaban el juego en la sala de urgencias).

CÓMO JUGAR

Un equipo de waterpolo tiene seis nadadores de campo y un portero. Los jugadores se pasan la pelota e impiden que la tomen sus oponentes, hasta que uno de ellos consiga anotar un gol. Para avanzar en waterpolo se nada con la cabeza fuera del agua, pues debes ver dónde está la pelota. Para nadar hacia atrás, te sientas en el agua, haces brazadas cortas y usas la patada para mantenerte erguido y en movimiento: cuando te sientes en el agua, dobla la rodilla y haz un círculo con las piernas, como una batidora.

Reglas
♦ Puedes tocar la pelota con las manos, pero sólo con una mano a la vez, lo cual quiere decir que atrapas la pelota y la pasas rápidamente.

♦ No toques el fondo de la piscina. En este juego se trata de estar continuamente en movimiento, sin descansar y sin tocar nunca el fondo de la piscina.

♦ No está permitido empujar, halar, golpear o aferrarse a los otros jugadores; esas son faltas. También hay falta si sostienes la pelota debajo del agua, la tocas con ambas manos o la tienes por más de 35 segundos; o si tocas el fondo, te impulsas desde el lado de la piscina o usas un lenguaje soez.

Aun cuando es posible que Marco Polo nunca llegue a ser uno de los juegos olímpicos, el waterpolo sí lo es. Los jugadores masculinos han participado en las Olimpíadas desde 1900. Desde los Juegos Olímpicos de verano realizados en 2000 en Sydney, el waterpolo femenino figura también en los juegos, y hay una maravillosa historia en relación con su ingreso. Después de una década o dos de negociaciones tras bambalinas con el Comité Olímpico Internacional, el equipo australiano de waterpolo femenino forzó la decisión. Las próximas Olimpíadas se aproximaban, y deseaban competir. En 1998, miembros de la dirección olímpica debían llegar al aeropuerto de Sydney, para una visita de planeación. Lideradas por su portera, Liz Weekes—se la llama la "chica glamorosa" del equipo porque también es modelo—las jugadoras del equipo de waterpolo se pusieron sus trajes y gorros de baño y marcharon por el aeropuerto de Sydney para recibirlos y, a la vista del público, pidieron de nuevo que las incluyeran, con éxito esta vez.

Mejor aún, después de haber luchado tanto para ser incluidas, el equipo australiano femenino obtuvo la medalla de oro. La jugadora Yvette Higgins anotó el gol de la victoria en el último segundo de las finales, ante los aplausos de los fanáticos que llenaban el estadio.

Una Breve Historia de las Primeras Mujeres que Participaron en los Juegos Olímpicos

1000 AC
Grecia Antigua

Las mujeres, a quienes se les prohibía participar en los Juegos Olímpicos, reservados exclusivamente para los hombres, tenían sus propios juegos atléticos en honor a Hera cada cuatro años desde el 1000 AC. Los premios eran pomarosas, coronas de olivo y una tajada de una vaca sacrificada. (Contrario a esto, los premios para los hombres en las carreras de cuadrigas en las Olimpíadas antiguas eran mujeres.)

440 AC
Grecia Antigua

Kallipateria fue la primera mujer entrenadora de boxeo para los Juegos Olímpicos.

392 AC
Grecia Antigua

Kynisca, una princesa espartana, se convirtió en la primera mujer campeona olímpica cuando sus caballos y cuadriga compitieron y ganaron en los antiguos Juegos Olímpicos. Luego se convertiría en la primera mujer campeona entrenadora de caballos.

1896
Juegos de Verano: Atenas, Grecia

Los primeros Juegos Olímpicos modernos. A las mujeres no se les permitía competir, pero una mujer griega, Stamati Revithi, corrió extraoficialmente la maratón; negándose a entrar al estadio, terminó la vuelta final afuera. Los funcionarios de los Juegos Olímpicos se referían a ella como "Melpómene," la musa griega de la tragedia.

1900
Juegos de Verano: París, Francia

Los primeros Juegos Olímpicos modernos que incluyeron mujeres en las competencias. Helen de Pourtales de Suiza (yates), Elvira Guerra de Francia (equitación), Madame Ohnier y Madame Depres de Francia (croquet), Charlotte Cooper de Inglaterra (tenis), Margaret Abbot de los Estados Unidos (golf), y Madame Maison de France (globo) fueron las primeras mujeres que compitieron en los modernos Juegos Olímpicos. La golfista Margaret Abbot fue la primera mujer estadounidense que obtuvo una medalla de oro.

1904
Juegos de Verano: St. Louis, Missouri, Estados Unidos

Lidia Scott Howell ganó la primera medalla de oro en arquería, un deporte olímpico no oficial en estos Juegos. El boxeo femenino fue incluido por primera vez como deporte de exhibición.

1906
Juegos de Verano: Atenas, Grecia

Mujeres danesas participan en la demostración de gimnasia; será sólo en 1928 que la gimnasia femenina se convierte en un deporte Olímpico oficial.

1908
Juegos de Verano: Londres, Inglaterra

La patinadora Madge Syers de Inglaterra fue la primera mujer que obtuvo una medalla de oro de patinaje en los Juegos Olímpicos. (En 1902, ingresó al campeonato mundial masculino, pues no había una competencia mundial para mujeres. Obtuvo el segundo lugar.)

1912
Juegos de Verano: Estocolmo, Suecia

La australiana Fanny Durak ganó la primera medalla de oro olímpica de natación otorgada a mujeres en los 100 metros estilo libre. El clavado de altura también fue incluido por primera vez. Una colegiala inglesa de 15 años, entró en la pentatlón moderna pero su entrada fue rechazada: el evento era sólo para hombres (sólo hasta el año 2000 fueron aceptadas las mujeres para competir en este evento).

1924
Juegos de Verano: París, Francia; Juegos de Invierno: Chamonix, Francia

Durante los juegos de verano, Aileen Riggin de catorce años fue la primera mujer en la historia de los Juegos Olímpicos que obtuvo medallas tanto en clavados como en natación en los mismos Juegos Olímpicos. La tenista Helen Willis se convirtió en la primera mujer en ganar una medalla de oro en sencillos y dobles. La esgrima femenina se disputó por primera vez, con un evento: la esgrima individual. El patinaje de figuras fue el único deporte de invierno en el que podían participar las mujeres. Estos Juegos Olímpicos señalan la primera vez en que más de 100 mujeres compitieron.

1928
Juegos de Verano: Ámsterdam, Holanda; Juegos de Invierno: St. Moritz, Suiza

Se permitió a las mujeres competir en eventos de pista y campo por primera vez, y la estadounidense Elizabeth Robinson obtuvo la primera medalla de oro femenina en un evento de pista y campo en la historia de los Juegos Olímpicos al ganar la carrera de los 100 metros planos. Las mujeres compitieron también en gimnasia por primera vez, y el equipo holandés obtuvo la medalla de oro.

1932
Juegos de Verano: Los Ángeles, California, Estados Unidos; Juegos de Invierno: Lake Placid, Nueva York, Estados Unidos

Las estrellas de la pista Louise Stokes y Tydia Pickett se convirtieron en las primeras competidoras negras en los Juegos Olímpicos.

1936
Juegos de Verano: Berlín, Alemania; Juegos de Invierno: Garmisch-Paartenkirchen, Alemania

Dorothy Poynton se convirtió en la primera mujer en ganar el evento de clavados en los Juegos

Olímpicos sucesivos, obteniendo la medalla de oro en 1932 y 1936. La clavadista de trece años, Marjorie Gestering se convirtió en la mujer más joven en ganar una medalla olímpica cuando ganó el evento de trampolín.

1948
Juegos de Verano: Londres, Inglaterra; Juegos de Invierno: St. Moritz, Suiza
Vicki Draves fue la primera asiática-americana en ganar una medalla de oro olímpica, y también la primera mujer en ganar el trampolín y los clavados en los mismos Juegos Olímpicos. Alice Coachman ganó el salto alto, siendo la primera mujer afro-americana en ganar una medalla de oro. Su compañera de equipo, Audrey (Mickey) Patterson fue la primera mujer negra que obtuvo una medalla, al terminar en el tercer lugar en la carrera de 200 metros; recibió la medalla de bronce justo antes de que su compañera de equipo ganara el oro. En los juegos de invierno, Gretchen Fraser ganó en slalom y fue la primera esquiadora estadounidense que ganó una medalla de oro olímpica.

1952
Juegos de Verano: Helsinki, Finlandia; Juegos de Invierno: Oslo, Noruega
Mujeres y hombres compiten juntos por primera vez en los eventos ecuestres olímpicos. Las mujeres gimnastas compiten en eventos de aparatos por primera vez, y la soviética María Gorokhovskaya ganó la primera medalla de oro para la Unión Soviética en sus primeras olimpíadas. Fue también la primera mujer que ganó siete medallas en unos Juegos Olímpicos.

1960
Juegos de Verano: Roma, Italia; Juegos de Invierno: Squaw Valley, California, Estados Unidos
Ingrid Kramer fue la primera mujer no estadounidense en la historia olímpica que ganó todos los eventos de clavados. Wilma Rudolph fue la primera mujer estadounidense que ganó tres medallas de oro en unos Juegos Olímpicos, al ganar los 100 metros y los 200 metros y los relevos de 400 metros.

1964
Juegos de Verano: Tokio, Japón; Juegos de Invierno: Innsbruck, Austria
La nadadora Dawn Fraser ganó su tercera medalla de oro consecutiva en los 100 metros. La gimnasta soviética Larissa Latynina completó su carrera olímpica con un total de dieciocho medallas; más que cualquier atleta en la historia olímpica hasta entonces.

1968
Juegos de Verano: Ciudad de México, México; Juegos de Invierno: Grenoble, Francia
Wyomia Tyus ganó la medalla de oro para los 100 metros y fue la primera en ganar medallas de oro consecutivas en el evento, el que también ganó en 1963. Deborah Meyer fue la primera nadadora que ganó tres medallas de oro individuales en unos Juegos Olímpicos.

1972
Juegos de Verano: Munich, Alemania Occidental; Juegos de Invierno: Sapporo, Japón
Dianne Holum fue la primera estadounidense que ganó una medalla de oro en patinaje de velocidad.

1976

Juegos de Verano: Montreal, Québec, Canadá; Juegos de Invierno: Innsbruck, Austria

La nadadora Kornelia Ender fue la primera mujer en ganar cuatro medallas de oro en unos Juegos Olímpicos batiendo marcas mundiales. El baloncesto femenino es un evento olímpico por primera vez. Nadia Comaneci fue la primera gimnasta en la historia—tanto entre hombres como entre mujeres—que obtuvo un puntaje perfecto de 10 en un evento olímpico; fue también la primera gimnasta rumana que obtuvo el título de atleta completo en los Juegos Olímpicos, y la gimnasta más joven en ser campeona completa en la historia.

1984

Juegos de Verano: Los Ángeles, California, Estados Unidos; Juegos de Invierno: Sarajevo, Yugoslavia

Candy Costie y Tracie Ruiz ganaron la primera medalla de oro concedida a un dúo de nado sincronizado. Ruiz obtuvo también el oro en individuales. Mary Lou Retton fue la primera gimnasta estadounidense que ganó el título de atleta completo para la medalla de oro olímpica y la primera estadounidense que obtuvo un puntaje perfecto. Joan Benoit Samuelson ganó la primera maratón olímpica femenina. Connie Carpenter-Phinney obtuvo la primera medalla de oro olímpica concedida a una ciclista, y la primera mujer que compitió tanto en los Juegos Olímpicos de verano como en los de invierno (compitió en 1972 en patinaje de velocidad).

1988

Juegos de Verano: Seúl, Corea del Norte; Juegos de Invierno: Calgary, Alberta, Canadá

La nadadora Kristin Otto, de la República Democrática Alemana, ganó seis medallas de oro, la mayor cantidad de medallas jamás obtenida por una nadadora en unos Juegos Olímpicos. En los juegos de invierno, la patinadora de figuras Debi Thomas fue la primera afroamericana que ganó una medalla olímpica en patinaje sobre hielo. La competidora olímpica Jackie Joyner-Kersee de pista y campo fue la primera mujer que ganó el Premio del Hombre del Año de *The Sporting News*.

1992

Juegos de Verano: Barcelona, España

A los trece años, Fu Mingxia de China se convirtió en la segunda persona más joven en ganar una medalla de oro individual cuando ganó el evento de clavados de plataforma.

1994

Juegos de Invierno: Lillehammer, Noruega

En las Olimpíadas de invierno, la patinadora de velocidad Bonnie Blair se convirtió en la primera estadounidense que ganó cinco medallas de oro.

1996

Juegos de Verano: Atlanta, Georgia, Estados Unidos

Debut del softball; Dot Richardson batea el primer cuadrangular en la historia del softball olímpico, y el equipo estadounidense gana la primera medalla de oro en softball. Las gimnastas estadounidenses se llevan la primera medalla de oro para el equipo, Nova Peris-Kneebone es la primera mujer aborigen que gana una medalla de oro, como parte del equipo de hockey de campo. El fútbol femenino debuta también, y los Estados Unidos ganan la medalla de oro.

1998
Juegos de Invierno: Nagano, Japón
Taara Lipinski, de quince años, es la atleta más joven que gana una medalla de oro en los juegos de invierno. Se introduce el hockey sobre hielo femenino por primera vez.

2000
Juegos de Verano: Sydney, Australia
Marion Jones gana más medallas olímpicas (tres de oro y dos de bronce) que cualquier otra atleta de pista en unos Juegos Olímpicos. Cathy Freeman es la primera mujer aborigen que gana una medalla olímpica individual y la primera en ganar una medalla de oro en los 400 metros. Fu Mingxia gana el título del trampolín de tres metros y se convierte en la primera clavadista que gana medallas de oro en tres Juegos Olímpicos diferentes. Las mujeres participan por primera vez en el pentatlón moderno.

2002
Juegos de Invierno: Salt Lake City, Utah, Estados Unidos
La patinadora de velocidad de pista corta Yang Yang es la primera atleta china, entre hombres y mujeres, que gana una medalla de oro en los juegos de invierno. Boneta Flowers y Jill Bakkan son las primeras ganadoras de una medalla de oro en un trineo para dos personas, y Flowers se convirtió en la primera atleta negra que obtuvo la medalla de oro de invierno. La patinadora en hielo Naomi Lang fue la primera atleta nativa americana que participó en los Juegos Olímpicos de invierno.

2004
Juegos de Verano: Atenas, Grecia
Se introduce la lucha femenina, con veinticuatro países calificados para enviar luchadoras a los Juegos Olímpicos. Mariel Zagunis, de diecinueve años, es la primera esgrimista estadounidense (de cualquier género) que gana una medalla de oro en cien años.

2006
Juegos de Invierno: Turín, Italia
Claudia Pechstein es la primera mujer participante en los juegos de invierno en ganar medallas en cinco Olimpíadas consecutivas (1992-2006) y la más exitosa campeona olímpica de invierno alemana de todos los tiempos, con cinco medallas de oro, dos de plata y dos de bronce. Janica Kostelic, de Croacia, fue la primera mujer que ganó cuatro medallas de oro en esquí alpino (las otras tres las obtuvo en 2002). Tanith Belbin, junto con su pareja, Benjamín Agosto, ganó la medalla de plata de baile en el hielo, la primera medalla para los Estados Unidos en baile en el hielo en 30 años. Tanja Poutiainen gana la primera medalla en esquí alpino para Finlandia, cuando obtiene la medalla de plata en el slalom gigante. El equipo sueco gana en curling femenino y se convierte en el primer equipo de curling en ganar los títulos olímpico, mundial y europeo al mismo tiempo.

Cómo Negociar un Salario

Para pasear el perro, hacer diligencias, cuidar niños, ¡o lo que sea!

Nunca negociemos por temor, pero nunca temamos negociar.
—John F. Kennedy, Discurso inaugural, 1961

LA PALABRA "NEGOCIAR" VIENE del latín "anegociari," que significa "intercambiar." Cuando negocias algo, esencialmente le pides a alguien que intercambie algo contigo, y estás persuadiéndolo de que esto sería una buena idea. Hay varios pasos para una negociación exitosa: preparación, presentación, contemplación y sellar el trato.

Preparación

Define tus objetivos. ¿Quieres un salario más alto? ¿Quieres más horas? ¿Quieres que te paguen más por el tiempo adicional? Especificar qué es lo que quieres te ayudará a abordar la tarea de pedirlo.

Haz tus investigaciones. Averigua cuál es la tarifa vigente en tu vecindario por el trabajo que realizas: ¿Cuánto reciben tus amigos por el mismo trabajo? ¿La suma que ganan depende del nivel de responsabilidad que tienen? Una vez que sepas las respuestas a estas preguntas, conocerás por qué se les paga más a otras personas, y estarás mejor preparada para pedir lo que tú quieres.

Presentación

Planea. Qué vas a decir y cómo lo vas a decir.

Comienza con solicitudes de baja prioridad, si es posible, y luego avanza hasta las de alta prioridad. (Cuando llegues a la solicitud importante, puedes intercambiar algunas de las solicitudes de baja prioridad, si es necesario.)

Haz énfasis en lo positivo. Este no es el momento de ser modesta; haz énfasis en tus logros y habilidades, y señala por qué mereces lo que estás pidiendo. Sonríe, muéstrate confiada y amistosa.

Contemplación

Escucha. En ocasiones la parte más importante de una conversación es aquella en la que no hablas. Cuando es el momento de que la otra persona responda, escucha con cuidado lo que tiene que decir.

Piensa. Es posible que te presenten una contraoferta: una oferta en respuesta a la tuya. No tienes que responder a la contraoferta de inmediato. Puedes tomarte el tiempo de pensarla, incluso si esto significa no dar tu respuesta durante algunos días.

Cerrar el Trato

Firma en la línea punteada. Una vez que ambas partes llegan a un acuerdo, es buena idea poner la oferta final por escrito, y que ambos firmen el documento. Esto impedirá cualquier malentendido posterior sobre lo que en realidad se acordó durante la negociación. Sin embargo, en algunas ocasiones, un anticuado apretón de manos será suficiente.

Errores Comunes

No prepararse. Asegúrate de haber hecho tus investigaciones y de saber realmente de qué estás hablando. Si no estás segura, pospón la negociación hasta cuando hayas tenido tiempo de prepararte.

Tratar de ganar a toda costa. Discutir o usar un comportamiento intimidante obstaculizará en lugar de ayudar el proceso de negociación. Recuerda: el proceso fundamental de negociar es discutir con otros para llegar a un acuerdo o a un trato. Es un diálogo, no un monólogo.

Hablar demasiado. Escucha con cuidado lo que la otra persona tiene que decir, y cuando sea tu turno de hablar, sé directa y ve al grano.

Tratar de ser alguien que no eres. La clave de la negociación es sentirse cómodo. Si estás tratando de aparentar ser "dura" porque crees que esto te beneficiará, puedes terminar tristemente decepcionada. Ser la versión más confiada de ti misma es mejor que tratar de ser el tipo de persona que crees que deberías ser para ganar.

CONSEJOS

Aun cuando te pueda poner nerviosa pedir algo, bien sea un salario más alto o mayores responsabilidades, es importante tratar de mantener una actitud abierta y confiada. Quieres que la persona con quien estás negociando te diga que sí, y resulta muy difícil decir que no a una persona sonriente y amistosa. Algunas personas llaman a esta técnica "desarmar con encanto." Pero si eres "encantadora" o no, trata de sonreír, de mirar a la gente directamente a los ojos, y concentrarte en no hablar excesivamente rápido. Recuerda, ¡es sólo una conversación! Y tienes conversaciones todo el tiempo. (Recuerda también que la gente con la que estás negociando puede esperar que estés nerviosa o insegura respecto al proceso de negociación, así que actuar con comodidad y confianza puede tomarlos por sorpresa y hacer que se sientan aún más inclinados a responder afirmativamente a tu solicitud.)

Hablar en Público

SI PREFIERES MORIR ANTES de hablar en público, estás en buena compañía: la glosofobia (el temor a hablar en público, o "miedo escénico") afecta al 75 por ciento de la población. Pero hablar delante de un grupo no tiene que ser una experiencia aterradora, especialmente si practicas antes de hacerlo. Hablar en público comparte muchos de los principios de adelantar una buena negociación: Preparación, Práctica y Presentación, con la confianza de "cerrar el trato."

PREPARACIÓN

Saber qué vas a decir
Escribe tu discurso y practica decirlo en voz alta. No necesariamente tienes que memorizarlo, pero lo debes saber lo suficientemente bien como para poder decirlo si no tienes tus notas.

Saber a quiénes les vas a hablar
Conocer tu público es un buen consejo, sin importar el tema del que vayas a hablar. Si sabes que tienes que pronunciar un discurso en una clase de historia, esto incidirá sobre el contenido del discurso de una manera muy diferente a si vas a hacer un brindis en la fiesta de los 50 años de tu padre. Debes adaptar tu discurso a las personas a quienes está dirigido. De esta manera, nadie se aburrirá, y lo que digas será interesante para el público.

Saber dónde vas a hablar
Si es posible, es buena idea familiarizarte con el lugar donde vas a hablar. ¿Es un salón grande o pequeño? ¿Tendrás que hablar en voz alta y proyectar la voz o habrá un micrófono al que deberás adaptarte? ¿Hay un estrado o una silla, o podrás moverte libremente mientras hablas? Cuando tengas información sobre el lugar donde hablarás, sabrás qué esperar antes de llegar, y esto puede ayudar a disminuir tu nerviosismo cuando comience la función.

PRÁCTICA

Visualiza
La mayor parte del temor que sentimos de hablar en público no es hablar delante de otras personas, sino el hacer algo potencialmente embarazoso delante de ellas. Para combatir este temor, practica imaginando que pronuncias un discurso y que todo sale maravillosamente bien. Imagínalo paso a paso en tu mente, de principio a fin, dándote la oportunidad de visualizarte haciéndolo bien en lugar de vivir tus peores temores.

Hazlo real
Hazlo real practicando el discurso con anticipación sola, frente a tu familia, frente a tus amigos, a las mascotas de la familia, frente a cualquiera que pueda ser un público para ti. Es buena idea escribir tu discurso en tarjetas o imprimirlo en un tipo de letra muy grande, para que puedas mirarlo rápidamente, ver qué debes decir y levantar la vista de nuevo. Practicar tu discurso de manera que se convierta en algo rutinario para ti te ayudará cuando comiences a sentirte nerviosa en el escenario o delante de la clase. Practicar con un público es también una oportunidad de darte

cuenta de que tu público desea que tengas éxito. La gente quiere oír lo que tienes que decir, y quiere que lo hagas bien.

Ejercítate

Si estás esperando mientras otros hablan antes de ti, te ayudará salir del salón justo antes de tu discurso para calmarte con ejercicios de respiración, inhalando lentamente por la nariz y exhalando por la boca. Si estás demasiado nerviosa como para respirar, puedes canalizar esta energía saltando, o sacudiendo los brazos y las piernas. Luego respira profundamente algunas veces para sentirte serena y concentrada. Esto es algo que puedes hacer cuando practiques.

PRESENTACIÓN

No se trata de ti

Recuerda, cuando comiences tu presentación, que se trata de tu discurso, no de ti. Es de gran ayuda concentrarse en el mensaje, no en el medio. Así, en lugar de pensar en todas las cosas que pueden salir mal mientras pronuncias el discurso, concentrarás en el contenido de tu charla y en transmitir tus ideas.

Se trata únicamente de ti

Si te derrumbas por los nervios o lo haces fantásticamente bien gracias a los nervios, eso depende exclusivamente de ti; en otras palabras, puedes controlarlo. Cuando estás increíblemente nerviosa, tienes la oportunidad de controlar esta energía y transformarla en vitalidad y entusiasmo. Respira profundamente y ¡lánzate!

Todo es bueno

Sin importar cómo lo hagas, siempre es bueno en el sentido de que, cada vez que hablas en público, adquieres experiencia. Utiliza esto para aumentar la confianza en ti misma: si lo has hecho bien, ahora tienes la prueba, para la próxima vez, de que puedes hacerlo muy bien. Y si tus nervios te dominaron, tienes la prueba de que ha sucedido lo peor y que has sobrevivido. De cualquier manera, sabes que lo has hecho; has hablado en público una vez, y puedes hacerlo de nuevo. El aumento de la confianza es muy importante porque la confianza es la clave para hablar bien en público.

CONSEJOS RÁPIDOS

Hazlo breve y conciso

Desacelera: No hables excesivamente rápido.

¡Levanta la mirada! Si te da demasiado miedo mirar al público de la primera fila, mira a las personas que están en la parte de atrás del salón.

Sonríe: Luce confiada, aun cuando no lo estés.

Finge: Imagina, por ejemplo, que todos están sentados allí en su ropa interior. Encuentra una cara amistosa en el público y finge que sólo le estás hablando a esa persona.

Practica: Únete al equipo de debates, asume el reto de hablar en clase, pronuncia un discurso delante del espejo. En cuanto más oportunidades tengas de hablar en público, más fácil será hacerlo.

La mayor ventaja: La confianza en ti misma. Actúa como si tuvieras derecho a estar allí, porque lo tienes.

Cuentos de Fantasmas

ENTONCES: **YA HAS ARMADO** la carpa, encendido la fogata y asado los malvaviscos. O quizás has construido una fortaleza en casa de tu mejor amiga para dormir en ella, has jugado Verdad o Reto y María la Sanguinaria, y han sacado linternas y bolsas para dormir. ¿Ahora qué? Tres palabras: cuentos de fantasmas.

A todos nos agradan los cuentos de fantasmas, especialmente tarde en la noche, en torno a una fogata, o en un salón oscuro y poco familiar, con una pequeña linterna iluminando tu cara. Y, quizás hayas notado, si has estado en algunos campamentos o dormido en casas ajenas, que muchos de estos relatos tienen temas similares; un fantasma que busca venganza o está literalmente obsesionado por la tristeza; un camino solitario o una casa abandonada; un elemento de susto o sorpresa; y los suficientes detalles verídicos para que todo sea creíble en la mitad de la noche.

Algunas historias contienen personas y lugares reales—y presuntamente verdaderas visiones— como el fantasma de Ana Bolena, segunda esposa del rey Enrique VIII, de quien se dice que asusta en la Torre de Londres, donde estuvo prisionera y fue decapitada en 1536, y en el Castillo de Hever en Kent, su hogar de infancia y el escenario de su primer encuentro con el rey que habría después de condenarla a muerte. Otras historias incluyen fantasmas más anónimos, personas corrientes que vivieron en un pasado no muy lejano y a quienes les sucedieron cosas aterradoras. Y no debemos descontar el valor de aterrar que tiene una buena leyenda urbana, historias presuntamente reales de personas presuntamente corrientes, a quienes sucedieron cosas horribles: la mujer que murió de mordeduras de araña cuando una araña anidó en su cabello; el hombre que recogió a una chica en el auto, sólo para descubrir que era un fantasma que atormentaba la autopista donde había muerto en un accidente automovilístico 40 años atrás; la chica que murió cuando sus pantalones vaqueros excesivamente ajustados se encogieron tanto cuando los usó que murió a causa de su fuerza constrictora.

Cualquiera que sea el tipo de historia que elijas, te damos unos consejos para inventar buenos cuentos y para relatarlos bien.

No olvides usar palabras aterradoras típicas de los cuentos de fantasmas, como cementerio, maldición, leyenda, que hiela la sangre, extraño, ominoso, letal, misterioso, aterrador, truculento, horripilante.... cualquier palabra que contribuya a crear un ambiente de terror.

Usar detalles realistas puede hacer que la historia parezca aun más aterradora; hacer que el personaje principal sea una chica que solía asistir a tu escuela hace tiempo, o hacer que la historia se desarrolle en tu propia ciudad, o cerca de tu casa, le presta a la historia un aire de credibilidad que atrae a tus oyentes. En ocasiones, es bueno que una amiga te ayude, así, cuando termines la historia con algo como "la chica nunca fue encontrada" (dicho, desde luego, con una voz sombría y dramática), tu amiga puede exclamar, "¡Aquí estoy!" y hacer que todos griten.

LAS PIEZAS DE UN CUENTO DE FANTASMAS

Mezcla y relaciona estos elementos comunes para
inventar tu propia historia de horror.

Características comunes	Rasgos comunes de los fantasmas	Motivaciones comunes de los fantasmas	Escenarios comunes	Situaciones comunes
☠ Una joven	☠ Pueden ser sentidos por animales y niños	☠ El fantasma necesita encontrar un objeto o persona que dejó atrás	☠ Tu casa	☠ Salir sola de noche
☠ Una anciana	☠ Asustar en el lugar donde murieron	☠ El fantasma necesita advertir al personaje principal acerca de algo	☠ Una mina abandonada	☠ Estar sola en un lugar tenebroso
☠ Una persona que conduce sola	☠ Aparecer en la noche y desaparecer al amanecer	☠ El fantasma necesita entregar un mensaje reconfortante al personaje principal	☠ Un cementerio	☠ Estar atrapada en una casa encantada durante la noche
☠ Dos amigos que creen que son más valientes de lo que son	☠ Juguetones o bromistas, tocan música o mueven cosas para asustar a la gente	☠ El fantasma quiere vengarse	☠ Un bosque	☠ Recoger a alguien que pide un aventón
☠ Una persona del pasado de la ciudad			☠ El lugar: un tenebroso local (la casa de un vecino malhumorado, el viejo arroyo, etc.)	☠ Ignorar la advertencia de un fantasma o una leyenda local
☠ Un pariente distante			☠ Un largo pasillo vacío	☠ Desencadenar eventos que convocan a un fantasma
☠ Una persona que busca un aventón			☠ Un castillo	
			☠ Cualquier lugar aislado y tenebroso	

LA NARRATIVA IDEAL

Asegúrate de prepararte; practica con anticipación y coordina con tu amiga si vas a usarla para asustar aún más. Cuando narres la historia, habla lentamente, con una voz seria, y mira a todas las personas a quienes les hablas. Asegúrate de tener en cuenta a tu público: si hay hermanitos menores o niños, debes dejar las partes más aterradoras para después de que se vayan a la cama. E incluso si tu audiencia es un poco mayor, las historias realmente aterradoras en ocasiones impiden conciliar el sueño. Es divertido asustarse un poco, pero si uno de tus oyentes encuentra la historia demasiado aterradora, también está bien encender la luz y recordarles que se trata solamente de un cuento.

¿O LO ES???

En este pasaje del Acto I, Escena V, de la obra de teatro *Hamlet*, presenciamos una de las escenas más aterradoras de todas las obras de Shakespeare. Hamlet es confrontado por el fantasma de su padre, el antiguo rey de Dinamarca, quien intenta decirle a Hamlet que fue asesinado por su propio hermano.

ACTO I. ESCENA V

FANTASMA
Soy el espíritu de tu padre
Condenado por un tiempo a caminar la noche
Y durante el día confinado a ayunar en fuego
Hasta cuando los horrendos crímenes cometidos
*   en mis días naturales*
Ardan y se purguen. Pero aun cuando se me ha
*   prohibido*
Contar los secretos de mi prisión,
Podría narrar un cuento cuyas palabras más
*   ligeras*
Desgarrarían tu alma, congelarían tu joven
*   sangre,*
Harían que tus dos ojos, como estrellas, salieran
*   de sus órbitas*
Tus rizos apretados se separaran,
Y cada cabello se erizara,
Como las púas del temeroso puercoespín;
Pero este eterno pregón no está destinado
A oídos de carne y hueso. Escucha, escucha,
*   ¡Oh, escucha!*
Si alguna vez a tu querido padre amaste....

HAMLET
¡Oh Dios!

FANTASMA
Venga este atroz y desnaturalizado asesinato.

HAMLET
¡Asesinato!

FANTASMA
Asesinato el más atroz, tanto como pudiera
*   serlo;*
Pero es atroz, extraño y desnaturalizado.

HAMLET
No puedo aguardar para saberlo, para que yo,
*   cual si tuviera alas, tan veloz*
Como meditación o como un pensamiento de
*   amor*
Pueda volar a la venganza.

FANTASMA
Te encuentro apto para hacerlo;
Y más denso serías que la gruesa raíz
Que se arraiga fácilmente en el muelle de
*   Lethe,*
Si no te apresuraras. Ahora, Hamlet, escucha:
Sucedió que, mientras en mi huerto dormía,
Una serpiente me mordió; así que todo el reino
*   de Dinamarca*
Por el falso proceso de mi muerte
Se vio tristemente engañada; pero has de saber,
*   noble joven,*

Que la serpiente que acabó con la vida de tu
    padre
Es quien ahora lleva su corona.

HAMLET

¡Oh mi alma profética! ¡Mi tío!

FANTASMA

Ay, esta incestuosa, esta adúltera bestia,
Con la brujería de su ingenio, con traicioneros
    obsequios,
¡Oh malvado ingenio y malvados obsequios,
    que tienen el poder
De seducir!—Ganó para su vergonzoso deseo
La voluntad de mi reina, la más virtuosa en
    apariencia:
¡Oh, Hamlet, qué decadencia ésta!
De mí, cuyo amor fue de tal dignidad
Que iba de la mano incluso con el voto
Que le hice al desposarla, y decaer
En un infeliz cuyos dones naturales eran nada
¡Comparados con los míos!
Pero la virtud, como nunca se conmoverá
Por lascivo cortejo así sea en la forma del cielo,
Tampoco la lujuria, aun cuando con un ángel
    vinculada,
Se saciará en un tálamo celestial,
Y se alimentará de basuras.
Pero, ¡alerta! Creo que siento el aroma del aire
    matutino;

En breve haz de dejarme solo. Dormido dentro
    de mi huerto,
Mi costumbre siempre de la tarde,
En mi hora segura apareció tu tío
Con un brebaje maldito dentro de un recipiente,
Y en las puertas de mis oídos vertió
El leproso líquido; cuyo efecto tiene tal enemis-
    tad con la sangre del hombre
Que rápido como el mercurio, recorre
Las puertas naturales y caminos del cuerpo
Y con súbito vigor posee
Y cuaja, como ávidas gotas en la leche,
La delgada y sana sangre: esto hizo con
    la mía;
Y un instantáneo temblor estremeció,
Con vil y horrenda fuerza
Todo mi cuerpo.
Y así estando yo dormido, por mano de mi
    hermano,
De vida, corona y reina de una vez despojado;
Separado incluso en los retoños de mi pecado,
Sin hogar, decepcionado, sin ayuda,
Sin reconocimiento, enviado a rendir cuentas
Con todas mis imperfecciones en la mente.
¡Oh, horror! ¡Oh, horror! ¡Horror inmenso!
Si tienes carácter en ti, no lo soportes;
No permitas que el lecho real de Dinamarca sea
Un tálamo de lujuria y horrendo incesto.
Pero, como quiera que lleves a cabo tus accio-
    nes,
No manches tu mente, ni permitas
Que tu alma trame algo en contra de tu madre:
    déjasela al cielo
Y a aquellas espinas que en su pecho anidan,
Que la puncen y hieran. ¡Despídete ahora
    mismo!
La luciérnaga indica que llega la mañana,
Y comienza a palidecer su inútil fuego,
¡Adiós, adiós! Hamlet recuérdame.

Cómo Cambiar un Neumático

CAMBIAR UN NEUMÁTICO ES una de aquellas habilidades de la vida que nunca parece esencial hasta que se necesita. Es algo útil de aprender incluso si todavía falta mucho tiempo para que obtengas tu licencia de conducir.

1. El auto debe estar estacionado en un terreno plano, fuera de peligro, con el motor apagado y el freno de mano puesto. Pide a todos que salgan del auto para que sea más liviano.

2. Verifica si tienes todo el equipo necesario: un neumático de repuesto en buen estado, un gato y una cruceta. Si te falta cualquiera de estas cosas, desafortunadamente deberás aguardar a una grúa.

3. Si tienes bloques para neumáticos, colócalos debajo de los otros neumáticos para que el auto no se mueva. Piedras de mediano tamaño también pueden servir.

4. Comienza a aflojar las tuercas. Éstas son las que mantienen el tapacubos en su lugar. No todos los autos tienen tapacubos, pero mira y verás qué debes aflojar. Pon la cruceta en cada tuerca. Recuerda, "a la derecha aprieta, a la izquierda afloja" para saber hacia qué lado debes volver la cruceta.

Si las tuercas de tus neumáticos fueron apretadas por última vez con un atornillador hidráulico en un taller de mecánica, estarán muy apretadas. Salta sobre la cruceta. Haz que toda tu familia salte sobre ella y, de alguna manera, afloja las tuercas. Algunas personas muy organizadas llevan siempre un pedazo de tubo vacío en el auto, que puede sujetarse a la cruceta para apalancar. Si lo tienes, un aceite lubricante puede ayudar también. Algunas personas juran que, en un aprieto, verter cocacola sobre las tuercas las aflojará. Cuidado: no saques completamente las tuercas, sólo aflójalas.

5. El gato mantendrá el auto suspendido sobre el suelo mientras cambias el neumático. Cada auto es diferente, así que debes consultar el manual si lo tienes a la mano. En general, hay una placa sólida de metal en el marco del auto, en frente del neumático de atrás y justo detrás del neumático delantero. Una vez que la hayas encontrado, comienza la parte divertida, cuando levantas el auto.

Pon el gato justo debajo de la placa de metal y comienza a bombear. El auto se levantará del suelo. Cada cierto tiempo, verifica que el gato siga conectado a la placa de metal. Deja de bombear cuando el neumático esté de 6 a 8 pulgadas por encima del suelo.

6. Ahora puedes retirar las tuercas completamente. Ponlas en un lugar seguro. Toma el neumático y hálalo hacia ti. Estará sucio. Después podrás lavarte.

7. Toma el neumático de repuesto y alinea los huecos con los tornillos. Empuja el neumático contra los tornillos hasta que se detenga por completo. Pon las tuercas en su lugar y apriétalas, pero no completamente.

8. Con cuidado bombea el gato para bajar el auto, deteniéndote cuando los cuatro neumáticos estén en el suelo.

9. Ahora aprieta las tuercas. No las aprietes en círculo; aprieta la primera, luego aquella que quede en frente, y continúa desde allí. Has terminado.

Fabrica Tu Propia Pluma

EL PRINCIPAL INGREDIENTE DE una pluma es, desde luego, la pluma. Puesto que no todos nosotros vivimos cerca de pavos, cuervos o gansos, puede ser necesario que pidas al granjero local que te consiga una pluma. En un aprieto, puedes intentar las tiendas donde venden suministros de arte o un estudio de caligrafía. Donde quiera que encuentres una pluma, será mejor que consigas dos, por si acaso. Las otras herramientas que necesitas son un cuchillo afilado o cuchilla, una tabla de cortar y un lápiz.

HACER LA PLUMA

Mantén la punta de la pluma en agua hirviendo durante uno o dos minutos para ablandarla, de manera que puedas cortarla sin que se astille o se rompa. (Debe suavizarse y ponerse un poco flexible, como tus uñas después de un baño caliente.) Puedes también quitar algunas de las plumas para tener espacio para sostenerla.

Para el paso siguiente necesitarás la supervisión de un adulto. Utiliza el cuchillo para cortar horizontalmente la punta de la pluma. Este corte angular debe comenzar aproximadamente a una pulgada del extremo del cañón en la parte de debajo de la pluma.

Haz un segundo corte en un ángulo más profundo, a cerca de media pulgada del extremo, para dar forma al plumín (la punta de la pluma). Limpia la parte hueca, raspando cualquier pelusa que haya dentro de la pluma.

Usa el cuchillo para hacer una ranura en la mitad del plumín.

Usa el lápiz para abrir ligeramente la ranura oprimiendo suavemente desde abajo. Pon el plumín sobre una tabla de cortar y corta la punta, para que tome una forma cuadrada. En este punto puedes refinar aun más el plumín cortando los lados angulados o usando papel de lija fino para limar los bordes.

USAR TU PLUMA

Es buena idea practicar en papel de periódico o papel de acuarela antes de pasar a papeles más sofisticados. Es posible que quieras dibujar con un lápiz líneas o márgenes como guía antes de comenzar, pero no es necesario. Moja la pluma en la tinta que hayas comprado y comienza a escribir en el papel. Trata de no humedecerla demasiado; la punta debe estar apenas lo suficientemente mojada como para escribir unas pocas letras a la vez. De lo contrario, tendrás manchas, goteos y borrones. Escribir con una pluma es una tarea que requiere mucho tiempo libre; la tinta demora en secar, y es necesario estar mojando continuamente la punta. Dependiendo del ángulo de la punta y de la forma como sostienes la pluma, harás líneas delgadas y gruesas, así que siéntete libre de experimentar. Practica escribiendo tu frase predilecta—una cita famosa o tu dicho favorito—una y otra vez hasta que puedas escribirlo sin manchas ni errores.

Escalar

EN LOS AÑOS VEINTE, se inició un trabajo para crear y proteger un sistema de Sendas Panorámicas Nacionales en los Estados Unidos. Como resultado de ello, el Sendero Continental va desde Canadá hasta México, con paradas en los parques de Yellowstone y en el Parque Nacional de los Glaciares. El sendero de los Apalaches puede recorrerse desde Georgia hasta Maine. Y el glorioso sendero de la cresta del Pacífico serpentea a través de las cumbres de la Sierra Nevada y alcanza alturas de más de 13,000 pies sobre el nivel del mar. Estos son los preciados senderos en la espesura con los que sueñan los excursionistas.

Los sitios inexplorados son el lugar ideal para izarte en salientes de roca, caminar por entre hojas o saltar ágilmente sobre un arroyo. Hay gloriosos descubrimientos por hacer en senderos más pequeños y corrientes cercanos a tu casa. Lo único que necesitas son unas zapatillas de tenis, agua, un mapa, una brújula y el sentido de la aventura.

1. Dirígete a la Cabecera de un Sendero

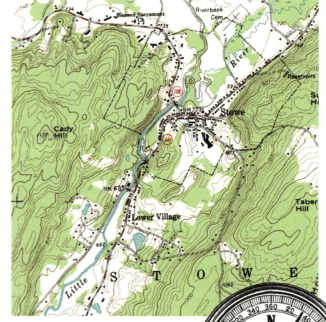

La mayor parte de las cabeceras de los senderos—que son el lugar donde comienza el sendero—tienen un mapa para que el caminante pueda ver lo que implica la excursión. El mapa describe pistas, como marcas de colores en los árboles, signos y otros lugares donde se cruzan los senderos, para ayudarte a saber dónde te encuentras.

Las líneas topográficas—las misteriosas líneas serpenteantes que ves en el mapa—muestran la altura. Recorre con el dedo cada línea, mira la línea que hay a su lado, y comenzarás a ver los picos y las depresiones. Cada línea topográfica continua tiene la misma altura. Las líneas que están cerca indican un terreno que sube abruptamente. Las líneas separadas indican una cuesta más leve. Si la línea del sendero cruza muchas líneas topográficas, tendrás una caminata muy empinada. Un sendero que sigue la curva de líneas topográficas toma una altura única, y la caminata será relativamente plana.

Perderte y encontrar de nuevo el camino a casa es parte de la travesía, y una brújula puede ayudarte a saber cómo regresar al sendero. Mueve la aguja de la brújula para que señale al norte y coloca el mapa también de manera que esté alineado con el norte de la brújula. Comienza la excursión temprano en la mañana y lleva un silbato si estás preocupada.

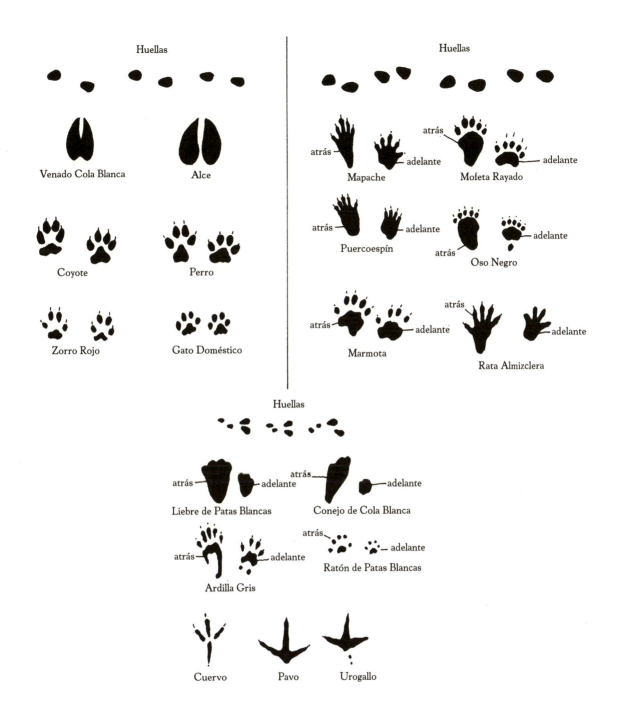

Huellas

Venado Cola Blanca

Alce

Coyote

Perro

Zorro Rojo

Gato Doméstico

Huellas

atrás — Mapache — adelante

atrás — Mofeta Rayado — adelante

atrás — Puercoespín — adelante

atrás — Oso Negro — adelante

atrás — Marmota — adelante

atrás — Rata Almizclera — adelante

Huellas

atrás — Liebre de Patas Blancas — adelante

atrás — Conejo de Cola Blanca — adelante

atrás — Ardilla Gris — adelante

atrás — Ratón de Patas Blancas — adelante

Cuervo

Pavo

Urogallo

2. Qué Hacer

En cierto sentido, una excursión es como caminar por un sendero que se empina a menudo, pero en sitios inexplorados. Si miras los árboles detalladamente, podrás ver cómo difieren unos de otros. Con una buena guía, puedes identificar los diversos árboles por las hojas, la corteza y los frutos. Puedes ver también las manifestaciones más diminutas de la vida al levantar las piedras y cavar en los arroyos. Es posible que quieras adivinar qué animales han pasado por el sendero identificando sus huellas y excrementos.

Fresno Blanco   Álamo Temblón   Arce negundo   Olmo Americano

Arce de Azúcar   Roble Blanco   Cercis del Este

3. Qué Buscar

Hace mucho tiempo, según la mitología, se les daba palas y machetes a los chicos y se los enviaba después del desayuno a limpiar sus propias trochas y se les decía que no regresaran a casa antes de las seis de la tarde. Aun cuando limpiar una trocha es una metáfora inspiradora, no podemos recomendarla por dos razones. Primero, porque la mayor parte de la naturaleza está protegida ahora, y a quienes hacen excursiones se les pide que permanezcan en los senderos y no invadan el habitat de animales y plantas.

Segundo, muchos bosques están llenos de hiedra venenosa, y no hay nada peor que regresar a casa de una excursión con un conjunto de puntos rojos en el brazo, listos para hacer erupción en la peor ronda de rasquiña que hayas imaginado durante cinco días. "Hojas de los árboles, no las perturbes" es el mantra que nos protege de la hiedra venenosa. Hay muchas plantas inofensivas de tres hojas, pero la hiedra venenosa toma tantas formas y colores de estación que el mejor consejo es mantenerte apartada de todas las plantos con hojas de tres puntas—en el suelo, que trepan a los árboles, y que cuelgan de ellos.

Balsamina

Si tocas una hiedra venenosa, la naturaleza está ahí para ayudarte. Busca de inmediato una planta de nomeolvides. A menudo crece cerca de la hiedra venenosa, y le agradan especialmente los lechos de los arroyos. Rompe el tallo y frota el jugo del nomeolvides en tu piel como antídoto contra la hiedra venenosa.

4. Cómo Hacer un Bastón para Caminar

Un bastón para caminar sólo debe hacerse con una rama caída, no arrancada de un árbol, y debe ir desde el suelo hasta el hombro. Primero, usa tu navaja para retirar la corteza y cortar ramas y brotes adicionales. Luego líjalo hasta que sea suave al tacto y, finalmente, bríllalo con un poco de aceite de linaza.

Palabras con Raíces Griegas y Latinas

MUCHAS PALABRAS DE VARIOS idiomas se originan en el latín y el griego. Conocer la raíz de una palabra, los prefijos y los sufijos, puede darte una pista sobre su significado, incluso si no la comprendes a primera vista.

La raíz de una palabra es aquella parte de la palabra que tiene el componente principal del significado. Agregar un prefijo al comienzo de la raíz, o un sufijo al final, puede agregar otras capas de significado, pero el concepto fundamental de la palabra está en su raíz. A continuación presentamos una tabla de raíces griegas y latinas, sus significados y algunos ejemplos (los términos griegos están en *itálicas*).

Raíces griegas y latinas	Significado	Ejemplos
-anthrop-	humano	antropología
-arch-/-archi-	antiguo	arquetipo
-aster-/astra-	estrella	astronomía, astral
-audi-	escuchar	audible, audífono
-bene-	bueno	beneficio, benefactor
-bio-	vida	biología, biografía
-brev-	corto	breve, abreviación
-cron-/-crono-	tiempo	anacronismo, crónica
-dem-	pueblo	democracia, demagogia
-derm-	piel	dermatólogo
-dict-	decir	dictar, predecir
-duc-	dirigir, tomar	producir, reducir
-fer-	llevar	transferir
-fix-	fijar	sufijo, prefijo

Raíces griegas y latinas	Significado	Ejemplos
-gen-	clase, tipo, nacimiento	generación
-geo-	tierra	geografía, geología
-graph-	escribir	gráfica
-gres-	caminar	progreso
-hidr-/hidro-	agua	hidratar
-ject-	lanzar	proyectil, proyecto
-jur-/just-	ley	jurado, justicia
-meter-/metr-	medida	termómetro
-morph-	forma	amorfo
-neg-	no	negativo
-ocu-	ojo	ocular
-olig-	pocos	oligarquía
-op-/oper-	trabajo	operación
-osteo-	hueso	osteoporosis
-path-	sentir, sufrir	empatía, simpatía
-pel-	dirigir	compeler
-pend-	colgar	depender, péndulo
-philo-/phil-	amor	filantropía, filosofía
-phon-	sonido	polifónico, fonética

Raíces griegas y latinas	Significado	Ejemplos
-phys-	cuerpo, naturaleza	física, fisiología
-pod-	pie	podólogo
-port-	llevar	exportar, soportar
-proto-	primero	prototipo
-pseudo-	falso	pseudónimo
-scrib-/-script-	escribir	describir, transcribir
-sect-	cortar	seccionar
-sol-	solo	solitario
-struct-	construir	construir, estructura
-tact-	tocar	contacto, táctil
-tele-	distante	teléfono
-tract-	arrastrar, halar	atraer, contrato, extraer
-ter/terr-	tierra	territorio
-vac-	vacío	vacante, vacuo
-ver-	verdad	verificar
-verb-	palabra	verbal
-vert-	girar	convertir, revertir
-vid/vis-	ver	video, visualizar

El prefijo es una parte de la palabra que se añade al principio de una raíz para cambiar su significado. A continuación presentamos algunos prefijos griegos y latinos, su significado y ejemplos.

Prefijos griegos y latinos	Significado	Ejemplos
a-/an-	sin, no	amoral, atípico
ad-	hacia	adicto
amb-/ambi	ambos	ambidextro
ante-	antes	antecedente
anti-/ant-	opuesto	antiácido, antinomia
auto-	propio	autobiografía, automático
bi—/bi	dos	bicicleta, bípedo
bio-	vida	biología
centi-	cien	centímetro
circum-	alrededor	circunvalar
con-	con	concierto
co-	junto	coautor
de-	de, abajo	descongelar, departir
deci-	diez	década, decímetro
di-	dos	diámetro
dis-	opuesto, no	discapacitado
e-/ex;ec-/exanthrop-	fuera	exégesis, exógeno
hyper	demasiado	hiperactivo

Prefijos griegos y latinos	Significado	Ejemplos
hypo-	muy poco	hipotenso
in-	no	inválido
inter-	entre	internacional
intra-	dentro	intramuros
macro-	grande	macrobiótico
micro-	pequeño	microscopio
mili-	mil	milímetro
mis-	malo	misógino
mon-/mono	uno, único	monocromático
nano-	billón	nanosegundo
neo-	nuevo	neófito, neonato
omni-	todos	omnívoro
pan-	todo	panorama
para-	al lado	paramédico
per-	a través	perforar
peri-	alrededor	periscopio
poly-	muchos	poligamia, polígono
post-	después	posponer
pre-	antes	preceder, preparar

Prefijos griegos y latinos	Significado	Ejemplos
pro-	hacia delante	protesta
re-	de nuevo, hacia atrás	rebobinar
retro-	atrás	retrógrado
sub-	debajo	submarino
super-	más que	supermercado
sym-	juntos	simbólico, simbiótico
syn-	con	sincronizar
termo-/therm	calor	termómetro, térmico
trans-	a través, más allá	trasatlántico

El sufijo es una parte de la palabra que se añade al final de una raíz para cambiar su significado. A continuación presentamos algunos sufijos griegos y latinos, su significado y ejemplos.

Sufijos griegos y latinos	Significado	Ejemplos
-able-/-ible	capaz o digno de	flexible, amable
-al	relacionado con	maternal
-algia	dolor	neuralgia
-arium	lugar de	acuario, terrario
-ation	acción o proceso	civilización, estrangulación
-fy/-ify-dom	hacer, causar, devenir	purificar, rarificar
-gram	algo escrito o dibujado	cardiograma, telegrama

Sufijos griegos y latinos	Significado	Ejemplos
-graph	algo escrito o dibujado instrumento para escribir, dibujar o registrar	fonógrafo, telégrafo
-ic	relacionado con	poético
-il	cualidad, estado	juvenil
-ism	acto, estado o teoría de	optimismo, altruismo
-ist	el que practica	tenista, ciclista
-ize	causar, devenir	legalizar, modernizar
-logue/-log-	discurso, hablar	diálogo
-ment	acción o proceso	entretenimiento
meter/-metry	instrumento de medición; medir	geometría, kilómetro, perímetro
-oid	semejante a; forma o figura	humanoide, trapezoide
-os	cualidad, estado	nebulosa
-phile	amante	francófilo, anglófilo
phobe/-phobia	intenso temor de algo específico; persona que teme esa cosa	agorafobia, xenófobo
-phone	sonido, instrumento que recibe o emite sonidos; hablante	teléfono, francófono
-tud	cualidad, estado	similitud, beatitud
-cion	cualidad, estado	preservación
-ular	relacionado con	celular, molecular

Ahora que conoces las raíces, los prefijos y sufijos, puedes deducir qué significan otras palabras nuevas—y puedes mezclar partes de las palabras que aparecen en las tablas para inventar tus propias palabras, como ¡hiperlogofobia!

Flores de Papel y Acción Capilar

NECESITARÁS:

❀ Una hoja de papel

❀ Un lápiz

❀ Tijeras

❀ Un tazón o plato de agua

PARA FABRICAR LA FLOR de papel, dibuja un gran círculo en la hoja de papel y luego dibuja pétalos en forma de triángulo a su alrededor. Corta la figura y cierra las partes de los triángulos sobre el papel. Pon la flor de papel cerrada sobre la superficie del agua, y observa qué sucede: tu flor florecerá, gracias a algo llamado acción capilar. La acción o movimiento capilar es la capacidad que tiene algo de atraer otra cosa a su interior; piensa en las esponjas o toallas de papel, y cómo absorben los líquidos. Cuando pones tu flor de papel en el agua, el papel comienza a absorber el agua a través de la acción capilar. A medida que las fibras se hinchan con el agua, los pétalos doblados se desenvuelven.

La acción capilar no es un fenómeno limitado a los experimentos científicos; sucede todos los días en nuestro cuerpo, con la circulación de la sangre e incluso la absorción de lágrimas que producimos constantemente. Y algunas telas modernas usan la acción capilar para retirar el sudor de la piel. Puedes ensayar este experimento con otros tipos de papel para ver cómo funciona la acción capilar con diferentes materiales, cartulina y papel de acuarela, papel para calcar y papel de seda.

> **DATO CURIOSO**
> El primer artículo publicado por Albert Einstein en 1901 en la revista *Annalen der Physik*, titulado *Folgerungen aus den Capillaritätserscheinungen* ("Conclusiones del fenómeno de la capilaridad") fue sobre la acción capilar.

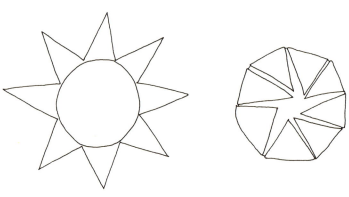

Atrapa Cooties

LOS COOTIES SON GÉRMENES invisibles y contagiosos que pueden infectar a cualquiera que la persona contagiada toque. En inglés, la palabra para "cootie" viene de la palabra malaya *kutu*, que significa "piojo." Pero ¿cómo llegó a relacionarse con los cooties una forma de predecir la suerte con un papel doblado?

Según las tradiciones de los jardines de juego, los cooties, que misteriosamente permanecen latentes hasta el recreo, sólo pueden ser erradicados de dos maneras: o bien la persona infectada puede tocar a otra y transferirles los cooties, o un pedazo de papel doblado como una pinza puede ser usado para atrapar los cooties y luego botarlos. Como, por lo general, los cooties se asocian con personas del sexo opuesto, y como la historia le atribuye a las chicas varios rituales para adivinar su futuro en el amor y el matrimonio, tiene sentido que un atrapa cooties pueda haberse transformado en un juego para revelar el futuro de una chica y también para protegerla de él.

Desde luego, cuando diseñas tu propio atrapa cooties, puedes hacerle decir lo que quieras, y es posible que la suerte que prediga no tenga nada que ver con alguien que puede tener o no tener cooties.

INSTRUCCIONES PARA DOBLAR

Si tienes un papel cuadrado a la mano, de cualquier tamaño, úsalo. Si no lo tienes, toma un papel corriente tamaño carta, dobla el extremo del papel para hacer un triángulo y corta la tira sobre el triángulo. Cuando abras el triángulo, tendrás un cuadrado perfecto con un doblez en diagonal por la mitad.

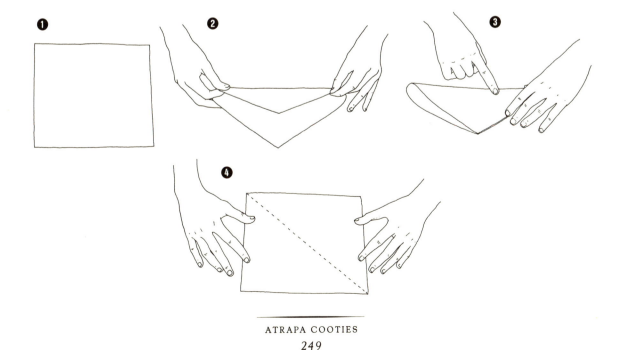

Dobla el cuadrado en un triángulo otra vez, esta vez en sentido contrario, haz un doblez en el borde y luego desdóblalo. Ahora tienes un cuadrado con un doblez en X.

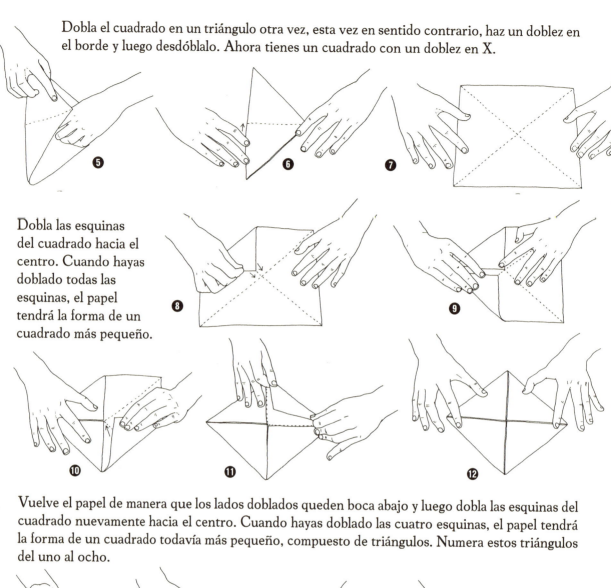

Dobla las esquinas del cuadrado hacia el centro. Cuando hayas doblado todas las esquinas, el papel tendrá la forma de un cuadrado más pequeño.

Vuelve el papel de manera que los lados doblados queden boca abajo y luego dobla las esquinas del cuadrado nuevamente hacia el centro. Cuando hayas doblado las cuatro esquinas, el papel tendrá la forma de un cuadrado todavía más pequeño, compuesto de triángulos. Numera estos triángulos del uno al ocho.

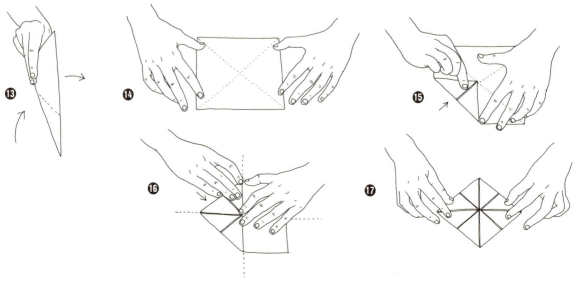

Ahora dobla el cuadrado verticalmente, haz un doblez y ábrelo de nuevo. Dóblalo horizontalmente, haz un doblez, y ábrelo de nuevo. El lado del triángulo numerado debe estar delante de ti.

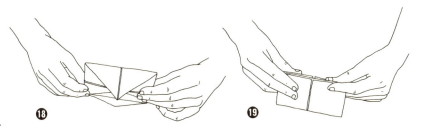

Levanta los bordes y escribe una suerte o mensaje en cada triángulo interior y luego ciérralos de nuevo. Vuelve el cuadrado y colorea cada uno de los triángulos con un color diferente.

Vuelve de nuevo el cuadrado de manera que el lado de los números esté hacia arriba y dóblalo por la mitad, hacia ti. Desliza el pulgar y el índice bajo los bordes y apriétalos para hacer que los bordes del atrapa cooties se unan. Cuando abras los dedos, debes ver los triángulos numerados adentro; cuando los cierras, debes ver los triángulos de colores en la parte exterior.

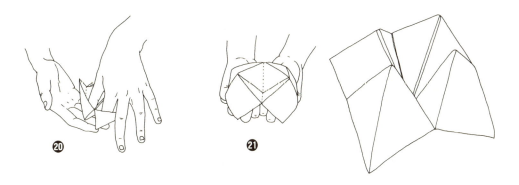

INSTRUCCIONES PARA JUGAR

Encuentra a una amiga que quiera saber su suerte. Dile que elija un color de los triángulos externos, y luego abre y cierra el atrapa cooties (hacia arriba y hacia abajo y de un lado al otro), moviéndolo una vez por cada letra del color que haya elegido, hasta terminar. Luego dile a tu amiga que elija un número de los triángulos interiores. Abre y cierra el atrapa cooties ese número de veces. Luego dile que seleccione otro número de los triángulos interiores. Levanta el borde correspondiente y lee el mensaje que está dentro. (Puede ser algo divertido, como "Serás una cantante famosa," "Construirás un monopatín con tu mamá," "Le ganarás a tus amigos en un juego de cuatro esquinas...")

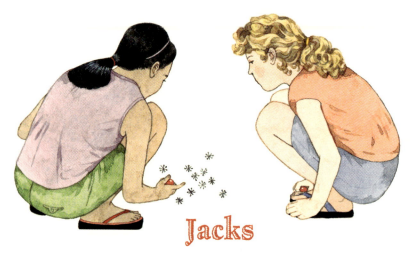

Jacks

LOS JACKS, JUNTO CON las canicas, es uno de los juegos más antiguos del mundo. Los jacks que se compran en las tiendas son un conjunto de objetos con la forma de una estrella de seis puntas, con una pelota que rebota mientras los recoges. Sin embargo, en la forma más antigua del juego, se jugaba con lo que hubiera a la mano: piedras, pequeños huesos de animales o incluso papel arrugado.

Las jugadoras deciden quién comienza "lanzando" o usando cualquier juego de rimas. "Lanzar" significa lanzar los jacks al aire y tratar de atrapar tantos como puedas en el dorso de la mano. La jugadora que atrape más comienza.

Para empezar a jugar, lanza los diez jacks sobre la superficie donde vas a jugar. Luego lanza la pelota al aire, tomando uno de los jacks con la mano con la que lanzaste, y tomando la pelota con la mano que sostiene el jack antes de que rebote dos veces. (Pon el jack que recogiste en la otra mano o a un lado antes de tomar el siguiente.) Haz esto de nuevo, recogiendo un jack a la vez, sin que la pelota rebote dos veces, hasta que hayas recogidos los diez jacks. Estos son los "unos." Cuando hayas terminado con éxito, pasas a los "pares": lanza de nuevo los diez jacks y esta vez recoge dos cada vez. Hazlo hasta cuando hayas recogido los diez jacks. Continúa tomando tres, cuatro, cinco a la vez, y así hasta cuando tomes los diez de una vez.

Cuando hay "sobrantes"—un jack en los "tres," dos jacks en los "cuatros"—debes recogerlos individualmente. Si los recoges antes de haber recogido los grupos, esto se conoce como "poner la carreta antes del caballo" y debes decir "carreta" cuando recojas los jacks sobrantes individualmente. Los "tres" tienen tres grupos de tres y un jack en la "carreta," los cuatros tienen dos grupos de cuatro y dos jacks en la "carreta"; etc.

Tu turno termina cuando no recoges el número correcto de jacks, no atrapas la pelota o la pelota rebota dos veces. Cuando sea tu turno de nuevo, comienzas donde terminaste la última vez: si perdiste en el "dos," comienzas allí. La ganadora es la jugadora que recoge con éxito el mayor número de jacks.

PISTAS Y VARIACIONES

Habitualmente, sólo puede usarse una mano para lanzar la pelota y recoger los jacks, pero el juego puede simplificarse si se permite usar las dos manos. También es posible hacerlo más difícil exigiendo que el jugador sólo use su mano "mala" (la derecha para las zurdas, la izquierda para las diestras).

Besitos

Cuando dos jacks se tocan, pueden separarse diciendo "¡Besitos!" mientras la jugadora los separa.

Sofisticado

Maneras complicadas de recoger los jacks, como no permitir que se toquen los jacks que no se recogen.

Alrededor del Mundo

Lanza la pelota, haz un círculo con la mano y luego recoge los jacks antes de que la pelota rebote.

Gatos en el Pozo

Haz un puño flojo con el pulgar y el índice de la mano con la que no lanzas la pelota. Los jacks que recoges (gatos) se dejan caer por esta apertura (pozo).

Huevos en la Cesta, Recoger Moras

Lanza la pelota, recoge los jacks y pásalos a la otra mano antes de tomar la pelota.

Cerditos en el Corral

Haz un arco con el pulgar y el índice de la mano con la que no lanzas la pelota. Luego lanza la pelota, pasa un jack por el arco y luego atrapa la pelota.

Cerditos sobre la Cerca

Haz una "cerca" con la mano con la que no lanzas la pelota, poniendo la mano de costado, con el pulgar hacia arriba. Lanza la pelota, pasa los jacks al otro lado de la "cerca" y luego atrapa la pelota.

ELIGE QUIÉN EMPIEZA

Las rimas para seleccionar al jugador que comienza pueden usarse en cualquier juego. A continuación presentamos algunas.

Tin marín

Señala a cada jugador con cada palabra que dices, y la persona que señalas con "fue" comienza. O la persona señalada sale del juego, y la que queda de última comienza.

Tin marín
De do pingüe
Cúcura
Mácara
Títiri
Fue

Ta, te, ti

Se juega lo mismo que el anterior, y el jugador que comienza o que sale es aquel a quien señala "ti."

Ta, te, ti
Suerte para mí,
Si no es para mí
Será para ti
Ta, te, ti

Ene, tene, tu

Se juega lo mismo que el anterior, y el jugador que comienza o que sale es aquel a quien señala "tus."

Ene, tene tú
Cape, nape, nu
Embala disa caes
Tis tus

Reinas del Mundo Antiguo V
Zenobia, Reina del Oriente

EN EL SIGLO III, Zenobia de Palmira era la famosa reina de Oriente. Según el autor de *Historia Augusta*, tenía el cabello largo y negro, la piel canela, ojos negros y penetrantes, y una voz fuerte y lírica. Conocida por su osadía, determinación y justicia como líder, tenía sólo veinte años cuando construyó y gobernó un imperio que se extendía sobre la mayor parte de lo que es actualmente el Medio Oriente.

Zenobia nació cerca del 240 en Palmira, un paraíso brillante, lleno de palmeras, en lo profundo del desierto de Siria (ahora las ruinas de Tadmor, cerca de 150 millas al noreste de Damasco). Su padre era un gobernante tribal que había seducido a su madre en Egipto y la había llevado a este puesto de avanzada próspero y cosmopolita.

El nombre completo de Zenobia era Iulia Aurelia Zenobia. "Iulia" era un nombre popular en Roma, ciudad que, aun cuando muy distante, gobernaba el desierto de Siria. "Aurelia" significaba que los miembros de su familia eran ciudadanos romanos, un honor importante. "Zenobia" provenía de la tribu aramea de su familia. Los historiadores sabían que, a los dieciocho años, ya se había casado con el gobernador de Palmira, un hombre llamado Odainat (conocido en latín como Septimius Odaenatus). Luego cambió su nombre a Septimia Zenobia, para igualar al de su esposo.

Como esposa del gobernador de la región, Zenobia era bien educada y en su corte abundaban los filósofos y los poetas. Pasaba muchas veladas en suntuosos banquetes, hablando sobre Homero y Platón, pronunciando discursos

y riendo ante las adivinanzas y los dichos ingeniosos. Sin embargo, esta paz fue perturbada en 260, cuando el rey de los persas, Shapur, intentó arrebatar Siria a los romanos. Como aliados de Roma, los habitantes de Palmira cuidaban la frontera en la que se encontraba el imperio romano y el persa, así que Odainat y Zenobia se prepararon para la guerra.

El emperador romano, Valeriano, enfrentaba rebeliones por doquier: hacia el occidente, hacia el norte, y ahora hacia el oriente. Sus tropas estaban desanimadas, pero de todas maneras las condujo a la batalla. Los persas tenían fuerzas y habilidades superiores para pelear, así que derrotaron con facilidad a los fatigados soldados romanos. Valeriano y Shapur acordaron reunirse en la ciudad de Edessa para negociar. Cuando llegó Valeriano, los persas le tendieron una emboscada y lo capturaron.

Fue en aquel momento cuando dos mensajeros romanos azuzaron sus caballos a través de las arenas del desierto hasta Palmira, llevando la terrible noticia de la captura de Valeriano. Odainat y Zenobia estaban preparados. Lado a lado, ambos se pusieron sus armaduras, ensillaron sus caballos y condujeron el ejército de Palmira contra los persas, en busca de Valeriano.

Aun cuando Odainat era un guerrero valiente y osado, los escritores antiguos nos dicen que Zenobia lo era aun más, y elogiaron sus habilidades en el campo de batalla, incluyendo la forma como manejaba a las tropas. Las reunía, las inspiraba y, en ocasiones, incluso se apeaba de su caballo y marchaba varias millas con la infantería. Infortunadamente, los romanos mataron a Valeriano antes de que Odainat y Zenobia pudieran salvarlo, pero el valor de la pareja les ganó el respeto del ejército y del pueblo de Palmira.

¿Era extraño para estas tropas ver a una mujer al frente, con su largo cabello negro cayendo en cascada desde su casco? Las antiguas culturas de Grecia y Roma representaban a menudo a la diosa de la guerra como una mujer, y las estatuas femeninas de la Victoria agraciaban casi todas las ciudades. De hecho, los soldados de Palmira siguieron a Zenobia al campo de batalla una y otra vez durante los años siguientes.

En 267, siete años después de su primera batalla juntos, el esposo de Zenobia fue asesinado. El linaje real recayó en el hijo de Zenobia, Vaballatus, quien era entonces un niño pequeño, demasiado joven para reinar. Zenobia, quien por aquella época tenía 27 años, se convirtió en reina en su nombre. Soñaba con un imperio de Palmira y preparó a sus tropas para una guerra de independencia.

Zenobia sabía que los romanos estaban ocupados en Europa defendiéndose de los godos, así que atacó la provincia romana de Egipto. Los egipcios también estaban distraídos, luchando contra los piratas en el Mar Mediterráneo. Ella los conquistó y luego procedió a conquistar ciudades en Arabia, Palestina y Siria. En 269, declaró la independencia de su imperio de Roma, y acuñó nuevas monedas con su imagen y la palabra "REGINA": Reina.

Los historiadores nos dicen que Zenobia reinó con tolerancia como Reina de Oriente, basándose en las tradiciones de hospitalidad y apertura para tratar a todas las personas con justicia, incluyendo a paganos, judíos y cristianos de su imperio. Abrió nuevas rutas comerciales y se reunió con obispos cristianos y otros líderes de las ciudades a las que conquistó.

A medida que Zenobia extendía el imperio de Palmira, los ejércitos amenazaban al imperio romano por todos los costados. El nuevo emperador romano, Aureliano, luchaba contra las tribus godas y visigodas en el norte de Europa. Cuando sus mensajeros llegaron con la noticia de la extensión cada vez más grande de las conquistas de la reina Zenobia, Aureliano se dirigió a Egipto, decidido a recuperar sus territorios, y luego a Turquía (que en aquel tiempo se llamaba Asia Menor). Después de estas pequeñas victorias, se preparó para atacar a Antioquia, una ciudad del norte de Siria que gobernaba entonces Zenobia.

Zenobia nunca había enfrentado las vastas legiones del poderoso ejército romano. Hubiera podido rendirse y regresar al redil de los romanos, pero decidió más bien resistir y salvar el corazón del imperio que tan arduamente había conquistado. Reunió a sus tropas en una de las riberas del río Orontes, que corría hacia el norte. Sus soldados lucharon todo el día con Zenobia a su lado. Luego, cuando el sol caía en el horizonte, los fatigados soldados, agotados y sedientos después de un largo día, cayeron en una emboscada que les habían tendido los romanos y fueron masacrados.

Zenobia consiguió escapar con setenta mil soldados y se retiró a la ciudad de Emesa. Hallaron una colina y, al abrigo de la noche, treparon a la cima y aguardaron, listos para lanzar una lluvia de flechas sobre los soldados romanos. Los romanos, sin embargo, sacaron sus coloridos escudos y los sostuvieron en alto sobre sus cabezas, cada escudo tocando al siguiente, protegiendo así a los hombres de las flechas y los dardos del ejército de Palmira. En esta formación, los romanos avanzaron colina arriba. Cuando llegaron a los arqueros de Palmira, bajaron sus escudos y los atacaron.

Miles de soldados murieron en el campo de batalla. La propia Zenobia apenas logró escapar e incluso su caballo murió en la batalla. Trepó a un camello y guió a esta lenta bestia hacia las planicies arenosas del desierto de Siria, confiando en que este animal pudiera llevarla cien millas al oriente hasta Persia, donde estaría a salvo de los romanos.

"Prometo respetarte la vida si te rindes," le escribió Aureliano. Zenobia tenía otros planes, pero era el turno de ganar para Aureliano. Sitió su amada Palmira y envió a sus mejores soldados a caballo para capturar a la reina fugitiva de aquel paraíso perdido. Mientras ella se aproximaba al río Éufrates, tan cerca de la libertad, los soldados romanos la alcanzaron y la capturaron.

El resto de la vida de Zenobia está envuelto en el misterio. Aun cuando uno de los historiadores antiguos afirma que murió en cautiverio, otro dice que Aureliano la llevó a Eoma. Se dice que, en 274, Zenobia fue envuelta en cadenas de oro y obligada a caminar por la principal avenida de Roma mientras Aureliano celebraba su triunfo sobre las muchas tribus con las que había luchado. Otro relato más sugiere que, algún tiempo después, Zenobia fue liberada. En su ausencia, Palmira se había rebelado contra Roma de nuevo y había sido aplastada. Algunos relatos sostienen que, al no tener un hogar al cual regresar, Zenobia vivió el resto de sus días cerca de Aroma, en Tivoli.

ZENOBIA, REINA DEL ORIENTE

Doblar Camisetas al Estilo Japonés

Doblar ropa nunca ha sido tan divertido. Lo único que necesitas es una camiseta de manga corta y un poco de paciencia.

Paso 1: Sobre una superficie amplia, extiende la camiseta delante de ti, con el frente hacia arriba y la parte del cuello cerca de ti.

Paso 2: Con la mano derecha, usa el pulgar y el índice para asir el borde de la tela, a una o dos pulgadas a la derecha del cuello (aproximadamente en la mitad entre el cuello y el borde de la costura de la manga).

Paso 3: Sin dejar de sostener la tela entre el pulgar y el índice, con la mano izquierda dibuja una línea recta imaginaria desde donde sujetas la tela con la mano derecha hasta la mitad de la camiseta (a medio camino entre la parte superior y la parte inferior.) Sujétala con el pulgar y el índice de la mano izquierda, asegurándote de asir ambos lados de la tela.

Paso 4: Sin dejar de sostener la tela, pon la mano derecha sobre la izquierda, de manera que dobles la camiseta por la mitad, con el cuello tocando la parte inferior. Con la mano derecha, toma tanto el sitio donde la sujetaste por primera vez y la parte inferior de la tela sobre la misma línea imaginaria.

Paso 5: Este paso es la parte crucial de todo el proceso; puede ser el paso donde todo sale mal o el momento en el que sucede la magia. Así tu mano derecha, la que está más lejos de ti, debe estar sujetando la parte superior y la parte inferior de la camiseta, y tu mano izquierda, la más cercana a ti, debe estar sujetando todavía la camiseta por la mitad. Levanta ambas manos directamente, levantando la camiseta y, luego—todavía con el pulgar y el índice de ambas manos sujetando la camiseta en esos lugares—aleja las manos una de otra. (La mano derecha se mueve hacia la derecha, la izquierda hacia la izquierda.)

Paso 6: Ambas manos deben estar delante de ti, sujetando todavía la camiseta, y la camiseta debe colgar hacia abajo. Mueve suavemente la camiseta alejándola de ti, y ponla sobre la mesa sin soltarla. Aleja simultáneamente ambas manos, de manera que la tela se doble para cubrir la manga de la camiseta. Suelta la tela y debes ver que la camiseta se dobla en un rectángulo perfecto.

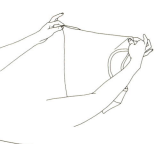

Paso 7: ¡Maravíllate ante la gloria de tu camiseta asombrosamente doblada!

Estados, Capitales, Flores y Árboles, ¡Más Canadá!

Estados correspondientes a las 13 colonias originales: Connecticut, Delaware, Georgia, Maryland, Massachusetts, New Hampshire, New Jersey, Nueva York, Carolina del Norte, Pensilvania, Rhode Island, Carolina del Sur, Virginia—1776.

Estado decimocuarto: Vermont, 4 de marzo de 1791.

Estados de la Unión durante la Guerra Civil estadounidense: California, Connecticut, Delaware, Illinois, Indiana, Iowa, Kansas, Kentucky*, Maine, Maryland, Massachusetts, Michigan, Minnesota, Missouri*, Nevada, New Hampshire, New Jersey, Nueva York, Ohio, Oregón, Pensilvania, Rhode Island, Vermont, West Virginia, Wisconsin

Missouri y Kentucky no se separaron, pero un gobierno rival proclamó la secesión en ambos estados.

Estados Confederados durante la Guerra Civil estadounidense: Carolina del Sur, Mississippi, Florida, Alabama, Georgia, Louisiana, Texas, Virginia, Arkansas, Carolina del Norte, Tennessee

Flor nacional: Rosa (oficial desde el 7 de octubre de 1986)

Árbol nacional: Roble

Ave nacional:
Águila norteamericana

Estado	Fecha en que se declaró un estado	Capital	Flor del Estado	Árbol del Estado
Alabama	1819	Montgomery	Camelia	Pino de hoja larga
Alaska	1959	Juneau	Nomeolvides	Abeto sitka
Arizona	1912	Phoenix	Cactus saguaro	Palo verde
Arkansas	1836	Little rock	Flor de manzano	Pino loblolly
California	1850	Sacramento	Amapola californiana	Secuoya californiana
Carolina del Norte	1776	Raleigh	Dogwood	Pino de hoja larga
Carolina del Sur	1776	Columbia	Jesamina amarilla	Palmetto repollo
Colorado	1876	Denver	Aguileña de las Montañas Rocosas	Abeto azul de Colorado
Connecticut	1776	Hartford	Laurel de monte	Roble blanco
Dakota del Norte	1889	Bismarck	Rosa salvaje de la pradera	Olmo americano
Dakota del Sur	1889	Pierre	Flor de pascua	Abeto de las colinas negras
Delaware	1776	Dover	Flor de durazno	Acebo americano
Florida	1845	Tallahassee	Azahar	Palmetto de sabal
Georgia	1776	Atlanta	Rosa Cherokee	Roble
Hawai	1959	Honolulu	Hibisco hawaiano (ma' o hau hele)	Nogal Kukui
Idaho	1890	Boise	Naranjo	Roble blanco del oeste

Estado	Fecha en que se declaró un estado	Capital	Flor del Estado	Árbol del Estado
Illinois	1818	Springfield	Violeta	Roble blanco
Indiana	1816	Indianápolis	Peonía	Árbol de tulipán
Iowa	1846	DesMoines	Rosa salvaje de la pradera	Roble
Kansas	1861	Topeka	Girasol	Álamo
Kentucky	1792	Frankfort	Vara de oro	Álamo tulipán
Louisiana	1812	Baton Rouge	Magnolia	Ciprés
Maine	1820	Augusta	Cono de pino blanco	Pino blanco del este
Maryland	1776	Anápolis	Susana de ojos negros	Roble blanco
Massachusetts	1776	Boston	Flor de mayo	Olmo americano
Michigan	1837	Lansing	Flor de manzano	Pino blanco del este
Minnesota	1858	Saint Paul	Zapatilla rosa y blanca	Pino rojo
Mississippi	1817	Jackson	Magnolia	Magnolio
Missouri	1821	Jefferson City	Flor de espino blanco	Dogwood
Montana	1889	Helena	Raíz amarga	Pino ponderosa
Nebraska	1867	Lincoln	Vara de oro	Álamo
Nevada	1864	Carson City	Artemisa	Pino

Estado	Fecha en que se declaró un estado	Capital	Flor del Estado	Árbol del Estado
New Hampshire	1776	Concord	Lila púpura	Abedul
New Jersey	1776	Trenton	Violeta	Roble rojo del norte
Nuevo México	1912	Santa Fe	Flor de yuca	Pinion
Nueva York	1776	Albany	Rosa	Arce de azúcar
Ohio	1803	Columbus	Clavel escarlata	Castaño de Ohio
Oklahoma	1907	Oklahoma City	Rosa de Oklahoma	Árbol de Judas
Oregón	1859	Salem	Uva de Oregón	Abeto plateado Douglas
Pensilvania	1776	Harrisburg	Laurel de monte	Cicuta del este
Rhode Island	1776	Providence	Violeta	Arce rojo
Tennessee	1796	Nashville	Iris	Abedul tulipán
Texas	1845	Austin	Campanilla azul	Pacán
Utah	1896	Salt Lake City	Lirio	Abeto azul
Vermont	1791	Montpelier	Trébol rojo	Arce de azúcar
Virginia	1776	Richmond	Dogwood	Dogwood
Washington	1889	Olympia	Rododendro costeño	Cicuta occidental
West Virginia	1863	Charleston	Rododendro	Arce de azúcar
Wisconsin	1848	Madison	Violeta de madera	Arce de azúcar
Wyoming	1890	Cheyenne	Pincel indio	Abeto de la planicie

ESTADOS, CAPITALES, FLORES Y ÁRBOLES, ¡MÁS CANADÁ!

SIETE COSAS QUE PROBABLEMENTE NO SABÍAS SOBRE CANADÁ

1. Un canadiense inventó el baloncesto (James Naismith, un instructor de educación física de Almonte, Ontario, quien inventó el juego en 1891 cuando trabajaba en la Escuela Internacional de Entrenamiento de la MICA en Springfield, Massachusetts).

2. Hay partes de Canadá que están ubicadas más al sur que partes de los Estados Unidos. (Toronto está más al sur que gran parte de Nueva Inglaterra y del norte del Oeste Medio.)

3. Los canadienses celebran el día de Acción de Gracias el segundo lunes de octubre y no en noviembre.

4. Los canadienses no tienen billetes de $1 y $2 dólares. Usan más bien monedas, llamadas Loonies ($1) y Toonies ($2).

5. Los Estados Unidos invadieron Canadá en dos ocasiones, en 1775 y 1812, y fueron repelidos en ambas oportunidades.

6. Canadá tiene diez provincias y tres territorios. Las provincias son Alberta, Columbia Británica, Manitoba, Nueva Brunswick, Terranova y Labrador, Nueva Escocia, Ontario, Isla Príncipe Eduardo, Québec y Saskatchewan. Los tres territorios son los Territorios del Norte Occidental, Nunavut y Yukon. Nunavut fue el último territorio añadido en 1999.

7. Los idiomas más hablados en Canadá son inglés, francés y chino. Nueva Brunswick es la única provincia oficialmente bilingüe (inglés y francés), y en Québec el francés es el idioma oficial del gobierno.

Fabrica Tu Propio Papel

LOS ANTIGUOS EGIPCIOS ESCRIBÍAN en un papel hecho de plantas de papiro y pergamino, que era hecho de pieles extendidas y secas de becerros, cabras y ovejas. En China, los primeros papeles estaban hechos de seda, corte de morera y otras fibras vegetales. En la actualidad, el papel se hace principalmente de fibras de madera, aun cuando hay papeles especiales hechos de lino, algodón e incluso materiales sintéticos como el látex. Sin embargo, la técnica básica para fabricar papel es esencialmente la misma hoy en día que en épocas antiguas, y puedes ensayarla en tu propia casa.

Para fabricar tu propio papel, necesitarás:

- ✍ Papel reciclado (como periódico, revistas, papel higiénico, bolsas de papel, papel de notas, cartulina, papel de seda, servilletas)

- ✍ Una esponja

- ✍ Anjeo (de una puerta o ventana vieja)

- ✍ Un marco de madera (puedes usar el marco de una vieja pintura o fabricar uno tú misma, usando cuatro pedazos de madera y unos clavos)

- ✍ Cuenco o cuba de plástico (lo suficientemente grande como para que quepa el marco)

- ✍ Una licuadora

- ✍ Fieltro, papel secante, franela u otra tela absorbente (papel impreso puede servir en un aprieto)

- ✍ Cosedora

- ✍ Almidón líquido

- ✍ Rodillo de amasar

- ✍ Plancha

Rompe el papel en trozos pequeños y llena con él la licuadora a la mitad. Agrega agua caliente hasta llenar la licuadora. Licua el papel y el agua durante 30 segundos aproximadamente, comenzando a baja velocidad y aumentándola gradualmente. Licua hasta que obtengas una pulpa suave, bien mezclada, sin pedazos de papel.

Usa el anjeo y el marco de madera para hacer lo que se llama un molde. Extiende el anjeo sobre el marco tan fuertemente como puedas y usa la cosedora para fijarlo. Corta los sobrantes. Ahora es también un buen momento para extender el fieltro o papel secante que usarás después. Ponlo al lado del cuenco para tenerlo a la mano cuando lo necesites.

Llena el cuenco de agua hasta la mitad. Agrega la pulpa licuada. Prepara dos licuadoras más de pulpa y añádelas al cuenco. Agita el agua y la pulpa en el cuenco; usa las manos si quieres, y luego vierte dos cucharaditas de almidón líquido. Mezcla bien y luego sumerge el molde (el anjeo y marco de madera) en el cuenco, con el lado del anjeo hacia abajo. Mueve el molde de un lado a otro hasta que la pulpa se asiente en la parte de arriba de manera uniforme.

Levanta con cuidado el molde y sácalo del agua. Sostenlo sobre el cuenco mientras escurre el agua. La mezcla de pulpa debe estar en una capa uniforme sobre el anjeo. (Si hay huecos o si la pulpa no está extendida de manera uniforme, sumerge de nuevo el molde e inténtalo otra vez.) Oprime suavemente para sacar la humedad, y usa la esponja para absorber el exceso de agua de la parte inferior del anjeo.

Cuando el molde deje de gotear, vuelca el anjeo con el lado del papel hacia abajo sobre el fieltro, franela u otro material absorbente. Retira la humedad con la esponja y luego levanta el molde con cuidado, dejando la hoja de papel mojada sobre la tela. Usa las manos para quitar las burbujas u otras leves imperfecciones.

Pon otro pedazo de material absorbente sobre el papel, y usa el rodillo para secar la humedad. Ahora la hoja de papel que has fabricado necesita secarse. Encuentra un buen lugar y déjala secar durante algunas horas. Puedes usar también una plancha (en un grado medio de calor) para acelerar el proceso de secado; sólo asegúrate de planchar el papel a través del material absorbente y no directamente sobre el papel mismo. Cuando esté completamente seco, retira con cuidado la tela de arriba y luego pela el papel. Ahora estás preparada para usar el papel que fabricaste para lo que desees.

Libros que Cambiarán Tu Vida

TE PRESENTAMOS ESTOS TÍTULOS para que disfrutes leyéndolos, sabiendo que hay infinidad de libros más allá de esta lista que puedes descubrir y disfrutar también. Sabemos que los leerás a tu manera y a tu propio ritmo.

VEINTE CLÁSICOS PARA CHICAS

- *A Wrinkle in Time*, de Madeleine L'Engle, y sus otros libros también.
- *Anne of Green Gables* (y *Emily of New Moon*) de L.M. Montgomery
- *Behind Rebel Lines: The Incredible Story of Emma Edmonds, Civil War Spy*, de Seymour Reit
- *Bridge to Terabithia*, de Katherine Paterson
- *Caddie Woodlawn* (y su continuación, *Magical Melons*) de Carol Ryrie Brink
- *La red de Carlota* de E.B. White
- *Los cinco famosos*, una serie de Enid Blyton, con Dick, Ann, Julian, George (¡una chica!) y su perro, Timothy.
- *From the Mixed-Up Files of Mrs. Basil E. Frankweiler*, de E.L. Konigsburg
- *Harriet the Spy*, de Louise Fitzhugh
- *The Illyrian Adventures*, una serie de Lloyd Alexander
- *La princesita* (y *El jardín secreto*) de Frances Hodgson Burnett
- *Keep Climbing, Girls*, de Beah H. Richards
- *Mujercitas* y *Los muchachos de Jo*, de Louisa May Alcott
- *La pequeña casa en la pradera* de Laura Ingalls Wilder—toda la serie.
- *Lizzie Bright* (y *The Buckminster Boy*) de Gary Schmidt
- *Mandy*, de Julie Andrews
- *Matilda* (y *The BFG)*) de Roald Dahl. De hecho, lee todos los libros de Roald Dahl.
- *Miss Happiness and Miss flower*, de Rumer Godden
- *Pippi Longstocking*, de Astrid Lindgreen
- *Ramona*, de Beverly Cleary (toda la serie).

OTROS FAVORITOS

- *Las aventuras de Alicia en el país de las maravillas* y *A través del espejo* de Lewis Carroll
- *Amazing Grace*, de Mary Hoffman
- *All of a Kind Family*, de Sydney Taylor
- *The Borrowers*, de Mary Norton
- *Call of the Wild*, de Jack London
- *Las crónicas de Narnia*, de C.S. Lewis. Siete novelas clásicas de los años cincuenta, incluyendo la famosa *El león, la bruja y el armario*
- *La buena tierra*, de Pearl S. Buck

- *Grandes expectativas*, de Charles Dickens
- *Harry Potter* de J.K. Rowling. Lee los siete libros, con el tiempo, mientras creces.
- *El Hobbit* y *El señor de los anillos*, de J.R.R. Tolkien
- *The Hoboken Chicken Emergency* y otras historias alocadas de Daniel Pinkwater
- *La isla de los delfines azules*, de Scott O'Dell, sobre una chica semejante a Robinson Crusoe. Cuando lo termines, lee el *Robinson Crusoe* original, de Daniel Defoe.
- *Jane Eyre*, de Charlotte Bronte
- *Johnny Tremain*, de Esther Forbes
- *El principito*, de Antoine de Saint-Exupéry
- *Marjorie Morningstar*, de Herman Wouk
- *Mary Poppins*, de P.L. Travers
- *Mrs. Frisby and the Rats of NIMH*, de Robert O'Brien
- *My Side of the Mountain* y *Julie of the Wolves* de Jean Craighead George
- *Out of the Dust*, de Karen Hesse
- *The Phantom Tollbooth*, de Norton Juster. Sí, otra trama del héroe que rescata a la princesa (aun cuando aquí las princesas son la Rima y la Razón), pero un gran libro de todas maneras.
- *Orgullo y prejuicio*, de Jane Austen
- *La isla del tesoro*, de Louis Stevenson
- *A Tree Grows in Brooklyn*, de Betty Smith
- *The True Confessions of Charlotte Doyle*, de Avi
- *Winnie the Pooh*, de A.A. Milne. El libro original y los poemas.
- *The Witch of Blackbird Pond*, de Elizabeth George Speare
- *Cumbres borrascosas*, de Emily Brontë
- *El maravilloso mago de Oz*, de Frank Baum

CIENCIA FICCIÓN Y LIBROS FANTÁSTICOS

- *The Chronicles of Prydain*, de Lloyd Alexandre
- *Foundation* y la serie de *Robot* de Isaac Asimov
- *Dandelion White* y *Fahrenheit 451* de Ray Bradbury
- *Ender's Game* de Orson Scott, y todos los libros de la serie Ender
- *The Dark is Rising* de Susan Cooper, toda la secuencia
- *The Giver, Gathering Blue* y *Messenger*, de Lois Lowry
- *The Tombs of Atuan* y la trilogía *Earthsea*, de Ursula K. LeGuin
- La trilogía de *Dragonsong*, de Anne McCaffrey
- *The Blue Sword* y *The Hero and the Crown*, de Robin McKinley
- *His Dark Materials*, de Philip Pullman

LIBROS CLÁSICOS DE UNA CHICA Y SU CABALLO

- *Black Beauty*, de Anna Sewell
- *Misty of Chincoteague*, de Marguerite Henry
- *My Friend Flicka*, de Mary O'Hara
- *National Velvet*, de Enid Bagnold
- *The Girl Who Loved Horses*, de Paul Goble

MITOLOGÍAS Y CUENTOS DE HADAS

- *Bullfinch's Mythology* es un buen comienzo. Algunas personas dicen que es para adultos, pero lee algunas líneas en voz alta y decide si quieres leerlo.
- *Los cuentos completos de Hans Christian Andersen*, de Hans Christian Andersen
- *Las mil y una noches*
- *Los cuentos completos de Grimm*, de los Hermanos Grimm
- *Las aventuras de Robin Hood*
- *The Once Future King*, de T.H. White, sobre la corte del rey Arturo.
- *Beauty; A Retelling of the Story of Beauty and the Beast*, de Robin McKinley
- *La Odisea*, de Homero

SERIES ANTICUADAS DE DETECTIVES PARA CHICAS

- *Nancy Drew*, de Carolyn Keene. Comenzando por *The Secret of the Old Clock*, todos los misterios de River Heights terminan en manos de Nancy, y con sus amigas George y Bess a su lado, siempre encuentra los pasajes secretos para resolverlos. La serie comenzó en los años veinte, y fue revisada dos veces, en la década de 1950 y en el 2000, siendo cada vez un poco menos intrépida.
- *Trixie Belden*. Una serie de detectives chicas aún mejor son los libros de *Trixie Belden*, donde el personaje, Trixie, una adolescente pecosa del estado de Nueva York, cuya naturaleza práctica, valor y rápido pensamiento le ayudan a resolver misterios con sus amigos Honey y Jim. Julie Campbell comenzó la serie en 1948, y escribió los primeros seis libros; luego los libros fueron escritos por una serie de autores que usaban el pseudónimo Kathyn Kenny.

NO FICCIÓN

Cuando éramos jóvenes y estábamos aburridas, nuestros padres solían decirnos, "¡Ve a leer el diccionario!" Lo hacíamos y mira a dónde nos ha llevado. Nunca debemos subestimar el placer que puede encontrarse en hojear un diccionario, una enciclopedia o viejos libros científicos.

Miscelánea

L ACERCARNOS AL FINAL, hay algunas otras cosas que realmente deberíamos saber, y aquí están, sin un orden específico.

1. Lanzar piedras. Encuentra una piedra tan lisa, plana y redonda como puedas. Sostenla con el lado más plano hacia abajo, con el índice alrededor de uno de los bordes, y lánzala bajo y paralela al agua, girando la muñeca al último momento antes de soltarla para que gire. La piedra debe golpear el agua en un ángulo bajo, de 20 grados aproximadamente. Sigue practicando hasta que rebote algunas veces en el agua.

2. Conducir un trineo. Te lo diremos en caso de que no lo sepas: es lo contrario de dirigir una bicicleta o un auto, y similar a dirigir una canoa o un kayak. Inclínate a la izquierda para ir a la derecha. Inclínate a la derecha para ir a la izquierda.

3. Volar una cometa. Lanza la cometa al viento o corre con la cometa detrás de ti hasta que el viento la coja, y luego deja correr el cordel sin apresurarte. Si la cometa se cae, hala del cordel. Tener más cintas en la cola ayudan a estabilizarla y también son bonitas. Asegúrate de que haya suficiente viento, y luego practica para que el cordel en la mano se sienta como si siempre lo hubieras tenido.

4. Globos de agua. Para llenarlos, sujeta la boca del balón al grifo del agua (o usa un adaptador que viene con muchos paquetes de globos de agua)—esta es la clave—mantén el grifo con poca agua, para que la presión del agua no lo mande a la estratosfera. Una vez que el globo se estrelle contra el suelo, limpia los pedazos de colores, pues cuando termina la diversión, los restos del globo se convierten en basura.

5. Cordones. Hacer cordones (hilos de plástico planos atados a un aro, una barra o en forma creativa) es una de las actividades predilectas en el verano. Las tiras de cordones fueron alguna vez algo precioso, y la gente que conocía todas las variedades de puntadas eran muy solicitadas. Actualmente, los cordones son más abundantes. También se hacen de forma más barata, y no se sostienen tan bien como cuando los cruzas de maneras misteriosas y los aprietas bien.

6. Cuna del gato. Esta es una actividad anticuada para chicas que vale la pena preservar. Este juego entre dos personas de crear diversas figuras con una cuerda puede ser, en realidad, uno de los juegos más antiguos y más conocidos en la historia de la humanidad. Los rusos lo llaman "el juego de la cuerda" y los chinos "atrapa la cuna." El geógrafo británico Alfred Wallace trató de enseñar este juego a los niños de Borneo en la década de 1800, y fueron ellos quienes le enseñaron nuevas variaciones que él nunca había visto. El antropólogo de Kenya, Louis Leakey, lo utilizó a comienzos del siglo XX para relacionarse con tribus africanas. Es prácticamente imposible describir los intricados movimientos de este juego por escrito, sin una cantidad de ilustraciones. Y es mejor aprenderlo de alguien. Así que encuentra a una chica que lo sepa jugar, y pídele que te lo enseñe.

7. Ping-pong. Olvídate de fastidiar a tus padres pidiendo un caballo; pide más bien una mesa de ping-pong. Ten una buena provisión de esas pelotas blancas llenas de aire para cuando se alojen en las ranuras entre las cajas que han sido almacenadas en el sótano para abrir un espacio para la mesa de ping-pong. Si estás sola, puedes doblar uno de los lados de la mesa en forma vertical y ponerlo contra la pared para practicar.

8. Dulzaina. Invaluable para las noches en el campamento cuando las brasas se están apagando, han terminado las canciones y casi todos se han quedado dormidos. Sostenla con el pulgar y el índice. Sopla el aire dentro de ella y aspira por los huecos. Experimenta con el sonido. Pasar los dedos hacia arriba y hacia abajo mientras soplas o inhalas creará un *vibrato* ondulante.

9. Raquetas de nieve. El mejor deporte para el invierno porque no necesitas un elevador de esquí que te lleve colina arriba. Sólo sujeta un par de raquetas de nieve a tus botas y sal al aire libre.

10. Conversiones de temperatura. Para convertir Celsius a Fahrenheit, multiplica por 9, divide por 5 y agrega 32. Para convertir temperaturas de Fahrenheit a Celsius, resta 32, divide por 9 y multiplica por 5.

11. Saltos en bicicleta. Si tienes una bicicleta de montaña o una bicicleta muy femenina, azul pastel, con flecos en el manubrio y una cesta, de todas maneras querrás saber cómo saltar en ella. Cuando adquieras cierta velocidad, inclínate hacia delante, con las manos asiendo el manubrio, y luego pasa el peso del cuerpo ligeramente hacia atrás. Eso debe ser suficiente para levantar la rueda delantera del suelo, bien sea que estés presumiendo en la calle delante de tu casa o tratando de pasar la bicicleta sobre la raíz de un árbol en un sendero difícil.

12. Pelota. Suena ridículamente aburrido, pero no lo es. Encuentra una pared vacía, sin ventanas, u otra superficie plana y haz rebotar una pelota de caucho contra ella, con las manos abiertas. Es la mejor manera de descubrir lo que pueden hacer tus manos y aprender sobre ángulos y reflejos. Juega sola o con tus amigas, rotando cuando alguien deja caer la pelota.

13. Desarmar algo. Los viejos televisores y máquinas de fax, un celular que ya no sirve, o un computador que tiene más de diez años y pasa sus últimos días en el sótano: ninguna máquina descartada debe permanecer desarmada. Destornilladores diminutos y llaves hexagonales pueden abrir los tornillos más pequeños, así que toma un martillo o lo que necesites y mira qué hay dentro. Fue así como los mejores ingenieros aprendieron lo que saben.

14. Cápsulas del tiempo. Esta infancia tuya está llena de días para recordar. Haz un álbum de recortes si quieres pero, en realidad, cualquier caja vieja servirá: una lata antigua, una caja de zapatos, una caja hecha de tablas laminadas y clavos. Guarda tus cartas, billetes de funciones, la lista de sueños garrapateada en una servilleta, una foto de tus mejores amigas, y el poema o frase que inventaste anoche antes de ir a la cama. Guarda esta caja de inspiraciones en un lugar seguro, sigue agregándole cosas y no la mires durante los próximos veinte años.

15. Palabras para recordar. Sé valiente y camina con confianza. Y recuerda las palabras de Amelia Earhart: "La aventura es valiosa por sí misma."

Escudos para Chicas Atrevidas

Este libro no estaría completo sin algunos escudos para chicas atrevidas, que puedes imprimir en nuestra página web: www.daringbookforgirls.com

DEPORTES Y JUEGOS

TRADICIONES

AVENTURA

CONOCIMIENTO DEL MUNDO

HABILIDADES PARA LA VIDA

ARTES Y LITERATURA

CRÉDITOS DE LAS ILUSTRACIONES

8: *Woman Having Her Palm Read*, cortesía de Picture Collection, The Branch Libraries, The New York Public Library, Astor, Lenox and Tilden Foundations

22: Princesa Sarah Culberson, cortesía de Sarah Culberson

39: *Mausoleum of Halicarnassus*, de Martin Heemskerck © Bettmann/CORBIS

54: Estatuas Moai, Fotógrafo © Tim Waters, www.flickr.com/photos/tim-waters

94: Monedas del reinado de Salomé Alexandria, © jewishencyclopedia.com

121: Amelia Earhart, Library of Congress

122: Alexandra David-Néel. Mary Evans Picture Library/Alamy

124: Freya Stark, Popperfoto/Alamy

124: Florence Baker. Classic Image/Alamy

130: Mrs. John Adams (Abigail Smith), the Emmet Collection, Miriam e Ira D. Wallach Division of Art, The New York Public Library, Astor, Lenox and Tilden Foundations

143: Hedy Lamar, cortesía de MGM

144: Josephine Baker, Library of Congress

154: Antonius et Cleopatra, the Print Collection, Miriam e Ira D. Wallach Division of Art, The New York Public Library, Astor, Lenox and Tilden Foundations

161-167: Planes para un monopatín inspirados en y adaptados de Les Kenny de www.buideazy.com, un sitio web que presenta proyectos de construcción para niños y adultos. Debe ser usado con autorización.

170: © iStockphoto.com/Douglas Allen

199: Florence Nightingale, Library of Congress

199: Clara Barton, Library of Congress

238: Mapa topográfico: USGS

240: Jewelweed, Robert H. Mohlenbrock a USDA-NRCS PLANTS Database / USDA SCS. 1989. Flora del oeste medio: guía ilustrada a las especies de plantas de la oficina de campo. Midwest National Technical Center, Lincoln, NE.

254: *Queen Zenobia Addressing Her Soldiers*, de Giovanni Battista Tiepolo, c. 1730, Samuel H. Kress Collection. Imagen cortesía de la Junta Directiva, National Gallery of Art, Washington D.C.

Agradecimientos

Agradecemos a nuestros agentes Laura Gross y Sam Stoloff; Phil Friedman, Matthew Benjamin, Stephanie Meyers y a todos los empleados de HarperCollins y The Stonesong Press. A Molly Ashodian y sus amigos, Barbara Card Atkinson, Rob Baird, Samira Baird, Dana Barron, Gil Binenbaum, Steve y Nurit Binenbaum, Rona Binenbaum, a la familia Bromley-Zimmerman, Sarah Brown, Bill Buchanan, Elin Buchanan, Jessie Buchanan, Shannon Buchanan, Betsy Busch, Stacy DeBroff, Katie Dolgenos, Asha Dornfest, Ann Douglas, Hielen Flanagan, Marcus Geduld, the Goldman-Hersh family, Kay Gormley, Sarah Heady, a la familia Larrabee-O'Donovan, Jack's Marine, Jane Butler Kahle, Megan Pincus Kajitani, Les Kenny, Killian's Hardware, Andy Lamas, Jen Lawrence, Sara Lorimer, Rachel Marcus, Molly Masyr, Metafilter (especialmente a las mujeres de Ask Metafilter), Jim Miller, Tracy Miller, Marjorie Osterhout, Myra y Dan Peskowitz, Deborah Rickards, Rittenhouse Lumbre, Carol Sime, Lisa Suggit de rollergirl.ca, Alexis Seabrook, Kate Sacnatlebury, Tom Sugrue, Carrie Szalay y Felicia Sullivan. Agradecemos también a todos los que nos ofrecieron consejo e inspiración, y a todas las chicas atrevidas en todas partes del mundo.